MEINE IMMOBILIE

Stefan Onischke
Harald Spöth

Der Renovierungs-planer

Haufe

Bibliographische Information Der Deutschen Bibliothek
Die Deutsche Bibliothek verzeichnet diese Publikation in der Deutschen Nationalbibliographie; detaillierte bibliographische Daten sind im Internet über http:// dnb.ddb.de abrufbar.

ISBN 978-3-448-09820-4 Bestell-Nr. 06426-0001

Niederlassung München
Redaktionsanschrift: Postfach, 82142 Planegg
Hausanschrift: Fraunhoferstraße 5, 82152 Planegg
Telefon: (089) 895 17-0,
Telefax: (089) 895 17-290
www.haufe.de
online@haufe.de
Produktmanagement: Jasmin Jallad

Lektorat und DTP: twinbooks, München
Umschlag: Barbara Loy, 80689 München
Druck: Schätzl Druck & Medien, 86609 Donauwörth
Zur Herstellung dieses Buches wurde alterungsbeständiges Papier verwendet.

Inhaltsverzeichnis

Dieses Potenzial steckt in Ihrem Gebäude

Um den Wert einer Immobilie zu erhalten, ist es mit Instandhaltungsarbeiten allein meist nicht getan. Die Anforderungen an ein Gebäude verändern sich mit den jeweiligen Bewohnern oder wachsen durch gesetzliche Vorgaben, wie z. B. dem Energieausweis, stetig.

Herausforderungen durch gestiegene Energiepreise

Bedenkt man, dass etwa drei Viertel aller Wohngebäude in Deutschland vor der Einführung der ersten Wärmeschutzverordnung gebaut wurden, lässt sich leicht ermessen, vor welchen umfassenden Herausforderungen Vermieter und Verwalter alleine in diesem Zusammenhang stehen. Die gestiegenen Energiepreise schärfen das Bewusstsein der Bevölkerung, das wachsende Bewusstsein für den Schutz unserer Umwelt und die Diskussionen um Senkung des CO_2-Ausstoßes sind weitere Argumente für die steigenden Anforderungen an die energetische Qualität von Gebäuden. Der Energieausweis für Gebäude wird nach dem Willen der Bundesregierung als Marktinstrument die teilweise erschreckend schlechte Energieeffizienz von Gebäuden für den Verbraucher sichtbar machen. Der Handlungsbedarf ist folglich immens.

Die wichtigsten Grundbegriffe zur Renovierung

Doch zunächst sollen die grundlegenden Begriffe im Zusammenhang mit einer Renovierung kurz vorgestellt und erläutert werden:

Instandhaltung

Unter Instandhaltung versteht man bei Gebäuden die Summe aller technischen und administrativen Maßnahmen, die nötig sind, den funktionsfähigen Zustand zu erhalten. Bei einer Heizungsanlage ist das im Allgemeinen z. B. die jährliche Wartung.

Funktionsfähigen Zustand erhalten

Renovierung

Die Wiederherstellung des ursprünglichen funktionsfähigen Zustandes wird als Renovierung bezeichnet. Eine Reparatur ist somit eine Renovierung (lateinisch: renovare = erneuern). Der Begriff Instandsetzung meint dasselbe. Bei dem Beispiel der Heizungsanlage fällt darunter der Austausch eines defekten Bauteiles durch ein neues, funktionsfähiges.

Modernisierung

Bei einer Modernisierung wird der funktionsfähige Zustand ebenfalls wiederhergestellt; zusätzlich wird darüber hinaus – ohne dass die Grundfunktion geändert wird – eine Verbesserung des Urzustandes herbeigeführt. Im Falle der Heizungsanlage fällt der Austausch des Brenners unter Modernisierung, wenn der neue Brenner z. B. deutlich weniger Energie verbraucht als der alte.

Verbesserung des Urzustands

Wird bei der Modernisierung eines Gebäudes einer oder mehrere dieser nachfolgend aufgeführten Punkte erzielt, so ist auch die Umlage der Kosten für diese Modernisierungen auf die Mieter möglich:

- Nachhaltige Einsparung von Energie und Wasser,
- Schaffung neuen Wohnraums,
- Gebrauchswerterhöhung,
- Wohnwertverbesserung.

Instand setzende Modernisierung

Zumeist handelt es sich bei einer Modernisierung eher um eine instand setzende als um eine reine Modernisierung. Diese Unterscheidung rührt daher, dass häufig eine schadhafte Sache im Zuge der Renovierung modernisiert wird. Am Beispiel einer Fenstermodernisierung sei dies hier erläutert.

Einbau neuer Fenster

An einem Gebäude befinden sich schlecht dämmende Fenster mit Einfachverglasung in einem Zustand, der instand gesetzt werden müsste. Anstatt jedoch diese alten Fenster wiederaufzuarbeiten, werden sie ausgebaut und dafür neue Fenster mit Wärmeschutzverglasung eingebaut. In dem dargestellten Fall entstehen tatsächliche Kosten für die Modernisierung, nämlich für den Ausbau der alten und den Einbau der neuen Fenster. Die Kosten für die Instandsetzung entstehen in dem geschilderten Fall nicht, weil die Instandsetzung ja nicht realisiert wird.

Umlegung auf die Mieter

In der Frage der Umlegung auf den Mieter ist aber die Unterscheidung der Kosten für Instandhaltung oder Instandsetzung auf der einen Seite und die Kosten für Modernisierungen auf der anderen Seite wesentlich. Die Kosten für die Überarbeitung der alten Fenster fallen zwar nicht real an, sie müssen jedoch als Maßnahme der Instandsetzung von den Modernisierungskosten in Abzug gebracht werden, weil die Instandhaltung und Instandsetzung des Gebäudes die ureigenste Pflicht des Vermieters ist und die Kosten hierfür nicht auf den Mieter umgelegt werden dürfen.
Nur die reinen Modernisierungskosten können auf den Mieter umgelegt werden.

Praxisbeispiel

Austausch der Fenster
Wenn die Instandsetzung der alten Fenster 5.000 € gekostet hätte, der Austausch der Fenster jedoch 35.000 €, so beträgt der Modernisierungsanteil, der auf den Mieter umgelegt werden kann, in diesem Beispiel 35.000 € - 5.000 € = 30.000 €. Der Nachweis über die Höhe der fiktiven Instandsetzungskosten ist leichter zu führen, wenn Sie sich diese Arbeiten vor der Modernisierung von einem Handwerker schriftlich anbieten lassen, auch wenn diese Arbeiten gar nicht ausgeführt werden sollen.

Sanierung

Eine Sanierung umfasst neben der Instandhaltung auch die Instandsetzung. Eventuell wird im Zuge einer Sanierung auch noch eine Verbesserung des Ausgangszustands erzielt. Dann umfasst diese Sanierung auch noch die Modernisierung.

Instandhaltung und Instandsetzung

Die tatsächliche Abgrenzung der Begriffe ist oft fließend. Dabei ist die Abgrenzung der Modernisierung zweifelsfrei möglich, weil sie immer mit einer Verbesserung des Ausgangszustands verbunden ist. Dagegen wird bei Instandhaltung und Instandsetzung keine Verbesserung der ursprünglichen Situation beabsichtigt. Zur Unterscheidung der Begriffe eine Übersichtstabelle:

Instandhaltung	**Renovierung**	**Modernisierung**
Erhaltung des funktionsfähigen Zustands	Wiederherstellung des funktionsfähigen Zustands	Verbesserung des Ausgangszustands
Beispiel: Wartung	Beispiel: Reparatur, Instandsetzung	Beispiel: Verbesserung
Werterhalt	Werterhalt	Werterhöhung

Allgemeines zur energetischen Sanierung

Die Motivationen mögen unterschiedlich sein: dauerhaft Geld zu sparen, den Wert von Gebäuden bei Verkauf oder Vermietung zu erhalten oder, um einen eigenen Beitrag zum Umweltschutz zu leisten. Trotz der unterschiedlichen Beweggründe für eine energetische Sanierung ergibt sich in jedem Fall im Ergebnis eine Reduzierung des Energieverbrauchs und somit eine Reduzierung des CO_2-Ausstoßes. Unser menschengemachter Anteil am Klimawandel und an der Erderwärmung kann so wirkungsvoll begrenzt werden. Der Ansatz, den Hebel zur Reduzierung des CO_2-Ausstoßes bei den Gebäuden anzusetzen, ist richtig und sinnvoll, weil die Beheizung der Gebäude im gesamten Land einen sehr großen Anteil an unserem gesamten Energieverbrauch hat und das mögliche Einsparpotenzial hier folglich sehr groß ist

Gründe einer Sanierung

Steigende Anforderungen an Gebäude

Die erneute Verschärfung der Anforderungen an neue Gebäude führt zwangsläufig zu einer größer werdenden Kluft, was die Energieeffizienz bestehender Gebäude im Vergleich mit – aus energetischer Sicht – zeitgemäßen Bauten betrifft.

Immobilien mit einem hohen Energieverbrauch werden zukünftig nur noch schwer Mieter oder Käufer finden.

Zum Vergleich ist in der folgenden Tabelle der Heizenergieverbrauch als Heizölverbrauch dargestellt, wie er üblicherweise in Wohngebäuden der verschiedenen Bauzeiten angetroffen wird. Der Heizölverbrauch wurde zum Vergleich gewählt, weil er als griffige Größe vielen ein Begriff ist. Der Energieverbrauch anderer Energieträger verhält sich analog.

Gebäudebezeichnung	**Baujahr**	**Heizölverbrauch (l/m^2a)**	**Energiebedarf (kWh/m^2a)**
Altbau	ca. 1970	ca. 30–50	ca. 300–500
Altbau	ca. 1900	ca. 20–30	ca. 200–300
nach Wärmeschutz-verordnung von 1978	1978–1995	ca. 11–14	ca. 110–140

Dem stehen die Wohngebäude gegenüber, die in jüngster Zeit erst als besonders energieeffiziente Gebäude errichtet wurden:

Gebäudebezeichnung	**Baujahr**	**Heizölverbrauch (l/m^2a)**	**Energiebedarf (kWh/m^2a)**
Niedrigenergiehaus	nach 1995	ca. 3–7	ca. 30–70
7-Liter Haus		ca. 7	ca. 70
3-Liter Haus		ca. 3	ca. 30
KfW-Effizienzhaus 100	ab 1.4.2009	ca. 9	ca. 90
KfW-Effizienzhaus 70	ab 1.4.2009	ca. 6	ca. 60
KfW-Energiesparhaus 60	2008	ca. 5	ca. 50
KfW-Effizienzhaus 55	ab 1.4.2009	ca. 4	ca. 40
KfW-Energiesparhaus 40	2008	ca. 3	ca. 30
Passivhaus		ca. 1,5	ca. 15
Nullenergiehaus		0	0

Nach Inkrafttreten der EnEV 2009 wird bei neu errichteten Wohngebäuden ein durchschnittlicher Heizenergieverbrauch zum Standard, wie er kurz vorher noch den besonders energieeffizienten Gebäuden vorbehalten war.

Gebäudebezeichnung	**Baujahr**	**Heizölverbrauch (l/m^2a)**	**Energiebedarf (kWh/m^2a)**
Neubau	ca. 2010	ca. 5–6	ca. 50–60

Durch entsprechende Maßnahmen kann der Verbrauch in einem Altbau von 1970, der momentan in unsaniertem Zustand z. B. bei 30 bis 50 Liter Heizöl pro Jahr und Quadratmeter Wohnfläche liegt, künftig auf etwa drei Liter oder noch niedriger gedrückt werden. In verschiedenen Fällen können bereits durch geringen Aufwand große Effekte erzielt werden.

Anregungen und Denkanstöße

Im Folgenden werden verschiedene Aspekte zur energetischen Sanierung beleuchtet. Nachdem sich aber die ganze Thematik äußerst komplex darstellt, können an dieser Stelle nur Anregungen und Denkanstöße gegeben werden. Weil auf diesem Gebiet auch vieles falsch gemacht werden kann, ist eine professionelle und unabhängige Beratung unverzichtbar. Wachsamkeit ist angeraten, wenn im Rahmen einer Beratung zusätzlich etwas verkauft werden soll! Das muss nicht zwangsweise schlecht sein, gesunde Skepsis kann jedoch nicht schaden.

Bei einer neutralen Beratung werden folgende Aspekte eines jeden einzelnen Bausteins einer energetischen Sanierung nach und nach geprüft auf

❶ seine energetische Einsparung,
❷ die technische Umsetzung am jeweiligen Gebäude,
❸ die gestalterische Integration,
❹ die Wirtschaftlichkeit (Amortisationszeit), und die Integration der Maßnahme in das mögliche Paket einer Gesamtsanierung.

Physiologische Zusammenhänge

Außenklima

Anpassung an Klimazone

Wir Menschen benötigen eine konstante Körpertemperatur von etwa 37 °C, um überleben zu können. Um diese aufrechtzuerhalten, betreibt die Menschheit einen beträchtlichen Aufwand bei der Errichtung ihrer Gebäude, der je nach Klimazone sehr unterschiedlich ausfällt. Wenn man an die extremen Spreizungen der Klimabereiche denkt, in denen Menschen leben, dann wird schnell klar, dass in den allermeisten Zonen unserer Erde besondere Anpassungen der Behausungen nötig sind, um in Innenräumen ein behagliches, „menschengerechtes“ Klima zu schaffen. Die Spezialisierungen reichen vom Iglu im arktischen Klima bis zum Lehmbau im Wüstenklima. So ganz ohne Gebäude sind Menschen zumeist nicht überlebensfähig.

Innenraumklima

Durch Gebäude schaffen wir Menschen ein Innenraumklima, das uns unabhängig vom Außenklima macht und möglichst angenehme Aufenthaltsbedingungen für uns schafft.

Physikalische Anforderungen an das Innenraumklima

Ein Bereich an Konditionierungen des Innenklimas sind die physikalischen Faktoren wie z. B.:

❶ Lufttemperatur,
❷ Luftfeuchtigkeit,
❸ Luftgeschwindigkeit,
❹ Temperatur der raumumschließenden Flächen.

Hygienische Anforderungen an das Innenraumklima

Zu den hygienischen Anforderungen, die an das Innenklima zu stellen sind, gehören folgende Bereiche:

❶ chemische Zusammensetzung der Luft (Sauerstoffgehalt, CO_2-Konzentration, Ozonbelastung etc.),
❷ Schadstoffgehalt der Atemluft (chemisch),
❸ Staub- und Feinstaubbelastung,
❹ Belastung mit Viren, Sporen, Pollen, Milben etc.

Behaglichkeit

Im Rahmen der genannten Anforderungen ergibt sich für uns Menschen ein recht kleiner Bereich an Klimabedingungen, in denen wir uns behaglich fühlen.

Angenehme Raumluft-temperatur

Allein bei der Raumlufttemperatur gibt es sehr enge Grenzen, die als angenehm empfunden werden. In Abhängigkeit von der Raumluftfeuchte sind das Temperaturen zwischen ca. 18 °C und knapp 24 °C, wobei höhere Temperaturen bei niedriger Luftfeuchte leichter zu ertragen sind; bei kühleren Temperaturen darf die relative Luftfeuchte höher sein, ohne unangenehm empfunden zu werden. Bei der Luftgeschwindigkeit in Räumen verhält es sich ähnlich. Je kälter die Raumluft ist, desto eher werden Luftbewegungen auf der Haut als unangenehme Zugerscheinungen wahrgenommen.

Bei höheren Temperaturen steigt die mögliche Luftgeschwindigkeit, die noch nicht als störend empfunden wird, etwas an.
Bei dem Verhältnis der Raumlufttemperatur zur Oberflächentemperatur der raumumschließenden Flächen zeigt sich: Wir nehmen etwa den Mittelwert aus Luft- und Oberflächentemperatur als empfundene Temperatur wahr. Bei kühlen Außenwänden muss folglich die Lufttemperatur entsprechend angehoben werden, damit Behaglichkeit entsteht. Doch auch hier bestehen Grenzen. Wenn die Temperatur an den begrenzenden Wandoberflächen bei 16 °C oder tiefer liegt, dann kann diese Kältestrahlung durch Erhöhung der Lufttemperatur nicht mehr wettgemacht werden. Es bleibt dann unbehaglich, egal wie warm eingeheizt wird.

Grenzwerte für die Innenraumtemperatur

In verschiedenen Vorschriften sind Grenzwerte bezüglich der Temperatur für Innenräume fixiert. So müssen sich z. B. alle Nutzflächen auf mindestens 20 °C heizen lassen, während sie sich im Sommer nicht über 26 °C erhitzen dürfen. Werden diese Grenzwerte über- oder unterschritten, so entspricht deren Ausführung nicht den Regeln der Technik. Insofern liegt dann ein Mangel vor.

Ansatzpunkte zur energetischen Sanierung

Das Ziel einer energetischen Sanierung besteht nun darin, durch verschiedene Maßnahmen zu erreichen, dass die Behaglichkeit verbessert wird und der energetische Aufwand zur Erreichung dieses Zieles minimiert wird.

Aktiv-Maßnahmen

Aktive Beeinflussung

Die anlagentechnischen Maßnahmen kann man unter dem Begriff der Aktiv-Maßnahmen zusammenfassen. Das ist die eine Gruppe zur aktiven Beeinflussung des Innenraumklimas. Heizung, Warmwasserbereitung und mechanische Lüftungsanlagen gehören zu diesem Paket, das in dem Bereich angreift, wo die Passiv-Maßnahmen an ihre natürlichen Grenzen stoßen.

Passiv-Maßnahmen

Bauliche Maßnahmen

Der andere Bereich der Maßnahmen, die das Innenraumklima und die Energieeffizienz beeinflussen, lässt sich in den Passiv-

Maßnahmen zusammenfassen. Vereinfacht gesagt, sind es die rein baulichen Maßnahmen, die uns in erster Linie vor den ungefilterten Einwirkungen der Klimaauswirkungen schützen.

Schimmelbildung

Dadurch, dass Innenräume genutzt werden, wird – je nach Art der Nutzung mehr oder weniger – die Raumluftfeuchte nach und nach erhöht. Wenn nicht ausreichend gelüftet wird, dann steigt die relative Luftfeuchtigkeit zunächst unbemerkt auf über 65 % und in den kühleren Zonen der Räume auf über 80 %. (In den kühleren Zonen steigt die relative Luftfeuchtigkeit deshalb weiter an, weil kühlere Luft weniger Feuchtigkeit halten kann als wärmere.)
Solche Klimabedingungen unterstützen die Vermehrung der immer in geringer Konzentration in der Luft vorhandenen Schimmelpilzsporen, welche sich dann übermäßig ausbreiten und an den kühleren und damit feuchteren Raumteilen festsetzen.

Eine nicht ausreichende Lüftung kann nach Modernisierungs- und Sanierungsmaßnahmen zu Schimmelbildung führen.

Vorbeugende Maßnahmen

Dass Schimmelsporen gesundheitsschädlich sind, ist inzwischen bekannt, ein Befall muss unbedingt bekämpft werden. Viel einfacher jedoch ist das entsprechende Vorbeugen durch richtiges

Verhalten der Bewohner auf der einen und bauliche Maßnahmen auf der anderen Seite. Dem Befall durch Schimmelpilze kann vorgebeugt werden durch

❶ ausreichendes Lüften und/ oder
❷ vollständiges Dämmen der raumbegrenzenden Bauteile.

✓ SCHRITT-FÜR-SCHRITT-GUIDE

Den Altbau geplant modernisieren

Die Planung Ihrer Altbaumodernisierung ist das A und O für eine erfolgreiche Umsetzung der gewünschten Maßnahmen. Dabei ist an viele verschiedene Aspekte zu denken.

Formular auf CD-ROM

☐ **Detaillierte Bestandsaufnahme**
Die ersten Schritte sind immer die Fragen: Was ist nötig? Wann ist es nötig? Bei der Substanzanalyse Ihrer Immobilie sollten Sie auf Bauschäden und Baumängel achten. Es gibt immer Maßnahmen, die dringender sind als andere. So ist die durchfeuchtete Kellerwand problematischer für die Bausubstanz und den Wert einer Immobilie als ein veraltetes Bad.

☐ **Konzeptphase**
In der Konzeptphase sollten Sie alle Details der Modernisierungsmaßnahme klar skizzieren, mögliche Alternativen durchspielen und die Kosten kalkulieren. Das Ziel ist es, ein Modernisierungskonzept zu erarbeiten, das Ihnen und Ihrer Bank schon sehr genau zeigt, wo der Wertgewinn für Ihre Immobilie liegt.

☐ **Energieberatung wahrnehmen**
Die Energieberatung wird finanziell gefördert und vermittelt Ihnen einen guten Eindruck über alle Möglichkeiten einer energetischen Modernisierung.

☐ **Kostenangebote einholen**
Es kann nicht schaden, wenn Sie mehrere Angebote für eine Maßnahme einholen. Zum einen ermöglicht Ihnen dies Vergleiche und Ihnen fallen Dinge auf, die Sie vielleicht bei der Konzeptionierung gar nicht beachtet hatten. Zum anderen können die Preise für ein und dieselbe Maßnahme sehr stark abweichen.

☐ **Eigenleistung abschätzen**

Überlegen Sie sich genau, wie viel Eigenleistung Sie in die Modernisierung einbringen können. Bedenken Sie, dass Fehler etwa in der Anbringung von Wärmedämmplatten zu schweren Mängeln führen können. Deshalb sollten Sie solche Arbeiten im Zweifel lieber den Profi ausführen lassen und nur bei handwerklicher Begabung selbst durchführen. Ein großes Problem kann auch der unterschätzte Zeitaufwand darstellen. Auch die Bank setzt Ihnen hier Grenzen: Mehr als fünf Prozent der Bausumme als Eigenleistung akzeptiert sie im Regelfall nur bei einer handwerklichen Ausbildung.

☐ **Finanzierungsphase**

Jetzt geht es zur Bank. Mit ihr besprechen Sie die Möglichkeiten einer Kreditlinie. Sollten Sie eine energetische Sanierung planen, sind die staatlichen Kreditprogramme, etwa die der Kreditanstalt für Wiederaufbau, sehr hilfreich. Informieren Sie sich darüber schon vorab: Die Programme verändern sich häufig, sodass Ihr Bankberater vielleicht selbst nicht mehr auf dem aktuellen Stand ist.

☐ **Konkrete Ausführungsplanung**

Meilensteine definieren und Teilabnahmen durchführen: Oftmals setzen Arbeiten dort an, wo andere aufgehört haben. Deshalb ist es wichtig, dass Sie die Maßnahmen entsprechend planen und die Aufträge mit konkreten Zeitangaben versehen. Planen Sie immer auch einen Puffer ein.

☐ **Umsetzungsphase**

In der Umsetzungsphase sollten Sie präsent bleiben. Kontrollieren Sie regelmäßig den Baufortschritt, und machen Sie sich ein Bild von den Leistungen und der Kompetenz der Handwerker. Sprechen Sie Probleme und Mängel sofort an, und gehen Sie pragmatisch mit Alternativvorschlägen bei auftauchenden Problemen um. Sorgen Sie für ein konstruktives und kooperatives Arbeitsklima.

☐ **Bauabnahme**

Die Bauabnahme beinhaltet eine intensive Besichtigung der Modernisierungsmaßnahme. Führen Sie eine Mängelliste, und schätzen Sie ab, inwiefern der Mangel für den vereinbarten Nutzen der Maßnahmen hinderlich ist. Besprechen Sie das sofort mit dem Handwerker und verlangen Sie dann eine Nachbesserung.

☐ **Einweisung**

Am Ende sollten Sie sich vom Handwerker in die Funktion der eingebauten Geräte einweisen lassen. Verlangen Sie für Ihre Unterlagen auch Datenblätter, Zertifikate und Gebrauchsanweisungen von den Geräten.

☐ **Energieausweis ausstellen lassen**

Ist die energetische Modernisierung Ihrer Immobilie abgeschlossen, lassen Sie sich den Energiepass ausstellen. Das können Sie auch bei dem Berater machen, bei dem Sie schon die Energieberatung in Anspruch genommen haben.

Das müssen Sie tun:

Spielen Sie die einzelnen Phasen Ihrer Modernisierung gedanklich durch, und notieren Sie sich alle wichtigen Schritte. Sinnvoll ist es, über Verlauf und Fortschritt der Modernisierung ein Tagebuch anzulegen, in dem Sie einzelne Arbeitsschritte, evtl. mit Foto, dokumentieren können. Dies kann Ihnen in Streitfällen als Nachweis dienen, z. B. gegenüber Handwerkern.

Die nachhaltige Entwicklung eines Gebäudes

Wie jede andere Baumaßnahme muss auch eine energetische Sanierung gründlich von einem Fachmann geplant werden. Dabei sollten aber auch andere Aspekte einer allgemeinen Renovierung nicht außer Acht gelassen werden. Ein Gebäude, das gravierende Defizite aufweist, kann diese nicht durch eine hervorragende Energieeffizienz ausgleichen.

Gründliche Bestandsaufnahme

Im Vorfeld ist es deshalb immer sinnvoll, nach einer gründlichen Bestandsaufnahme den gesamten Sanierungs- und Modernisierungsbedarf zu erfassen, um dann aus dem Gesamtpaket die Einzelaspekte zusammenzufassen, die sinnvollerweise gemeinsam angepackt werden. Auch wenn es selbstverständlich klingt, sollten beispielsweise alle Arbeiten an den Fassaden möglichst in einem Zug ausgeführt werden, weil das Aufstellen eines Gerüsts dann nur einmal anfällt.

Im Zusammenhang einer nachhaltigen Gesamtsanierung eines Wohngebäudes sollten neben den energetischen Aspekten fallweise auch folgende Möglichkeiten untersucht werden:

Möglichkeiten der Modernisierung

- Verbesserung der Energieeffizienz,
- Aufwertung der Wohnungen durch Balkone,
- Sanierung der Sanitärräume,
- altersgerechter Umbau,
- Barrierefreiheit,
- nachträglicher Einbau von Aufzügen,
- Anpassung an gehobene Ansprüche des Wohnkomforts,
- Anpassung der Wohnungsgrößen an den aktuellen Bedarf (Vergrößerung, Verkleinerung von Wohnungen),
- Verbesserung des Innen- Außen-Bezugs (Fenstergrößen),
- Erhöhung der Flexibilität in der Nutzung des Gebäudes,
- Schallschutzaspekte,
- Sonnenschutz zur Vermeidung sommerlicher Überhitzung,
- sparsamer Umgang mit natürlichen Ressourcen.

Die nachhaltige Weiterentwicklung von Immobilien ist also ein äußerst komplexes Thema. Auch wenn, realistisch betrachtet, in den seltensten Fällen alle aufgezeigten Aspekte Berücksichtigung finden werden, so lohnt doch im Vorfeld jeder Sanierungsmaßnahme ein Blick darauf. Sie vermeiden so ganz einfach, wesentliche Gesichtspunkte zu übersehen. Eine Auswahl aus den umfangreichen Möglichkeiten wird Ihnen leichtfallen.

Umsetzbarkeit

Die Machbarkeit der Optionen wird von zahlreichen Gesichtspunkten von außen beeinflusst. Die detaillierte Beleuchtung der Einzelaspekte würde den Rahmen dieses Buches sprengen. Deshalb nur kurz die Teilaspekte, die im Rahmen einer energetischen Sanierung eines Gebäudes zu beachten sind.

Baurecht

Alle Umbaumaßnahmen, Renovierungen und Sanierungen können eine Baugenehmigung nötig machen. Die Genehmigungsbehörden oder Ihr Architekt beraten Sie bestimmt gerne, in welchen Fällen Sie genehmigungsfrei agieren können.

Expertentipp

Baugenehmigung rechtzeitig beantragen

Lassen Sie rechtzeitig prüfen, ob Ihre Modernisierung baurechtlich genehmigt werden muss und kalkulieren Sie den zeitlichen Bedarf hierfür entsprechend in die Maßnahme ein. Lassen Sie lieber einen zeitlichen Puffer. Nur in seltenen Fällen bekommen Sie eine Baugenehmigung schneller als in drei Monaten.

Auflagen des Bebauungsplans

Durch die Anbringung einer Wärmedämmung auf die Außenwände eines Gebäudes vergrößern sich logischerweise seine Außenmaße. Dies könnte Auswirkungen auf Auflagen aus dem Bebauungsplan, die Abstandsflächen oder Überschreitungen von Baufeldern zur Folge haben, die dann genehmigungspflichtig sind. In verschiedenen Fällen sind dann sogar Befreiungen oder Abweichungen nötig. Erfahrungsgemäß sind die Genehmigungsbehörden sehr kooperativ und helfen gerne, wenn es sich um Unterstützung bei energetischen Sanierungen handelt.

Wenn das Gebäude direkt an den Gehweg grenzt, muss beispielsweise diese Überbauung des öffentlichen Grundstücks genehmigt werden, bei der Sockel- und Kelleraußendämmung sind zusätzlich die im Gehweg verlegten Leitungen zu beachten und die Arbeiten mit den entsprechenden Behörden abzustimmen.

Änderungen an Bauteilen im Inneren

Im Inneren von Wohngebäuden sind Änderungen an nicht tragenden oder auch tragenden Bauteilen üblicherweise genehmigungsfrei. Wenn sich jedoch die Zahl oder Größe der Wohnungen verändert, kann dies wiederum z. B. Auswirkungen auf den Stellplatznachweis oder die Größe des Kinderspielplatzes haben.

Welche behördlichen Verfahren durch bauliche Änderungen an Dächern und Dachaufbauten ausgelöst werden, muss fallweise geprüft werden. Bei Balkonen verhält es sich genauso. Allgemeine Angaben hierzu sind in diesem Rahmen nicht möglich, weil die Rahmenbedingungen zu unterschiedlich sein können.

Denkmalschutz

In den Denkmalschutzgesetzen der Länder ist ganz allgemein geregelt, was zu beachten ist, wenn an denkmalgeschützten Gebäuden Änderungen vorgenommen werden sollen. Empfehlenswert ist auf jeden Fall, im Vorfeld die geplante Maßnahme mit den zuständigen Behörden zu besprechen. Bei denkmalgeschützten Gebäuden ist eine besonders sensible Betrachtungsweise nötig. In gewissen Fällen sind energiesparende Maßnahmen nur mit entsprechender Kompromissbereitschaft aller Seiten möglich.

Ausnahmen für Baudenkmäler

Baudenkmäler, die nach Landesrecht geschützt sind, sind beispielsweise von der Verpflichtung zur Erstellung von Energieausweisen ausgenommen.

Prinzipiell haben Baudenkmäler aber die sonstigen Anforderungen der Energieeinsparverordnung zu erfüllen, wobei einschränkend festgehalten ist, dass in bestimmten Fällen die nach Landesrecht zuständigen Behörden auf Antrag Ausnahmen zulassen, insbesondere dann, wenn das Erscheinungsbild beeinträchtigt würde oder der Aufwand für die Maßnahme unverhältnismäßig hoch wäre.

Gerade bei Baudenkmälern ist bei jeglicher Instandhaltung, Instandsetzung und besonders bei Modernisierungen besonderes Fingerspitzengefühl nötig. Das gilt sowohl für die Planung als auch für die Ausführung.

Brandschutz

Anforderungen des Brandschutzes

Bei jeder Planung stellt die Berücksichtigung der Brandschutzanforderungen einen Teilaspekt dar, der in den Rahmen eines Gesamtkonzeptes gepackt werden muss. So gilt es, bei Renovierungen die Aufwertung von vorhandenen Bauteilen mit in den Maßnahmenkatalog aufzunehmen, wenn diese den bestehenden Vorschriften nicht genügen. Beim Einbau von neuen Baustoffen sind selbstverständlich auch die Gesichtspunkte aktueller Brandschutzanforderungen zu berücksichtigen.

Schallschutz

Bei älteren Gebäuden ist häufig zu beobachten, dass gerade der vorhandene Schallschutz heutigen Anforderungen nicht entspricht und in diesem Bereich großer Handlungsbedarf besteht. Das große Thema Schallschutz teilt sich auf in folgende Bereiche: Schutz von Aufenthaltsräumen gegen

Anforderungen des Schallschutzes

❶ Geräusche aus fremden Räumen,
❷ Geräusche aus haustechnischen Anlagen und
❸ gegen Außenlärm.

Bei Renovierungen im Bereich der Fassaden, wie sie z. B. bei energiesparenden Maßnahmen zumeist anstehen, lassen sich z. B. bei der wärmetechnischen Ertüchtigung von Fenstern ganz einfach Verbesserungen in Bezug auf den Schallschutz als Nebeneffekt erreichen. Bei der Wärmedämmung von Fassaden ist bei der Materialwahl ein besonderes Augenmerk darauf zu richten, dass die zusätzlichen Schichten, die aufgebracht werden, nicht durch ihr besonderes Schwingungsverhalten den Schallschutz der bestehenden Außenwände verschlechtern. Vielmehr sollte dadurch der Schallschutz auf heutige Anforderungen angehoben werden, insbesondere wenn die Schallbelastung von außen beispielsweise durch erhöhtes Verkehrsaufkommen inzwischen enorm gestiegen ist. Doch auch im Inneren sollten Synergieeffekte genutzt werden:

Expertentipp

Neue Heizungsleitungen

Wenn z. B. Heizungsleitungen neu verlegt werden müssen, dann könnte das z. B. neben den vorhandenen Steigsträngen geschehen, die dann insgesamt mit einer schalldämmenden Verkleidung versehen werden. So würden eventuell bestehende Schallschutzprobleme der Sanitärinstallation elegant mit einer optischen Aufwertung gelöst.

Schallschutzproblem von Lüftungsanlagen

Bei Einbau von neuen Heizkesseln gibt es üblicherweise keine Schallprobleme, da moderne Brenner durch ihre Bauweise schon mehr auf schalldämmende Bauweise ausgelegt sind, als das bei alten Kesseln der Fall war. Beim nachträglichen Einbau zentraler Lüftungsanlagen ist die Schallschutzproblematik ein wesentlicher Planungsaspekt. Es sollen durch die Lüftungskanäle keine Schallübertragungen zwischen fremden Einheiten erfolgen.

Bei dezentralen Lüftungsanlagen, wo jeder Raum an einer Außenwand ein Lüftungsgerät erhält, muss darauf geachtet werden, dass die Schallemissionen der Geräte möglichst gering sind, weil sie sonst – besonders in Schlafräumen – Störungen verursachen und dann von den Bewohnern außer Betrieb genommen werden.

Wenn Wohnungstüren modernisiert werden sollen, dann kann besonders in älteren Wohnhäusern der Problempunkt der Schallübertragung zwischen Treppenhaus und Wohnung wunderbar gelöst und auf das heutige Anforderungsniveau gebracht werden.

Schallübertragung vom Treppenhaus

Mietrecht

Zu den Gesichtspunkten aus dem juristischen Umfeld von Modernisierungen und Renovierungen lesen Sie bitte die Ausführungen in den entsprechenden Abschnitten dieses Buches.

An dieser Stelle soll nur der Vollständigkeit halber darauf hingewiesen werden, dass die Nahtstelle zwischen der Planung des Architekten und den juristischen Rahmenbedingungen bei Modernisierungen Ihre besondere Aufmerksamkeit verlangt.

Steuerrecht

Einen weiteren wichtigen Baustein im Kontext von Modernisierungen stellen das Steuerrecht und die damit zusammenhängenden Gestaltungsmöglichkeiten dar. Auch hier würde eine genauere Betrachtung den Rahmen sprengen, deshalb an dieser Stelle nur der Hinweis, auch diese Gesichtspunkte mit in die Gesamtüberlegungen einzubeziehen und entsprechend vorher auch zu diesem Thema kompetente Beratung einzuholen!

Steuerliche Betrachtung der Renovierung

Expertentipp

Renovierung steuerlich ausloten

Informieren Sie Ihren Steuerberater bereits im Vorfeld Ihrer Maßnahme. Unter Umständen haben Sie Gestaltungsmöglichkeiten bezüglich des Steuerrechts, die Sie anderenfalls eventuell aufs Spiel setzen!

Kostenschätzung

Unterschiede zum Neubau

Die Kostenschätzung ist für den Bereich „Planen und Bauen im Bestand“ und bei Renovierungen ein besonders sensibler Bestandteil. Zunächst wird hier vom Planer eine besondere Kenntnis der „historischen“ Bauweisen gefordert und spezielle Erfahrung im Umgang mit vorhandener Bausubstanz benötigt. Zum einen ist es nämlich oft schwierig, im Vorfeld den Erhaltungszustand eines vorhandenen Bauteils von außen – ohne Zerstörungen – abzuschätzen. Zum anderen unterscheiden sich die Durchführungen einer Baumaßnahme im Bestand doch ganz erheblich von Neubaumaßnahmen. Schon allein die Tatsache, dass Kräne und andere große Geräte manchmal nur eingeschränkt eingesetzt werden können und stattdessen ein erheblich erhöhter Anteil an Handarbeit zu organisieren ist, lässt den Unterschied zwischen Neu- und Umbau deutlich werden. Bei verschiedenen Leistungen spielen regionale Unterschiede eine wichtige Rolle bei der Preisbildung, bei anderen Leistungen sind die benötigten Mengen von ausschlaggebender Bedeutung.

Die Kalkulation der Kosten sollte sorgfältig und am besten von einem Fachmann vorgenommen werden.

Bei der Kostenübersicht in diesem Buch ist zu berücksichtigen, dass es sich nur um grobe Anhaltspunkte handeln kann; ohne detaillierte Kenntnisse über die Ausgangssituation und ohne exakte Definition des angestrebten Renovierungsniveaus ist eine exakte Kostenschätzung nicht möglich.
Dennoch geben die Übersichten zu den Bauteilpreisen eine Vorstellung von den Größenordnungen der zu erwartenden Investitionen.

Investitionen, Baukosten und Amortisation

Kosten und Amortisation

Wie bei jeder größeren Investition stellt sich natürlich besonders bei Renovierungen und Modernisierungen die Frage der Gesamtkosten und schließlich der Amortisation. Dabei sind die bereits angesprochenen Komplexe des Miet- und Steuerrechts zu berücksichtigen.
Im Großen und Ganzen kann man ohne weitere Überprüfung festhalten, dass die Wirtschaftlichkeit von Modernisierungen in den Fällen am größten ist, in denen die Ausgangssituation besonders schlecht ist. So kann bei Gebäuden, deren ursprünglicher Energiebedarf besonders hoch ist, bereits durch verhältnismäßig geringe Investitionen eine relativ große Verbesserung erwartet werden. Andererseits werden die notwendigen Aufwendungen proportional immer größer, wenn der Ausgangszustand bereits eine gehobene energetische Qualität aufweist. Die Hebelwirkung von Investitionen lässt dann rapide nach und die Amortisationszeit verlängert sich erheblich.

Sinkende Energiekosten

Die Einsparung an Energie nach einer energetischen Modernisierung macht sich natürlich bei den aufsummierten Energiekosten bemerkbar. Wegen der unbekannten Preisentwicklung lässt sie sich leider schlecht exakt berechnen. Trotzdem stellt sie einen wichtigen Aspekt bei der Amortisation dar.

Preisentwicklung am Energiemarkt

Das Beispiel des Ölpreises verdeutlicht die preisliche Entwicklung am Energiemarkt besonders anschaulich: So hat sich der Preis für ein Barrel Rohöl (ungefähr 159 Liter) von ca. 15 US Dollar im Jahr 1999 auf knapp 70 US-Dollar im Jahr 2005 erhöht. Das entspricht einer Verteuerung um den Faktor von ca. 4,5 im Zeitraum von nur 5 Jahren. Nachdem die weltpolitische Lage und Naturkatastrophen die Energiepreise wesentlich mitbestimmen, bleibt eine

Prognose für die weitere Preisentwicklung Spekulation. Sicher ist nur, dass die Reichweite der Energievorräte auf der Erde nicht grenzenlos ist. Allein schon aus dieser Tatsache ist von sinkenden Preisen nicht auszugehen.

Wenn Sie also bei Ihren Überlegungen konstante Energiepreise ansetzen, dann sind Sie voraussichtlich mit Ihrer Kalkulation auf der sicheren Seite und können sich in einem mittelfristigen Zeitraum über eine sogar verbesserte Amortisation durch Erhöhungen der Energiepreise freuen, weil Sie die Preiserhöhungen nicht mehr in vollem Umfang betreffen.

Berechnung der Amortisationszeit

Zur Berechnung der Amortisationszeit können Sie ganz allgemein folgende einfache Formel anwenden:

Amortisationszeit = Anschaffungskosten / (jährliche Abschreibungen + durchschnittlicher Gewinn + kalkulatorische Zinsen)

Im Zuge einer Energieberatung sollten Sie sich von Ihrem Fachmann eine Einschätzung in Bezug auf die wirtschaftliche Amortisation für die verschiedenen Maßnahmen geben lassen. Zur Unterstützung Ihrer Entscheidung steuern solche Analysen wesentliche Grundlagen bei.

Förderprogramme

Zuschüsse und Förderungen

Zur Unterstützung der Bereitschaft zur energetischen Sanierung gibt es verschiedene Förderprogramme, die entweder einen Zuschuss oder einen Kredit zu vergünstigten Konditionen beisteuern. Ein Tilgungszuschuss kann ebenso infrage kommen.

Expertentipp

Tipps zu Förderungen

- Erkundigen Sie sich rechtzeitig nach den Bedingungen.
- Nutzen Sie die Fördermöglichkeiten.
- Der Antrag muss üblicherweise VOR Beginn des Vorhabens gestellt werden.
- Beachten Sie die Maßnahmenpakete.
- Bedenken Sie eventuelle Fristen zur Förderung.

Nachdem sich die Fördermaßnahmen immer wieder ändern, das heißt, manche laufen aus, andere werden neu aufgelegt, ist es unbedingt nötig, dass Interessenten sich nahezu tagesaktuell über den Stand der Möglichkeiten informieren. Informationen über bestehende Förderprogramme erhalten Sie beispielsweise unter den Kontaktadressen im Anhang, wobei die Aufzählung dort in alphabetischer Reihenfolge erfolgt und deshalb keine Wertung darstellt.

Unabhängige Planung

Beratung durch unabhängige Planer

Besonders wichtig und empfehlenswert ist in diesem Zusammenhang die unabhängige Beratung, die nicht an bestimmte Hersteller oder Bauprodukte gebunden ist und Ihnen deshalb aus den Angeboten des Marktes die für Ihren speziellen Fall maßgeschneiderte Lösung bieten kann. Nachdem also die Planung abgeschlossen ist, wird eine Ausschreibung vorgenommen. Der Fachmann beschreibt hier die benötigten Leistungen und holt von verschiedenen Firmen unabhängige Angebote ein, die qualitativ und in Bezug auf die Kosten vergleichbar sind. Nur so finden Sie als Auftraggeber die für Sie günstigste Lösung und können die Aufträge an die geeigneten Firmen erteilen. Im Zuge der Bauleitung überwacht der Fachmann die Ausführungen, prüft die Abrechnungen und nimmt am Ende der Maßnahmen die jeweiligen Leistungen ab. So können Sie nach erfolgter Mängelbeseitigung auf eine qualitativ einwandfreie Ausführung bauen und kommen in vollem Umfang zu der Ihnen zustehenden Gewährleistung.

Einweisung in neue Geräte

Wenn Sie Verbesserungen an der Haustechnik (z. B. Heizung, Warmwasserbereitung oder Lüftungsanlage) vornehmen lassen, denken Sie bitte daran, sich in die Bedienung der Geräte, deren Wartungsintervalle und Besonderheiten einweisen zu lassen.

Eventuell beauftragen Sie die jeweiligen ausführenden Firmen gleich mit den ersten nötigen wiederkehrenden Wartungsarbeiten.

Architektenplanung nach der Honorarordnung für Architekten und Ingenieure (HOAI)

Nachdem häufig Unsicherheiten bestehen über den Ablauf der Zusammenarbeit mit Architekten, ist hier ein kurzer Abriss hierüber angezeigt:

Expertentipp

Umlagefähigkeit des Architektenhonorars

Auch die Architektenleistungen im Zusammenhang mit einer Modernisierung können anteilig auf den Mieter umgelegt werden.

Anmerkung: Der Bundesrat hat am 12. Juni 2009 der von der Bundesregierung am 29. April 2009 beschlossenen HOAI zugestimmt. Im Folgenden sind hier bereits die neuen Regelungen berücksichtigt.

Text auf CD-ROM

In der Honorarordnung für Architekten und Ingenieure (HOAI) sind die gesamten Planungsleistungen aufgeführt, wie sie im vollständigen Ablauf der Vorbereitung, Planung und Durchführung einer Baumaßnahme nach und nach anfallen. Sie sind entsprechend der zeitlichen Abfolge in folgende 9 Leistungsbilder gegliedert (§ 33 HOAI):

Leistungsphase Nummer	**Leistung**	**Honoraranteil**
Phase 1	Grundlagenermittlung	3 %
Phase 2	Vorplanung	7 %
Phase 3	Entwurfsplanung	11 %
Phase 4	Genehmigungsplanung	6 %
Phase 5	Ausführungsplanung	25 %
Phase 6	Vorbereitung der Vergabe	10 %

Phase 7	Mitwirkung bei der Vergabe	4 %
Phase 8	Objektüberwachung	31 %
Phase 9	Objektbetreuung und Dokumentation	3 %

Diese Leistungsphasen sind – wie dargestellt – in Prozentanteilen gewichtet, die sich in der Summe zu 100 % aufaddieren. Diese Prozentanteile entsprechen dann der Gewichtung und Aufteilung des Gesamthonorars, wie es nach Zuordnung der Schwierigkeit einer Planung und der Summe der Baukosten aus einer Honorartabelle entnommen wird (§ 34 HOAI).

Zuschlag aufs Honorar

Bei Planungsleistungen im Zusammenhang mit Umbauten und Modernisierungen sei hier noch auf den § 35 der HOAI verwiesen. Hier ist geregelt, dass für Leistungen bei Umbauten und Modernisierungen ein Honorarzuschlag von bis zu 80 % vereinbart werden kann. Sofern kein Zuschlag vereinbart ist, so fällt in der Regel ein Zuschlag von 20 % an.

Erschwerte Planung

Dieser Passus ist dem Umstand geschuldet, dass die Berücksichtigung vorhandener Bausubstanz bei der Planung eine Erschwernis für die Planung darstellt und die Integration des Bestandes in die Gesamtplanung den Planungsaufwand gegenüber einer Neuplanung erhöht.

Leistungsphasen der Planung

Grundleistung und Besondere Leistungen

Die Honorarordnung für Architekten und Ingenieure (HOAI) teilt – wie bereits erläutert – die Planungsleistungen von Architekten in folgende 9 Leistungsphasen ein, die in dieser Reihenfolge nach und nach im Zuge der Vorbereitung und Durchführung einer Baumaßnahme anfallen. In diesen Leistungsphasen wird jeweils noch unterschieden zwischen Grundleistungen und Besonderen Leistungen. Die Grundleistungen sind im normalen Paket der Architektenbeauftragung mit enthalten, Vereinbarungen über Besondere Leistungen können frei vereinbart werden.

1. Grundlagenermittlung

Die Grundleistungen in dieser Phase sind:

- Klären der Aufgabenstellung,
- Beraten zum gesamten Leistungsbedarf,
- Formulieren von Entscheidungshilfen für die Auswahl anderer an der Planung fachlich Beteiligter und
- Zusammenfassung der Ergebnisse.

Ermittlung der Grundlagen

Die besonderen Leistungen umfassen:

- Bestandsaufnahme,
- Standortanalyse,
- Betriebsplanung,
- Aufstellen eines Raumprogramms,
- Aufstellen eines Funktionsprogramms,
- Prüfen der Umwelterheblichkeit,
- Prüfen der Umweltverträglichkeit.

Die Besonderheiten der Phase 1 im Zusammenhang mit einer Modernisierung wurden bereits im Abschnitt „Nachhaltige Entwicklung eines Gebäudes“ ausführlich erläutert. Auf eine Wiederholung an dieser Stelle wird deshalb verzichtet.

2. Vorplanung

Die Grundleistungen bestehen in dieser Phase unter anderem aus diesen Punkten:

Definition der Zielvorstellungen

- Analyse der Grundlagen,
- Abstimmen der Zielvorstellungen,
- Aufstellen eines planungsbezogenen Zielkatalogs,
- Erarbeiten eines Planungskonzepts mit skizzenhafter Darstellung,
- Vorverhandlungen mit Behörden,
- Kostenschätzung.

Über die Grundleistungen hinaus gehen beispielsweise folgende Besondere Leistungen:

- Untersuchen von Lösungsmöglichkeiten nach grundsätzlich verschiedenen Anforderungen,
- Aufstellen eines Finanzierungsplanes,
- Mitwirken bei der Kreditbeschaffung,
- Durchführen der Voranfrage (Bauanfrage),
- Erarbeiten perspektivischer Darstellungen oder Modelle.

3. Entwurfsplanung

Die Entwurfsplanung beinhaltet in den Grundleistungen unter anderem diese Aufgaben des Architekten:

Zusammenfassung der Planung

- Durcharbeiten des Planungskonzeptes,
- Integrieren der Leistungen anderer an der Planung fachlich Beteiligter. (Das bedeutet, dass z. B. die Angaben des Statikers und des Fachplaners für die Haustechnik koordiniert und in die Planung aufgenommen werden müssen.),
- Verhandlungen mit Behörden über die Genehmigungsfähigkeit,
- Kostenberechnung,
- Zusammenfassen aller Entwurfsunterlagen.

In der Ausführungsplanung werden alle für die Baustelle benötigten Informationen zusammengefasst.

Die Besonderen Leistungen können unter anderem folgende Themen beinhalten:

- Analyse der Alternativen und deren Wertung,
- Wirtschaftlichkeitsberechnungen,
- verschiedene Maßnahmen zur Gebäudeoptimierung, die über das übliche Maß hinausgehen.

Prüfung der Umsetzbarkeit

In den Phasen 2 und 3 kommt im Zusammenhang mit Modernisierungen auf den Architekten die Aufgabe zu, die zuvor erarbeiteten Zielvorstellungen mit den vorhandenen baulichen Gegebenheiten abzugleichen und auf ihre Umsetzbarkeit im konkreten Fall zu untersuchen.

4. Genehmigungsplanung

Vorab noch einmal folgender wichtiger allgemeiner Hinweis zur Baugenehmigung:

Expertentipp

Tipp zur Baugenehmigung

Wenn Sie für eine Baumaßnahme keine Baugenehmigung nach Ihrer Landesbauordnung benötigen, heißt das leider noch nicht, dass das Vorhaben auch zulässig ist. Gerade durch die jüngsten Novellierungen der Bauordnungen wurden immer mehr Vorhaben ohne Genehmigung oder gar ohne Verfahren möglich. Das schließt aber nicht aus, dass Ihre Baustelle nach anderen Gesetzen oder Verordnungen gewissen Auflagen unterliegt. Die Verantwortung für die Rechtmäßigkeit Ihrer Baumaßnahme tragen Sie als Bauherr bzw. Bauherrin!
Wenn nach der Bauordnung der Abbruch eines Gebäudes verfahrensfrei möglich ist, so könnte gleichzeitig der Abbruch nach Denkmalschutzgesetz nicht erlaubt sein.

In den Grundleistungen der HOAI sind in der Phase 4 die Arbeitsschritte enthalten, die darauf ausgerichtet sind, eine Baugenehmigung zu erhalten:

- Erarbeiten der Vorlagen für die erforderlichen Genehmigungen,
- Verhandlungen mit den Behörden und
- Einreichen dieser Unterlagen.

Unterlagen für die Baubehörden

Welche Unterlagen für die Baugenehmigung eingereicht werden müssen, regeln die Länderbauordnungen und die Bauvorlagenverordnungen. Unter anderem sind diese Bauvorlagen zu erarbeiten:

- verschiedene Antragsformulare,
- Baubeschreibung,
- Bauzeichnungen (Grundrisse, Ansichten und Schnitte im Maßstab 1/100),
- Lageplan im Maßstab 1/1.000,
- eventuell ein Freiflächengestaltungsplan,
- verschiedene Berechnungen (Maß der Nutzung, Flächenberechnungen etc.),
- verschiedene Nachweise (Abstandsflächen, Pkw-Stellplätze, Wärmeschutz, Brand- und Schallschutz),
- eventuell Nachweis zur Standsicherheit (Statik).

Die Besonderen Leistungen ergänzen die Grundleistungen unter anderem um das

Zustimmung der Nachbarn

- Mitwirken bei der Beschaffung der nachbarlichen Zustimmung (Unterschriften einholen) und
- die Unterstützung des Bauherrn im Klageverfahren.

Expertentipp

Gültigkeit einer Baugenehmigung

Eine Baugenehmigung erlischt, wenn nicht – je nach Bundesland – innerhalb von drei bis vier Jahren nach deren Erteilung mit der Bauausführung begonnen worden ist. Auf schriftlichen Antrag kann eine Baugenehmigung verlängert werden.

Beachten Sie bitte, dass die Bauordnungen des jeweiligen Bundeslandes gelten und dort unterschiedliche Fristen vorgesehen sind, die fallweise geprüft werden müssen.
Sicher ist jedenfalls, dass eine Baugenehmigung nach einer gewissen Frist erlischt.
Beachten Sie auch, dass die Verlängerung der Baugenehmigung nur dann erteilt wird, wenn sich in der Zwischenzeit an den Rahmenbedingungen der Genehmigung nichts geändert hat. Ein Anspruch auf die Verlängerung einer Baugenehmigung besteht nicht.

Genehmigungspflichtige Maßnahmen

Welche Baumaßnahmen im Zusammenhang mit einer Modernisierung oder Renovierung einer Baugenehmigungspflicht unterliegen, wird bei den Erläuterungen zu den einzelnen Gebäudeteilen angerissen; an dieser Stelle sei nur auf die Einschätzungen dort verwiesen.

Expertentipp

Achtung Schwarzbau

Wer ohne Genehmigung eine Baumaßnahme durchführt oder beginnt, der muss mit – teilweise empfindlichen – Geldbußen rechnen. In gewissen Fällen kann er von der zuständigen Behörde gezwungen werden, bereits errichtete Bauteile oder auch ein fertig errichtetes Gebäude wieder abzureißen.
Die Verantwortung hierfür trägt der Bauherr / die Bauherrin.

Die Besonderheit der Phase der Genehmigungsplanung bei einer Modernisierung umfasst die komplexe Darstellung des Bestandes, der zu beseitigenden und der neu zu errichtenden Bauteile. Diese Überlagerungen machen Genehmigungspläne bei Modernisierungen für den Laien teilweise schwer lesbar.

5. Ausführungsplanung

Die Grundleistungen der HOAI für diese Leistungsphase umfassen alle Pläne, die für die Durchführung der Baumaßnahme erforderlich sind. Das sind insbesondere:

- Ausführungs-, Detail- und Konstruktionszeichnungen im Maßstab 1/50 bis 1/1 sowie die
- Grundlagen für die anderen an der Planung fachlich Beteiligten und die Integration dieser Planungsbeiträge in die Gesamtplanung.

Zu den Besonderen Leistungen dieser Planungsphase rechnet die HOAI unter anderem:

Detaillierte Objektbeschreibung

- das Aufstellen einer detaillierten Objektbeschreibung als Bau- oder Raumbuch,
- das Erarbeiten von Detailmodellen,
- das Überprüfen der Planungsbeiträge anderer an der Planung Beteiligter.

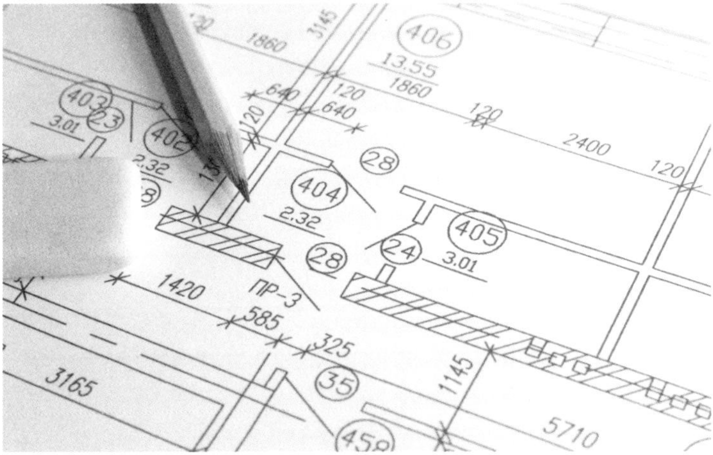

In der Entwurfsplanung fasst der Architekt die Leistungen aller Fachplaner zusammen.

Bei einer Modernisierung ist in der Phase der Ausführungsplanung besonders der sensible Umgang mit der vorhandenen Bausubstanz gefordert. Das Wissen um konstruktive Besonderheiten früherer Zeiten sowie die Integration dieses Bestandes in zeitgemäße Lösungen fordern den Planer ganz besonders. In vielen Fällen sind kreative Sonderlösungen nötig, um den „Flurschaden" im Zuge einer Renovierung in Grenzen zu halten.

6. Vorbereitung der Vergabe

In dieser Phase listet die HOAI als Grundleistungen folgende Aufgaben auf:

Erstellung von Leistungsverzeichnissen

- die Massenermittlung und
- die Erstellung von Leistungsbeschreibungen mit Leistungsverzeichnissen nach Leistungsbereichen.

Bei den Besonderen Leistungen sind aufgeführt:

- die Erstellung eines Raumbuches,
- das Aufstellen von alternativen Leistungsbeschreibungen,
- das Aufstellen von vergleichenden Kostenübersichten.

PRAXISBEISPIEL

Beispiel für eine Position aus einer Leistungsbeschreibung (hier: Malerarbeiten)
Holzfenster und -außentüren (nicht tragende, maßhaltige Bauteile) mit intaktem Anstrich mit Alkydharzlack weiß / farbig hochglänzend überarbeiten:
Untergrundvorbehandlung:
Anstrich auf Trag- und Haftfähigkeit prüfen. Losen Kitt, schadhafte Anstrichteile und nicht intakten Dichtstoff entfernen. Intakten Anstrich anschleifen und säubern.
Imprägnierung:
Rohe und schadhafte Stellen mit .... behandeln.
Grundanstrich der imprägnierten Stellen mit ....
Risse, Fugen, offene Verbindungen o. Ä. mit .... schließen. Schadhaften Dichtstoff erneuern.

Zwischenanstrich mit ...
Schlussanstrich mit ...
ca. 10 Fenster b x h ca. 1,135 x 1,385

Der Ablauf einer Ausschreibung und Vergabe wird am Ende der Beschreibungen zur Leistungsphase 7 anschaulich erläutert.

7. Mitwirkung bei der Vergabe

Die Grundleistungen, die hierzu in der HOAI aufgeführt sind, umfassen unter anderem folgende Aufgaben:

Angebote einholen und vergleichen

- Einholen von Angeboten (Versenden an verschiedene Firmen),
- Prüfen und Werten der abgegebenen Angebote,
- Aufstellen eines Preisspiegels,
- Verhandlung mit Bietern,
- Mitwirkung bei der Auftragserteilung.

Bei den Besonderen Leistungen kommt zu den Aufgaben in dieser Phase noch dazu:

- das Aufstellen, Prüfen und Werten von Preisspiegeln nach besonderen Anforderungen.

Expertentipp

Auftragserteilung

Die Aufträge zur Ausführung der Baumaßnahme an Baufirmen und Handwerker werden vom Architekten vorbereitet. Die Aufträge werden jedoch durch den Bauherrn unterschrieben und beauftragt.
In besonderen Fällen ist empfehlenswert, zur konkreten Vertragsgestaltung bei der Auftragserteilung einen Rechtsanwalt einzuschalten.

Erläuterungen zur Vergabe
So wie hier (siehe Erläuterungen zu Phase 6) in dem Beispiel der Malerarbeiten dargestellt, werden alle Arbeiten, die bei der Bau-

maßnahme anfallen, beschrieben und in einer Leistungsbeschreibung (= Ausschreibung) je Gewerk zusammengefasst. Dieses Ausschreibungspaket wird an interessierte Firmen geschickt, die ihrerseits ihr Preisangebot für die einzelnen Arbeiten eintragen und ihr ausgepreistes Exemplar innerhalb der Angebotsfrist an den Architekten zurückschicken.

Zum Zeitpunkt der Angebotseröffnung werden die abgegebenen Angebote geöffnet und die Angebotssummen vor der Prüfung registriert.

Überprüfung auf Vollständigkeit

Der ausschreibende Architekt überprüft dann die Angebote noch auf Vollständigkeit, Plausibilität, Missverständnisse und rechnerische Korrektheit.

Aus der Summe der Angebote wird ein sogenannter Preisspiegel erstellt. Das ist eine Übersicht über die verschiedenen Angebote, aus der Ausreißer in Bezug auf die Preisgestaltung nach oben oder unten sichtbar werden. Preisliche Ausreißer können auf Missverständnissen beruhen, die dann eventuell ausgeräumt werden müssen.

Bei unrealistischen Preisabweichungen nach unten ist zumeist Vorsicht geboten. Eventuell wurde der Arbeitsaufwand falsch eingeschätzt oder schlichtweg irrtümlich eine falsche Preisangabe eingesetzt. Ein einfacher Zahlendreher kann oft fatale Folgen haben.

Wenn aus dem Preisspiegel die Favoriten hervorgegangen sind, so werden diese zu Auftragsverhandlungen geladen. In diesen Verhandlungen werden ergänzende Rahmenbedingungen zur Ausführung besprochen und in einem Vergabeprotokoll festgehalten.

Wenn alle Rahmenbedingungen geklärt sind, erhält der bevorzugte Betrieb den Auftrag zur Bauausführung, während die nicht berücksichtigten Bieter darüber informiert werden, dass sie den Auftrag nicht erhalten haben.

Unterschiedliche Möglichkeiten bei der Auftragsvergabe

Einzelvergabe

Es besteht die Möglichkeit, die Bauaufträge im Rahmen einer Einzelvergabe an die verschiedenen unterschiedlichen Handwerksbetriebe getrennt zu erteilen.

Vergabe an einen Generalunternehmer

Eine andere Option besteht darin, die verschiedenen Leistungen zusammengefasst in einer Vergabe an einen Generalunternehmer (GU) zu beauftragen. Üblicherweise wird der GU einen Teil der

Arbeiten selbst ausführen, andere Arbeiten wird er selbst weiter beauftragen an andere Firmen, sogenannte Subunternehmer.

Abrechnung nach Aufmaß

Eine andere Unterscheidung unterschiedlicher Vertragsgestaltung ergibt sich aus der Art der Abrechnung: Wenn nach Aufmaß und Einzelpositionen abgerechnet wird, so wird nach der Bauausführung exakt aufgemessen, welche Mengen der beschriebenen Leistungen tatsächlich angefallen sind. Diese werden mit den beauftragten Einzelpreisen multipliziert und daraus die Abrechnungssumme ermittelt. Dieser Vertrag wird als Einheitspreisvertrag bezeichnet.

Pauschalierung

Wenn im Vorfeld die Massen exakt feststehen und geprüft werden können, dann ist es meist möglich, die Beauftragung und Abrechnung nach Pauschalsummen vorzunehmen. In diesem Fall spricht man von einem Pauschalvertrag. Dieser hat für den Bauherrn den Vorteil, dass die Massenprüfung bereits im Vorfeld geschieht und die Abrechnungssummen bereits im Vorfeld ziemlich exakt feststehen. Bei Modernisierungen ist diese Abrechnungsmethode selten möglich, weil bei der Bauausführung im Bestand immer wieder Überraschungen entstehen, die im Vorfeld einer Pauschalierung nicht erfasst werden können.

Expertentipp

Steuerabzug bei Bauleistungen

Beachten Sie bei der Abrechnung von Bauleistungen:
Lassen Sie sich von den ausführenden Firmen deren Freistellungsbescheinigung zum Steuerabzug bei Bauleistungen gemäß § 48 b Abs. 1 S. 1 des Einkommensteuergesetzes (EStG) geben. Ansonsten müssen Sie 15 % der Gegenleistung einbehalten und an das zuständige Finanzamt abführen.
Das Bundesfinanzministerium stellt unter www.bundesfinanzministerium.de ein Merkblatt zum Steuerabzug bei Bauleistungen zur Verfügung, aus dem Sie weitere Details entnehmen können.

Die Besonderheiten der Ausschreibung und Vergabe der Bauleistungen im Zusammenhang mit einer Modernisierung bestehen darin, dass im Lauf einer Modernisierung immer wieder unerwartete Situationen entstehen können, die bereits möglichst umfassend in den Leistungsbeschreibungen enthalten sein sollten. Manche Bauleistungen können bei einer Modernisierung voraussichtlich nur nach Stundenaufwand abgerechnet werden, weil die unbekannten Rahmenbedingungen eine andere Kalkulation für den anbietenden Unternehmer nicht zulassen. Die Leistungsbeschreibungen einer Modernisierung müssen diesem Umstand Rechnung tragen.

Text auf CD-ROM

In vielen Fällen wird in einem Bauvertrag die VOB, die Verdingungsordnung für Bauleistungen, zur Vertragsgrundlage gemacht. Die Modalitäten für die Abrechnung und Ausführung sind hier festgehalten.

8. Objektüberwachung (Bauüberwachung)

Bei den Grundleistungen führt die HOAI unter anderem folgende Aufgaben des Architekten zur Phase der Objektüberwachung (Bauleitung) auf:

Überwachung der Arbeiten

- Überwachung der Ausführung des Objekts,
- Koordinieren der an der Objektüberwachung fachlich Beteiligten,
- Aufstellen und Überwachen eines Zeitplans,
- Führen eines Bautagebuchs,
- Rechnungsprüfung,
- Kostenfeststellung,
- Übergabe des Objekts,
- Auflisten der Gewährleistungsfristen,
- Überwachung der Mängelbeseitigung.

Folgende Besondere Leistungen erweitern den Aufgabenbereich fallweise:

Kontrolle der Kalkulation

- das Aufstellen, Überwachen und Fortschreiben eines Zahlungsplanes,
- das Aufstellen, Überwachen und Fortschreiben von differenzierten Zeit-, Kosten- oder Kapazitätsplänen.

Die Aufgaben der Bauleitung sind – wie Sie sehen – sehr komplex und auch sehr zeitaufwendig. Aus diesem Grund ist der Honoraranteil hierfür mit 31 % aus dem Gesamthonorar auch der höchste aller Planungsphasen. Die Bauleitung muss nicht zwingenderweise von einem Architekten vorgenommen werden. Als Bauleiter kann ebenso ein Bauingenieur oder ein anderer Fachmann fungieren.

Honorar für Bauleitung

Expertentipp

Achtung Unfallverhütung

Der Bauherr / die Bauherrin ist grundsätzlich selbst für die Einhaltung der Vorschriften für die Unfallverhütung und Baustellensicherung verantwortlich. Er / sie kann diese Verantwortung jedoch auf die Bauleitung übertragen. Wenn gleichzeitig Arbeitnehmer verschiedener Unternehmen auf einer Baustelle tätig sind, so ist die Beteiligung eines Sicherheits- und Gesundheitskoordinators (SiGeKo) erforderlich.

Wenn die Bauherrschaft die Bauleitung selbst übernehmen möchte, so sollte sie vorher kritisch prüfen, ob sie einerseits die fachliche Kompetenz besitzt und andererseits die nötige Anwesenheit auf der Baustelle sicherstellen kann. In diesem Zusammenhang sei noch einmal auf die besonderen Umstände einer Renovierung und Modernisierung hingewiesen, bei denen immer wieder rasches Reagieren auf Überraschungen aus der vorhandenen Bausubstanz nötig ist. Die Koordinierung der Bauarbeiten eines Umbaus und einer Modernisierung ist ebenfalls eine knifflige Aufgabe, die man nicht unterschätzen sollte.

Fachliche Kompetenz prüfen

Ein weiterer Problempunkt besteht für die Bauleitung durch den Bauherrn häufig in der Qualitätsüberwachung. Wenn er selbst den nötigen Sachverstand mitbringt und die detaillierten technischen Kenntnisse hat, dann mag das schon gelingen.

9. Objektbetreuung und Dokumentation

Nach Abschluss der eigentlichen Baumaßnahme steht die letzte Phase an, in der auf den Architekten folgende Grundleistungen zukommen:

Überprüfung auf Mängel

- Objektbegehung zur Mängelfeststellung vor Ablauf der Verjährungsfristen der Gewährleistungsansprüche,
- die Überwachung der Beseitigung dieser Mängel,
- die Mitwirkung bei der Freigabe von Sicherheitsleistungen,
- sowie die systematische Zusammenstellung der Ergebnisse des Objekts.

Bei den Besonderen Leistungen sind dann zur Ergänzung z. B. noch aufgeführt:

- Erstellen von Bestandsplänen,
- Erstellen von Wartungs- und Pflegeanweisungen,
- Objektüberwachung,
- Objektbegehungen
- die Überprüfung der Bauwerks- und Betriebskosten-Nutzen-Analyse.

Zusammenfassen von Planungsphasen

Beauftragung von Einzelphasen

Es ist durchaus üblich, nicht alle Planungsphasen von Anfang an zu beauftragen. Besonders wenn Sie einen Architekten noch nicht aus der persönlichen Zusammenarbeit kennen, so macht es durchaus Sinn, sich erst einmal in den vorbereitenden Phasen kennenzulernen.

Es lassen sich je nach Bedarf Planungsphasen zusammenfassen und in sinnvollen Paketen beauftragen: Die Phasen 1 und 2 ergeben dann die Vorentwurfsplanung, nach den Phasen 3 und 4 wird die Planung bei der Genehmigungsbehörde eingereicht.

Häufig werden auch die Phasen 1 bis 4 zusammengefasst. Dieses Paket umfasst dann den ganzen Entwurf bis zu dem Zeitpunkt, zu dem die Baugenehmigung vorliegt.

In Phase 5 werden die Pläne für die Bauausführung erstellt. Diese Phase lässt sich auch noch sinnvoll zu dem Paket der Phasen 1 bis 4 dazunehmen. Die Phasen 6 und 7 fassen Ausschreibung und Ver-

gabe der Bauleistung an die ausführenden Baufirmen zusammen und Phase 8 wird üblicherweise mit „Bauleitung" beschrieben.
Es gibt beispielsweise Büros, die sich auf Ausschreibung und Bauleitung spezialisiert haben. Solche Büros übernehmen dann bevorzugt die Phasen 6, 7 und 8. In Phase 9 wird der Planer z. B. Gewährleistungsmängel feststellen und deren Beseitigung überwachen.

Absprachen mit dem Architekten

Wenn Sie den Wunsch nach einer Beauftragung in Planungspaketen hegen, so besprechen Sie mit Ihrem Architekten einfach, welche Stückelung in Ihrem speziellen Fall infrage kommt. Bei Renovierungen und Modernisierungen werden häufig ganz besondere Aufgaben auf die Planer zukommen, die dann der Situation entsprechend vertraglich gewürdigt werden müssen.

Die Änderungen der EnEV 2009 im Überblick

Text auf CD-ROM

Die Novelle der Energieeinsparverordnung (EnEV) 2009 enthält verschiedene Anforderungen, die bei Renovierungen und Modernisierungen zu beachten sind. Zum besseren Verständnis und für einen vereinfachten Überblick folgen hier in straff zusammengefasster Form die wesentlichen Neuerungen, die sich durch die EnEV 2009 insgesamt ergeben.

Auch bei einer Reihe von Renovierungsvorhaben sind die Anforderungen der EnEV 2009 einzuhalten.

Expertentipp

Weiterführende Literatur

Für detailliertere Informationen über die EnEV 2009 sei verwiesen auf das Buch „EnEV-Novelle 2009 und neue Heizkostenverordnung“ der Reihe „Haufe aktuell“ von Hopfensperger / Noack / Onischke.

Verschärfung der Anforderungen an den Primärenergiebedarf

Verschärfte Anforderungen bei Neubau und Sanierung
Im Falle zu errichtender Gebäude sowie bei Änderung, Erweiterung und Ausbau von Gebäuden wird das Anforderungsniveau an den Jahres-Primärenergiebedarf (Q_P) um etwa 30 % angehoben.

Geänderte Anforderungen

Das exakte Maß der Verschärfung lässt sich nur ungefähr angeben, da die Berechnungsmethoden bei Wohnbauten geändert werden.

Verschärfte Anforderungen für wesentliche Änderungen an Außenwandbauteilen im Gebäudebestand
Bei wesentlichen Änderungen werden die Anforderungen an die Höchstwerte der Wärmedurchgangskoeffizienten beim erstmaligen Einbau, Ersatz und Erneuerung von Bauteilen um etwa 15 % erhöht.

Expertentipp

Wesentliche Änderung

Als wesentlich wird jetzt eine Änderung angesehen, wenn mehr als 10 % der gesamten jeweiligen Bauteilfläche eines Gebäudes betroffen ist. Dieser Schwellenwert lag gemäß EnEV 2007 neben anderen Besonderheiten bei 20 % der Bauteilfläche.

Als Nachweis kann bei Modernisierungen wahlweise das Bauteilverfahren oder das Referenzgebäudeverfahren herangezogen werden.
Im Einzelnen gibt diese Aufstellung zum Bauteilverfahren Aufschluss über die alten und neuen Höchstwerte für die Wärmedurchgangskoeffizienten (U-Werte) folgender Bauteile von Wohngebäuden:

Alte und neue Höchstwerte

Bauteil/ maximaler U-Wert	**EnEV 2007 [W/m²K] alte Höchstwerte (Wohngebäude und ≥ 19 °C)**	**EnEV 2009 [W/m²K] neue Höchstwerte (Wohngebäude und ≥ 19 °C)**
Außenwände	0,45	0,24
Fenster, Fenstertüren	1,7	1,30
Dachflächenfenster	1,7	1,40
Verglasungen	1,5	1,10
Vorhangfassaden	1,9	1,50
Fenster, Fenstertüren, Dachflächenfenster mit Sonderverglasungen	2,0	2,00 (keine Verschärfung)
Sonderverglasungen	1,6	1,60 (keine Verschärfung)
Vorhangfassaden mit Sonderverglasungen	2,3	2,30 (keine Verschärfung)
Decken, Dächer, Dachschrägen	0,3	0,24
Flachdächer	0,25	0,20
Decken und Wände gegen unbeheizte Räume oder Erdreich	0,4–0,5	0,24–0,5

Vergleich der Höchstwerte der Wärmedurchgangskoeffizienten bei erstmaligem Einbau, Ersatz und Erneuerung von Bauteilen – hier Wohngebäude und vergleichbar beheizte Zonen von Nichtwohngebäuden.

Auch bei den kühleren Bereichen von Nichtwohngebäuden wurden die Anforderungen verschärft. Die hier folgende Gegenüberstellung fasst die Änderungen im Überblick zusammen:

Bauteil \ maximaler U-Wert	**EnEV 2007 [W/m²K] alte Höchstwerte (Nichtwohngebäude 12–19 °C)**	**EnEV 2009 [W/m²K] neue Höchstwerte (Nichtwohngebäude 12–19 °C)**
Außenwände	0,75	0,35
Fenster, Fenstertüren	2,8	1,90
Dachflächenfenster	2,8	1,90
Vorhangfassaden	3,0	1,90
Fenster, Fenstertüren, Dachflächenfenster mit Sonderverglasungen	2,8	2,80 (keine Verschärfung)
Vorhangfassaden mit Sonderverglasungen	3,0	3,0 (keine Verschärfung
Decken, Dächer, Dachschrägen	0,4	0,35
Flachdächer	0,4	0,35

Vergleich der Höchstwerte der Wärmedurchgangskoeffizienten bei erstmaligem Einbau, Ersatz und Erneuerung von Bauteilen – hier Zonen von Nichtwohngebäuden mit Innentemperaturen von 12 bis < 19 °C.

Referenzgebäudeverfahren

Gleich geblieben ist jeweils die Anforderung zum Referenzgebäudeverfahren, nach der sowohl geänderte Wohn- als auch Nichtwohngebäude die Anforderungen für Neubauten um nicht mehr als 40 % überschreiten dürfen. Nachdem sich jedoch die Anforderungen für die Neubauten verschärft haben, ergibt sich auch für Änderungen an Gebäuden proportional die vergleichbare Verschärfung.

Einführung des Referenzgebäudeverfahrens für Wohngebäude

In der EnEV 2007 wurden die Anforderungen an neu zu errichtende Wohngebäude nach einer Formel und einer Tabelle ermittelt, die auf das A/V-Verhältnis abstellte. Das A/V-Verhältnis bezeichnete den Quotienten aus der Summe der Hüllflächen und dem Volumen des beheizten Gebäudes. Dieses Verfahren wird in der EnEV abgeschafft und durch das sogenannte Referenzgebäudeverfahren ersetzt.

A/V-Verhältnis ermitteln

Expertentipp

Individuelle Anforderungen

Die Anforderungen an neu zu errichtende Gebäude werden in der EnEV 2009 durch das Referenzgebäudeverfahren individuell bestimmt. Ein Referenzgebäude ist ein fiktives Bauwerk, das dem Gebäude, das untersucht werden soll, im Hinblick auf Größe, Geometrie, Nutzung und Ausrichtung entspricht. Für die Qualität und die technische Ausstattung des Referenzgebäudes werden Standardwerte gemäß der Vorgabe der Verordnung eingesetzt und hieraus die Bedingungen ermittelt, die das tatsächliche Gebäude erfüllen muss.
Die vorgegebene Qualität und Ausstattung des Referenzgebäudes finden Sie in der EnEV 2009 in der Anlage 3 zu den §§ 8 und 9.

Die Anforderungen für zu errichtende Wohngebäude umfassen – wie bisher – Maximalwerte für den Jahres-Primärenergiebedarf und den Transmissionswärmeverlust. Außerdem müssen nach wie vor Anforderungen an den sommerlichen Wärmeschutz eingehalten werden. Weiterhin bestehen Anforderungen an:

Bestehende Anforderungen

1. Dichtheit,
2. Mindestluftwechsel,
3. Mindestwärmeschutz,
4. Wärmebrücken.

Der vereinfachte Überblick der EnEV 2009 zeigt die Energieeffizienz Ihres Gebäudes im Vergleich zu anderen.

Einführung eines neuen Bilanzierungsverfahrens für Wohngebäude (DIN V 18599)

DIN-Normen

Die Ermittlung des Jahres-Primärenergiebedarfes (Q_P) kann nun nach DIN V 18599: 2007-02 für Wohngebäude erfolgen. Alternativ dazu ist eine Ermittlung nach DIN EN 832 : 2003-06 in Verbindung mit DIN V 4108-6 : 2003-06 (geändert durch DIN V 4108-6 Berichtigung I 2004-03) und DIN V 4701-10 : 2003-08, geändert durch A1 : 2006-12, zulässig. Achtung: Das zu errichtende Wohngebäude und das Referenzgebäude sind nach demselben Verfahren zu berechnen.

Nachrüstverpflichtungen und Außerbetriebnahmen

Speicherheizgeräte

In verschiedenen Fällen wartet die EnEV 2009 mit Nachrüstverpflichtungen auf, die in Abhängigkeit von Eigentümerwechsel und Wirtschaftlichkeit zu erfüllen sind. Als wichtigste sind zu nennen die Dämmung oberster Geschossdecken und die Vorschriften zur Außerbetriebnahme elektrischer Speicherheizsysteme. Zuständig für Nachrüstungen und Außerbetriebnahmen ist immer der Eigentümer des jeweiligen Gebäudes.

Dämmung oberster Geschossdecken
Hier stellt die EnEV 2009 jetzt auch auf begehbare, bisher ungedämmte oberste Geschossdecken ab. Bisher bezog sich die Pflicht zu einer nachträglichen Dämmung nur auf nicht begehbare, aber zugängliche oberste Geschossdecken. Diese müssen also in den meisten Fällen bereits gedämmt sein.

Verpflichtung erfüllt

Wenn anstelle der obersten Geschossdecke das darüber liegende Dach gedämmt ist, gilt die Verpflichtung als erfüllt. Die Frist für die Nachrüstpflicht zur Dämmung der obersten begehbaren Geschossdecke ist der 31. Dezember 2011.

Außerbetriebnahme von Nachtspeicherheizungen

Lange Übergangsfristen

Elektrische Speicherheizsysteme müssen nach und nach außer Betrieb genommen werden. Hierfür sind zahlreiche Bedingungen und teilweise extrem lange Übergangszeiten vorgesehen. So dürfen beispielsweise Speicherheizsysteme, die vor dem 1. Januar 1990 eingebaut wurden, nach dem 31. Dezember 2019 nicht mehr betrieben werden.

Expertentipp

Nachtspeicherheizungen

Die Verpflichtung zur Außerbetriebnahme von Nachtspeicherheizungen beginnt erst im Jahr 2019. Es besteht also momentan noch kein Grund zur Hektik. Dennoch ist eine zeitnahe Außerbetriebnahme solcher Heizungen sinnvoll, weil deren Energieeffizienz sehr schlecht ist.

Verantwortlichkeiten, Nachweispflichten und Überprüfungen

Verantwortlich war für die Einhaltung der Vorschriften der EnEV bisher der Bauherr. Daran hat sich zunächst nichts geändert. Darüber hinaus stellt die EnEV 2009 klar, dass im Rahmen ihres Wirkungskreises die Personen verantwortlich sind, die bei der Errichtung oder Änderung von Gebäuden oder der Anlagentechnik in Gebäuden tätig werden.

Schriftliche Bestätigung

Bei verschiedenen Arbeiten an Gebäuden und deren technischer Ausrüstung zur Wärme- und Warmwassererzeugung müssen die Ausführenden dem Eigentümer unverzüglich nach Abschluss der Arbeiten schriftlich bestätigen, dass die Anforderungen der EnEV 2009 eingehalten wurden. Diese Erklärung wird Unternehmererklärung genannt.

Im Rahmen der Feuerstättenschau muss der Bezirksschornsteinfegermeister die bereits in der EnEV 2007 geforderte Außerbetriebnahme sehr alter Heizkessel (vor dem 1. Oktober 1978 eingebaut) sowie die ordnungsgemäße Dämmung von Wärmeverteilungs- und Warmwasserleitungen überprüfen. Im Falle des Einbaus heizungstechnischer Anlagen in bestehende Gebäude hat er weitere Prüfpflichten auferlegt bekommen.

Bei Beanstandungen weist der Bezirksschornsteinfegermeister den Eigentümer künftig schriftlich auf dessen Pflichten hin und setzt angemessene Fristen. Bei Nichterfüllung der Nachrüstungen informiert der Bezirksschornsteinfegermeister dann die nach Landesrecht übergeordnete zuständige Behörde.

✓ SCHRITT-FÜR-SCHRITT-GUIDE

Den Zustand eines Altbaus bewerten

Das eigene Haus selbst kritisch in Augenschein zu nehmen oder den Zustand einer fremden Immobilie zu begutachten ist entscheidend für eine realistische Wertbeurteilung des Objekts. Hierbei geben einige augenfällige Merkmale wichtige Hinweise auf den Erhaltungszustand.

Formular auf CD-ROM

Keller

Hier helfen die Sinnesorgane besonders gut. Riecht es muffig? Kontrollieren Sie, ob die Außenwände feucht sind, halten Sie nach Schimmel Ausschau. Begutachten Sie außerdem die sichtbaren Leitungssysteme.

Liegt ein Mangel vor? **Welcher Mangel?**

nein ☐ **ja** ☐ ....

Was ist zu tun?
Sollte der Befall sehr stark sein, ist dies ein großes Manko für den Wert. In diesen Fällen sollte ein Bausachverständiger den Schaden und die Kosten für dessen Behebung beurteilen (siehe im Folgenden Punkt 3 Schritt 5).

Außenhaut

Die Fassade schmückt das Haus. Aber sie hat auch eine sehr wichtige Funktion in Bezug auf Wärmedämmung und Wetterschutz. Risse und Abplatzungen sollten Sie hier genauer unter die Lupe nehmen.

Liegt ein Mangel vor? **Welcher Mangel?**

nein ☐ **ja** ☐ ....

Was ist zu tun?
Kleinere Fassadenschäden können mit wenig Aufwand behoben werden. Treten größere Abplatzungen oder Risse auf, dann sollten die Ursachen durch spezialisierte Sachverständige abgeklärt werden.

Innenwände

Meistens dienen die Innenwände als Raumaufteiler, manchmal haben sie auch tragende Funktion. Kontrollieren Sie hier, ob Risse, Abplatzungen und Verschiebungen vorhanden, ob Wände feucht oder schimmelig sind.

Liegt ein Mangel vor? **Welcher Mangel?**

nein ☐ ja ☐ ....

Was ist zu tun?

Bei tragenden Wänden sollten Sie genau hinschauen. In schweren Fällen ist hier der Rat eines Sachverständigen wichtig.

Dach

Bei der Begutachtung der Dachkonstruktion sollten Sie großes Augenmerk auf den Zustand der Holzbalken legen. Gibt es hier sichtbaren Schädlingsbefall? Kontrollieren Sie, wenn möglich, bei der Wärmedämmung die Dampfsperre und die Verlegung der Dämmmatten.

Liegt ein Mangel vor? **Welcher Mangel?**

nein ☐ ja ☐ ....

Was ist zu tun?

Gibt es Indizien für ein veraltetes Dach, dann steht eine Erneuerung an. Holen Sie Angebote von Handwerksfirmen ein, um die Kosten abschätzen zu können. Ist das Dachgebälk in einem schlechten Zustand, müssen Sie dessen Tragfähigkeit durch einen Sachverständigen testieren lassen.

Elektroinstallation

Ein Blick in den Stromverteilerkasten offenbart häufig schon die Misere. Ist er offensichtlich sehr alt, gibt es ihn nur für das komplette Haus oder sind nur wenige Sicherungen vorhanden? Kontrollieren Sie auch in den Wohnungen, ob ausreichend Steck-, Antennen- und Telefondosen vorhanden sind.

Liegt ein Mangel vor? **Welcher Mangel?**

nein ☐ **ja** ☐ ....

Was ist zu tun?

Mehrere Angebote einzuholen ist auch bei einer veralteten Elektroinstallation der sicherste Weg, um die Kosten abzuschätzen. Aber auch ein Sachverständiger kann helfen.

Sanitär

Achten Sie auf den Erhaltungszustand von Toiletten und Bädern. Kontrollieren Sie auch den Wasserdruck auf den Etagen. Im Keller sollten Sie auch einen Schmutzpartikelfilter und einen Druckminderer oder -verstärker vorfinden.

Liegt ein Mangel vor? **Welcher Mangel?**

nein ☐ **ja** ☐ ....

Was ist zu tun?

Entsprechen die Bäder im Haus offensichtlich nicht mehr dem aktuellen Standard, wird die Sanierung oft teuer. Holen Sie hierzu direkt ein Angebot von einem Fachmann ein, und planen Sie mindestens 10.000 € pro Badsanierung ein.

Heizungssystem

Die beste Kontrolle in Bezug auf die Heizung ist das Heizungssystem selbst. Viele Angaben auf dem Gerät und in der Gebrauchsanweisung verraten das Alter. Ansonsten lohnt sich auch der Blick auf die Heizungsrohrisolierung.

Liegt ein Mangel vor? **Welcher Mangel?**

nein ☐ ja ☐ ....

Was ist zu tun?

Bestimmte Heizsysteme müssen laut gesetzlichen Vorschriften erneuert werden. Fragen Sie beispielsweise Ihren Bezirksschornsteinfeger.

Fenster und Türen

Sie sind die Augen des Hauses: Fenster und Türen übernehmen auch wichtige Funktionen im Einbruchsschutz und in der Wärmedämmung. Kontrollieren Sie, ob alle einwandfrei funktionieren.

Liegt ein Mangel vor? **Welcher Mangel?**

nein ☐ ja ☐ ....

Was ist zu tun?

Bei den Möglichkeiten zur Renovierung von Türen und Fenstern gibt es eine besonders große Bandbreite. Lassen Sie sich von einem fachkundigen Architekten oder einem erfahrenen Schreiner beraten.

Decken und Böden

Der Schallschutz ist eine wichtige Funktion von Decken und Böden. Kontrollieren Sie hier aber auch, ob der Estrich buckel- und wellenfrei verlegt wurde. Achten Sie auf Trocknungsrisse.

Liegt ein Mangel vor? **Welcher Mangel?**

nein ☐ **ja** ☐ ....

Was ist zu tun?

Machen der Estrich und die Decke insgesamt einen guten Eindruck, dann wird ein Gutachten nicht benötigt. Sind aber auffällig viele Risse und Wellen vorhanden, kann der Rat eines Sachverständigen nicht schaden.

Das müssen Sie tun:

Diese Checkliste hilft Ihnen dabei, einen realistischen Eindruck vom Zustand eines Hauses zu gewinnen. Die Kosten für die Beseitigung der festgestellten Schäden mindern den Verkehrswert des Hauses. Wichtig ist hier der Gesamteindruck. Häufen sich Schäden und Mängel, sollten Sie den Rat eines Bausachverständigen heranziehen. Ist hingegen nur an einer Stelle ein Schimmelfleck vorhanden, ist das Honorar dafür unnötig. Wägen Sie die Kosten für das Gutachten und die Kosten für die sofortige Beseitigung der Schäden miteinander ab.

Ansatzpunkte einer energetischen Sanierung

Eine nachhaltige Entwicklung einer Immobilie setzt die regelmäßige energetische Renovierung voraus. Hierbei eröffnen sich dem Besitzer unterschiedliche Ansatzmöglichkeiten.

Heizungsanlage und Raumheizung

Regelmäßige Fristen

Die übliche Renovierungsfrist für die Erneuerung des Anstrichs der Heizkörper entnehmen Sie bitte der folgenden Aufstellung:

Lackierarbeiten	Fristen
Heizkörper	7 Jahre

Die Bauteile, aus denen Heizungsanlagen bestehen, haben ungefähr folgende Lebenserwartungen:

Bauteil	Lebensdauer
Heizkessel	ca. 15–30 Jahre
Brenner (Öl oder Gas)	ca. 10–15 Jahre
Heizkörper aus Guss	ca. 30–50 Jahre
Heizkörper aus Stahl	ca. 20–40 Jahre
Öltanks	ca. 20–30 Jahre

Allgemeine Hinweise zur Heizung

Große Einsparmöglichkeiten

Der Heizungsanlage gilt die erste und wichtigste Aufmerksamkeit bei den Überlegungen zu einer energetischen Sanierung, denn hier sind die umfangreichsten Einsparmöglichkeiten gegeben, die sich im Vergleich mit anderen Maßnahmen auch am schnellsten amortisieren. Heizkessel, die nicht mehr der Energieeinsparverordnung entsprechen, z. B. Gas- oder Ölkessel, die älter als ca. 30 Jahre sind, müssen sowieso ausgetauscht werden.

Expertentipp

Pflicht zur Stilllegung von Heizkesseln

Heizkessel, die nicht mehr der Energieeinsparverordnung entsprechen, z. B. Gas- oder Ölkessel, die vor dem 1. Oktober 1978 eingebaut wurden, hätten bereits zum 31. Dezember 2006 außer Betrieb genommen werden müssen. Weitere Informationen hierzu erhalten Sie von Ihrem Kaminkehrermeister.

Vorteil einer modernen Anlage

Eine moderne Heizungsanlage braucht bis zu 40 % weniger Energie als überholte Technik. Durch dieses enorme Einsparpotenzial lohnt es sich, den Heizkessel mit seinem Brenner auch schon auszutauschen, wenn er noch nicht defekt ist. In Bezug auf den Wirkungsgrad hat die Technik in der jüngsten Zeit sehr große Fortschritte gemacht, die sich in wesentlich geringeren Heizkosten bemerkbar machen.

Bedenkenswert ist die Möglichkeit, sich bei einem Kesselaustausch von den fossilen Brennstoffen unabhängig zu machen und stattdessen regenerative Energien, wie beispielsweise Holzpellets, einzusetzen.

Einsparmöglichkeiten beim Heizen

Thermostatventile an den Heizkörpern, vorschriftsmäßige Dämmung der Heizungsrohre, eine außentemperaturgeführte Brennerregelung mit Nachtabsenkung; All diese Gesichtspunkte leisten ihren Beitrag zum Energiesparen und sollten allmählich selbstverständlich sein. Eine Abstimmung zwischen Heizkessel, Heizverteilung und Heizkörpern (hydraulischer Abgleich) trägt ebenfalls zum reibungslosen energiesparenden Betrieb der Heizanlage bei.

Expertentipp

Kleinerer Heizkessel nach Wärmedämmung

Wenn Sie die Energieeffizienz Ihres Gebäudes verbessern, also beispielsweise eine Wärmedämmung aufbringen lassen, verbraucht Ihr Gebäude weniger Heizenergie. Aus diesem Grund kommen Sie künftig nach der Sanierung auch mit einem kleineren Heizkessel aus.

Modernisierte Heiztechnik

Die effizienteste Möglichkeit zur nachhaltigen Einsparung von Heizenergie besteht also bei der Modernisierung der Heiztechnik. In den folgenden Abschnitten sollen deshalb die technischen Hintergründe und die verschiedenen Alternativen kurz angerissen werden. Eine konkrete Beratung durch den Fachmann kann durch die Hinweise naturgemäß nicht ersetzt werden.

PRAXISBEISPIEL

Heizungserneuerung ohne Warmwasserbereitung

1 m^2	Heizungsanlage ohne Warmwasserbereitung, mit Regelung, Verteilung und Heizflächen – Kostenangabe zurückgerechnet auf m^2 Wohnfläche	ca. 65–85 €

Preise inkl. 19 % MwSt., Stand 2009

Flachheizkörper

1	einfacher Flachheizkörper (ca. 60 x 90 cm), liefern und montieren	ca. 300–350 €

Preise inkl. 19 % MwSt., Stand 2009

Energiearten und ihre Primärenergiefaktoren

Ermittlung des Primärenergiefaktors

In der Energieeinsparverordnung werden für die Energiebilanz von Gebäuden die Energieverluste berücksichtigt, die für die Erzeugung, Verteilung, Speicherung und Übergabe der jeweiligen Energieart anfallen. Pauschalierend zusammengefasst, handelt es sich dabei um sämtlichen Aufwand, der bei Verwendung der jeweiligen Energie eingesetzt werden muss, bis die „Wohnung warm ist". Das beginnt also im Beispiel des Heizöls bei den ersten Untersuchungen, die nötig sind, um Ölquellen zu entdecken, zu erschließen und das Rohöl zu fördern. Weiter geht es mit den Verlusten für Transporte und die Umwandlung in leichtes Heizöl. Schließlich werden wiederum Verluste für Transporte und Lagerungen berücksichtigt, bis dann endlich die Heizung dafür sorgt, dass es im Zimmer warm wird. Diese – zugegebenermaßen sehr vereinfachte – Darstellung der Abläufe ist in Primärenergiefaktoren zusammengefasst, die für jede Energieart den Quotienten aus Primärenergie und Endenergie definieren. Die nachstehende Aufstellung gibt einen kleinen Überblick für verschiedene Energiearten.

Energieart	**Primärenergiefaktor**
Holzpellets	0,2
Brennholz	0,2
Erdöl	1,1
Erdgas	1,1
Braunkohle	1,2
Strom (nicht erneuerbarer Anteil)	2,6

Wie man der Tabelle entnehmen kann, ist der Verlust zwischen Primär- und Endenergie bei Holz und Holzpellets am geringsten, bei Strom am größten. Das bedeutet, dass die gesamten Energieverluste bei der Heizung mit Strom am größten sind. Dagegen ist die Energieeffizienz insgesamt beim Verbrennen von Holz und Pellets am größten.

Beim Einsatz von Holzpellets ist der Verlust zwischen Primärenergie und Endenergie am geringsten.

Unterschiede der Energieart

Nachdem die Primärenergiefaktoren in die Berechnung gemäß Energieeinsparverordnung bei der Bestimmung der energetischen Qualität der Heizungsanlage eingehen, macht es im Rechenergebnis einen wesentlichen Unterschied, welche Energieart zur Heizung herangezogen wird.

Fernwärme

Bei Nutzung von Fernwärme wird die Wärme zentral erzeugt und in einem Leitungssystem über eine Entfernung bis ca. 10 km vom Heizkraftwerk verteilt. Weitere Strecken sind nicht sinnvoll wegen der Energieverluste in den Leitungen. Energetisch betrachtet, sind Fernwärmesysteme sehr sinnvoll, weil bei der Erzeugung von Heizenergie im großen Stil der Wirkungsgrad sehr hoch ist und die

Abgase mit Filteranlagen sehr effizient gereinigt werden können. Je nach verwendeten Rohstoffen können Heizkraftwerke rechnerisch sogar Primärenergiefaktoren von 0,0 erreichen. Für den Endverbraucher hat ein Anschluss an das Fernwärmenetz verschiedene Vorteile:

Vorteile der Fernwärme

- keine eigene Heizungsanlage, nur eine Übergabestation,
- keine Brennstofflagerung,
- kein Kamin nötig,
- die Versorgung mit Fernwärme ist zuverlässiger als eine eigene Heizanlage.

Heizkessel

Bei häuslichen Heizkesseln werden hauptsächlich fossile Brennstoffe wie Gas oder Heizöl bzw. nachwachsende Rohstoffe wie Holz oder neuerdings Pellets verbrannt, wobei die Primärenergiefaktoren der nachwachsenden Rohstoffe sehr niedrig liegen, diese Heizsysteme sich also, energetisch betrachtet, als sehr günstig darstellen.

Niedertemperaturkessel

Fallweise Absenkung

Bei Niedertemperaturkesseln wird die Kesseltemperatur nicht wie bei Konstanttemperaturkesseln ständig auf 70 °C bis 90 °C gehalten, sondern in Abhängigkeit von der Außentemperatur fallweise abgesenkt. Eine Regelung sorgt dafür, dass das Kesselwasser jeweils nur so weit erwärmt wird, dass das Haus entsprechend den Außentemperaturen beheizt werden kann. An kalten Tagen liegt diese Temperatur höher als an warmen.
Beim Ersatz von Konstanttemperaturkesseln durch Niedertemperaturkessel muss die Eignung des Kamins überprüft werden, damit es wegen der niedrigeren Abgastemperaturen nicht zu Durchfeuchtung oder Versottung besonders im oberen Bereich des Kamins kommt. Bei alten Kaminen wird deshalb meist in einen vorhandenen Kaminzug ein zusätzliches Rauchrohr mit schwächerem Querschnitt eingebaut und somit der Kamin an die neuen Bedürfnisse angepasst. Diese Umrüstung wird von oben in den

Kamin eingeführt. Die Wohnungen, durch die der Kamin führt, werden durch diese Maßnahme nicht angetastet.

Brennwertkessel

Bei Brennwertkesseln wird der Wirkungsgrad der Heizung zusätzlich dadurch erhöht, dass dem Kondensat der Abgase noch einmal Wärme entzogen wird. Besonders bei Gasbrennern ergeben sich interessante energiesparende Effekte von ca. 10 % bis 12 %, weil im Gas relativ viel Wasser enthalten ist. Bei Erdöl liegen die Einsparmöglichkeiten etwas niedriger, betragen aber immer noch ca. 4 % bis 5 %.

Wärmepumpen

Energie aus der Luft und der Erde

Wärmepumpen arbeiten nach dem gleichen Prinzip wie Kühlschränke. Für Heizzwecke wird das System jedoch umgekehrt angewandt. Hierzu wird mit einem relativ kleinen Aufwand an elektrischer Energie der Luft, oder besser noch der Erde oder dem Grundwasser Energie entzogen und dadurch ein wesentlich größerer Anteil an Wärmeenergie gewonnen.

Nachdem jedoch, wie bereits dargestellt, der Primärenergiefaktor von Strom sehr hoch ist, muss die Energieeffizienz einer Wärmepumpe schon sehr hoch sein, damit die Nachteile des Stromeinsatzes wieder aufgehoben werden. So kalkuliert man bei Wärmepumpen mit sogenannten Leistungszahlen, die das Verhältnis von aufgewendeter Stromenergie zu erzeugter Wärmeenergie beschreiben. Besonders gute Leistungszahlen bis zu sieben werden bei Grundwassernutzung erzielt. Bei Werten kleiner vier ist der Stromaufwand für die relativ geringe Ausbeute fragwürdig.

Alternativen zum Stromantrieb

Neuere Entwicklungen gehen deshalb auch bei Wärmepumpen weg vom Strom. Gasbetriebene Wärmepumpen stellen hier eine neue Alternative dar.

Wärmepumpen sind immer dann am effektivsten, wenn der Unterschied zwischen der angezapften Wärmequelle und der Vorlauftemperatur der Heizung möglichst gering ist. In Verbindung mit großen Heizflächen wie z. B. Fußbodenheizungen oder Wandheizungen erreichen Wärmepumpen deshalb eine besonders hohe

Energieeffizienz, weil diese mit relativ niedrigen Vorlauftemperaturen betrieben werden.

Thermische Solaranlagen

Bei thermischen Solaranlagen wird die Energie der Sonnenstrahlung mittels Kollektoren aufgefangen und über einen Kreislauf in einen Speicher transportiert. Als Kollektoren stehen Flach- oder Röhrenkollektoren zur Verfügung. Beide Kollektorarten haben ihre Vorteile, wobei Flachkollektoren preislich deutlich günstiger sind und deren Anschaffung und Nachrüstung sich deshalb auch erheblich schneller amortisieren.

Sonnenenergie zur Unterstützung nutzen

Wenn die Sonnenenergie insbesondere zur Unterstützung der Warmwasserbereitung eingesetzt wird, dann stellt dies einen sehr effektiven Beitrag zu den energiesparenden Maßnahmen dar. Die Vorteile bestehen darin, dass Warmwasser jahresdurchgängig benötigt und abgenommen wird. Dadurch werden eventuelle Probleme mit Überhitzungen reduziert. Der Heizkessel muss dann in der Übergangszeit und im Sommer nicht mehr ständig für die Warmwasserbereitung in Bereitschaft gehalten werden, sondern kann einfach komplett abgeschaltet werden. In der Heizperiode unterstützt die Solarnutzung also die Heizungsanlage, im Sommer kann sie bei entsprechender Dimensionierung von Kollektorflächen und Inhalt des Speichers die Warmwasserbereitung alleine übernehmen.

Einfache Nachrüstung

Eine Solarunterstützung kann relativ einfach nachgerüstet werden und bietet deshalb bei geeigneten Rahmenbedingungen immer einen überlegenswerten Denkansatz. Eine gründliche fachliche Beratung, möglichst unabhängig von einem Verkaufsgespräch, ist angeraten.

Heizen mit Strom

Das Heizen mit Strom ist alleine schon wegen des schlechten Primärenergiefaktors von Strom fragwürdig und sollte möglichst vermieden werden.

Blockheizkraftwerk (BHKW) und Kraft-Wärme-Kopplung (KWK)

Ein Blockheizkraftwerk ist eine Anlage, die mit einem Verbrennungsmotor ursprünglich hauptsächlich Strom erzeugt und in das Stromnetz einspeist. In zweiter Linie wird die Abwärme des Motors für Heizzwecke genutzt. Dieses Prinzip nennt man Kraft-Wärme-Kopplung.

Rund ums Jahr optimal einsetzbar

Durch die doppelte Nutzung der eingesetzten Primärenergie wird diese zu 80 % bis über 90 % ausgenutzt. Besonders effektiv arbeiten Blockheizkraftwerke dort, wo die Abwärme dauerhaft, also auch jahresdurchgängig, ihre Abnehmer findet, die möglichst nahe gelegen sein sollten, um die unvermeidlichen Leitungsverluste einzudämmen. Häufig werden deshalb mit Blockheizkraftwerken die Grundlasten der Wärmeerzeugung für Heizung und Warmwasserbereitung und mit einem zusätzlichen Heizkessel die Spitzenlasten abgedeckt. So kann das Blockheizkraftwerk das ganze Jahr über im optimalen Leistungsbereich sehr effizient arbeiten.

Biogasanlagen

Biogas wird durch die Vergärung von organischen Materialien erzeugt, beispielsweise von Speiseresten, Klärschlamm, Mist, Gülle oder auch gezielt angebauten Energiepflanzen. Dieses Gas kann für den Betrieb von Blockheizkraftwerken oder zu Heizzwecken in Heizkesseln direkt verwendet werden. Die Möglichkeit, Biogas in das Gasnetz einzuspeisen, besteht ebenfalls, wird jedoch in Deutschland noch nicht verwirklicht.

Nachwachsender Rohstoff

Nachdem die Grundlagen für Biogas „nachwachsende" Rohstoffe sind, ist dessen Verwendung allgemein sehr zu begrüßen. Sein Einsatz ist derzeit hauptsächlich dem ländlichen Raum vorbehalten, wo die organischen Rohstoffe als Abfallprodukte zur Verfügung stehen und somit eine effiziente Zweitverwertung erfahren.

Alternativen der Zukunft

Nachdem die Reichweite der fossilen Brennstoffe voraussichtlich noch im 21. Jahrhundert ausläuft, wird die Menschheit nicht umhinkommen, die Anstrengungen deutlich zu verstärken, alter-

native und effektive Möglichkeiten zur Energiegewinnung zu erschließen. Aussichtsreiche Versuche ergeben sich derzeit aus Fernwärmesystemen, die mittels Geothermie betrieben werden. Erste Anlagen laufen bereits Erfolg versprechend.
Die Technologie der Brennstoffzellen, in denen Strom erzeugt wird, indem sich in einem chemischen Prozess Wasserstoff und Sauerstoff zu Wasser verbinden, wird seit geraumer Zeit als zukunftsträchtige Technologie angesehen. Aus verschiedenen Gründen bleibt diese Technik schon seit Langem im Versuchsstadium und kann derzeit noch nicht in Serie eingesetzt werden.
Welche der aufgezeigten Möglichkeiten im Fall einer Modernisierung für die konkrete Situation infrage kommt, muss im Detail durch Analyse der örtlichen Gegebenheiten individuell ermittelt werden.

Analyse der Gegebenheiten

Umlage auf den Mieter

Nach Abzug der Instandhaltungskosten sind die Maßnahmen an der Heizungsanlage, die nachhaltig Energie einsparen, anteilig auf die Mieter umzulegen. Gleiches gilt, wenn beispielsweise von Einzelöfen auf Zentralheizung umgestellt wird, weil in diesem Fall der Wohnwert angehoben wird.

Wertzuwachs

Die Modernisierungen im Zusammenhang mit der Heiztechnik sind die Grundlage für eine nachhaltige Fortentwicklung einer Immobilie und wesentlicher Bestandteil des Werterhalts und der Wertsteigerung.

Genehmigungspflicht

Auch wenn die Änderungen an der Heizungsanlage ohne Verfahren und ohne Genehmigung durchgeführt werden dürfen, so finden die Maßnahmen an der Heizung doch nicht im rechtsfreien Raum statt. In den meisten Fällen kann der planende Fachmann, der Kaminkehrer oder die ausführende Firma Auskunft geben.

Warmwasserbereitung

Für die Warmwasserbereitung wird anteilsmäßig ein immer größer werdender Energieanteil benötigt. In einem energetisch unsanierten Gebäude, das ca. 1985 errichtet wurde, beträgt der Anteil für die Warmwasserbereitung 15 % bis 25 %. Mit zunehmenden Verbesserungen an der Energieeffizienz der Gebäudehülle wächst dieser Anteil auf bis zu 60 % des gesamten Energiebedarfs beispielsweise eines Gebäudes nach Passivhausstandard. Nachdem Warmwasser, anders als die Raumheizung, zusätzlich über das ganze Jahr zur Verfügung stehen muss, werden die Einsparpotenziale in diesem Sektor immer bedeutsamer.

Einfluss des Nutzerverhaltens

Doch auch hier ist der direkte Einfluss des Nutzerverhaltens ein wesentlicher Bestandteil des Energieverbrauchs. Der größte Einsparfaktor ergibt sich bei der Warmwasserbereitung durch sparsamen Verbrauch.

Expertentipp

Wassersparen bedeutet Energiesparen

Was nicht verbraucht wird, muss logischerweise nicht erwärmt werden. Deshalb sind Sparbrausen und wassersparende Perlatoren durchaus sinnvolle Beiträge, nicht nur zum Wasser- sondern auch zum Energiesparen.

Energieeinsparung durch bauliche Maßnahmen

Aber auch durch bauliche Maßnahmen lässt sich der Energieaufwand begrenzen. Die größte Energieeffizienz wird erzielt, wenn der Heizkessel der Heizanlage als Nebenaufgabe noch die Warmwasserbereitung zentral übernimmt. Dezentrale Systeme sind im Sanierungsfall oft gute Lösungen, können jedoch im Vergleich des Energieaufwandes nicht konkurrieren. Wie bereits zuvor dargestellt, sind thermische Solaranlagen sehr gut geeignet, die Warmwasserbereitung ökologisch und ökonomisch sinnvoll zu unterstützen. Die Verbrauchskosten für die Warmwassererwärmung können somit auf weniger als die Hälfte gesenkt werden.

Wenn bei zentraler Versorgung mit Warmwasser die Leitungslängen zu groß werden, sind Zirkulationsleitungen sinnvoll, verursachen jedoch dauerhaften Energieaufwand, da die Pumpen Strom verbrauchen und das abgekühlte Wasser immer wieder neu erwärmt werden muss. Wenn nun über längere Zeit, das heißt, länger als etwa eine Stunde kein Warmwasser benötigt wird, dann lohnt es sich, die Zirkulationspumpen abzuschalten. In Haushalten ohne Kinder geht die Rechnung auf, man geht von sechs Stunden pro Tag aus, in denen die Zirkulation abgeschaltet werden könnte und dass dadurch 5 % Energieeinsparung möglich wären. In Mehrfamilienhäusern mit Kindern macht die Abschaltung jedoch keinen Sinn, weil im üblichen Tagesablauf immer wieder warmes Wasser benötigt wird.

Rohr-an-Rohr-Installation

Eine gute neue Idee ist das sogenannte System der Rohr-an-Rohr-Installation. Hier werden die Warmwasser- und die Zirkulationsleitung gemeinsam in einer doppelten Isolierschale geführt. Durch diese platzsparende Installationsmethode sollen die Wärmeverluste bei der Warmwasserverteilung um bis zu 18 % reduziert werden.

Bei klassischer Montage der Leitungen nebeneinander trägt die ordnungsgemäße Dämmung der Warmwasserleitungen ihren Anteil an der Reduzierung der Energieverluste bei. Durch freiwillige Verdoppelung der geforderten Dämmstärken lässt sich die Effizienz weiter erhöhen, wobei diese Investition wegen der Amortisationszeiten nur bei Neubauten oder grundlegenden Sanierungen sinnvoll ist.

Expertentipp

Überprüfen Sie die Dämmung der Leitungen

Überprüfen Sie, ob die Dämmung der Warmwasserleitungen vollständig ausgeführt ist. Alle Bögen und Abzweigungen müssen komplett „eingepackt" sein! Wenn Sie mit der Hand spüren können, dass die Dämmung außen warm wird, dann sind die Dämmstärken in jedem Fall zu gering.

Bisher ungedämmte Wärme- und Warmwasserleitungen müssen nach § 10 (2) EnEV gedämmt werden. Die benötigten Dämmstärken entnehmen Sie bitte Anlage 5, Tabelle 1. Hierfür besteht eine Nachrüstverpflichtung.

PRAXISBEISPIEL

Heizungserneuerung mit Warmwasserbereitung

1 m^2	Heizungsanlage mit Warmwasserbereitung, mit Regelung, Verteilung und Heizflächen – Kostenangabe zurückgerechnet auf m^2 Wohnfläche	ca. 70–100 €

Preise inkl. 19 % MwSt., Stand 2009

Umlage auf den Mieter

Der Aufwand, der nötig ist, um künftig nachhaltig Energie oder Wasser einzusparen, kann auf die Mieter umgelegt werden.

Wertzuwachs

Nachdem der Anteil des Energieverbrauchs für die Warmwasserbereitung, wie dargestellt, proportional ansteigt, stellt eine zeitgemäße Anlage zur Warmwasserbereitung einen wichtigen Beitrag zur Weiterentwicklung einer Immobilie dar.

Genehmigungspflicht

Vorschriften beachten

Auch bei Modernisierungen der Warmwasserbereitung gilt: vorhabens- und genehmigungsfrei. Doch beachten Sie auch hier, dass das nicht bedeutet, dass keine Vorschriften einzuhalten wären. Die ausführenden Handwerker können Sie beraten.

Sanitärinstallationen

Die Lebensdauer der Einzelteile der Sanitärinstallationen kann ungefähr wie folgt angenommen werden:

Bauteil	Lebensdauer
Sanitärkörper aus Keramik	ca. 30–40 Jahre

Wasserrohre aus Stahl	ca. 30–40 Jahre
Wasserrohre aus Kupfer	ca. 30–50 Jahre
Armaturen	ca. 10–20 Jahre
Abwasserleitungen	ca. 50 Jahre

Geänderte Anforderungen

Gerade bei Bädern wandeln sich jedoch die Anforderungen an die Ausstattung erheblich schneller als die Lebensdauer der einzelnen Komponenten.

PRAXISBEISPIEL

Sanitärinstallation
Komplettinstallation eines Sanitärraums mit allen Leitungen, sanitären Einrichtungsgegenständen und Armaturen: (Angabe der Preisspanne jeweils von einfacher bis gehobener Ausstattung. Keine Luxusausführung!)

1	WC mit Handwaschbecken	ca. 1.500–3.500 €
1	Duschbad mit Dusche, Waschtisch, WC	ca. 2.500–4.500 €
1	Bad mit Badewanne, Dusche, Waschtisch und WC	ca. 3.000–6.000 €

Preise inkl. 19 % MwSt., Stand 2009

Sanitärgegenstände
Zusätzliche Sanitärgegenstände mit Anschluss und Armaturen können wie folgt in eine Kostenschätzung einbezogen werden: (Angabe der Preisspanne jeweils von einfacher bis gehobener Ausstattung. Keine Luxusausführung!)

1	Handwaschbecken	ca. 175–350 €
1	Waschtisch	ca. 250–580 €
1	WC	ca. 250–480 €
1	Duschwanne	ca. 250–500 €

1	Badewanne	ca. 350–600 €
1	Duschabtrennung	ca. 600–1.500 €

Preise inkl. 19 % MwSt., Stand 2009

Maßnahmen zum Wassersparen

Ein großes Gebiet der Modernisierung im Rahmen einer Renovierung bietet sich in Bezug auf Maßnahmen, die zur dauerhaften Einsparung von Wasser beitragen. Möglichkeiten hierzu bestehen z. B.

❶ im Einbau von Wasserzählern oder Wassersparperlatoren,
❸ durch den Einsatz von Einhebelmischern statt Handarmaturen mit zwei Reglern,
❹ in der Nachrüstung kleinerer Toilettenspülkästen,
❺ im Einbau einer Wasserspartaste in vorhandene Spülkästen.

Einhebelmischer haben im Vergleich zu Handarmaturen einen deutlich sparsameren Warmwasserverbrauch.

Eine weitere technische Möglichkeit, Wasser zu sparen, besteht darin, eine Anlage für Regenwasser- und Grauwassernutzung einzurichten. Dabei wird in einem Fall Regenwasser, im anderen Fall nur leicht verschmutztes Wasser aufbereitet und beispielsweise zur Spülung der Toiletten verwendet. Nachdem hierzu ein erheblicher

Aufwand in der grundlegenden Rohinstallation ausgelöst wird, sind solche Anlagen eher Neubauten vorbehalten und kommen als Maßnahmen bei der Gebäudemodernisierung selten vor.
Die Möglichkeiten zur Modernisierung im Bereich der Warmwasserbereitung finden Sie im gesonderten Kapitel ab Seite 70.
Ein anderer Aspekt der Modernisierung umfasst das gesamte Gebiet der nachhaltigen Einsparung von Energie bei der Warmwasserbereitung. Hierbei hat sich beispielsweise die Unterstützung durch thermische Sonnenkollektoren als energetisch günstig erwiesen.

Unterstützung durch thermische Sonnenkollektoren

Expertentipp

Dämmung bei Installationen

Ungedämmte Wärmeverteilungs- und Warmwasserleitungen sowie Armaturen, die sich in nicht beheizten Räumen befinden, mussten gemäß Energieeinsparverordnung bereits bis zum 31. Dezember 2006 mit einer Wärmedämmung versehen werden.

Weitere Möglichkeiten der Modernisierung von Sanitärräumen bieten sich im Bereich der Verbesserung des Wohnwertes. Zusammengefasst sind folgende Verbesserungen denkbar:

Maßnahmen zur Verbesserung des Wohnwerts

- Räumliche Trennung von Bad und WC,
- Schaffung eines zusätzlichen WC-Raums,
- Neuorganisation der Sanitärräume,
- Schaffung zusätzlicher Einrichtungsgegenstände wie beispielsweise eines zweiten Waschtischs, oder auch einer zusätzlichen Dusche oder Badewanne,
- Bereitstellung einer bisher nicht vorhandenen Anschlussmöglichkeit für eine Waschmaschine,
- Ertüchtigung eines Bades durch altengerechte Ausstattung,
- Einbau geregelter Zirkulationspumpen in den Warmwasserleitungen,
- Verstärkung der Dämmung der Warmwasserleitungen,
- Zusammenfassen der Warmwasserleitungen und der Heizverteilung in einer kompakten Gesamtdämmung.

Allgemeine Angaben über die Möglichkeiten können hier nicht gemacht werden, dazu müssen die Abhängigkeiten von den örtlichen Gegebenheiten eingehend untersucht werden:

Örtliche Gegebenheiten prüfen

- Lage der vorhandenen Versorgungsleitungen,
- Lage der vorhandenen Abwasserleitungen,
- Möglichkeiten, diese zu verziehen,
- nötige Gefällestrecken.

Umlage auf den Mieter

Die beschriebenen Maßnahmen, die nachhaltig den Energie- oder den Wasserverbrauch senken, können auf den Mieter umgelegt werden.

Wertzuwachs

Die Modernisierungen im Bereich der sanitären Installationen schlagen in vollem Umfang beim Wertzuwachs zu Buche. Nachdem gerade in diesem Bereich im Altbau ein großes Verbesserungspotenzial herrscht und das Niveau einer Immobilie oft gerade daran festgemacht wird, wird sich eine Modernisierung hier besonders positiv auswirken.

Genehmigungspflicht

Bauverordnungen beachten

Änderungen an den Sanitärinstallationen sind üblicherweise verfahrens- und genehmigungsfrei. Nach den Bauordnungen muss jede Wohnung ein Bad mit Badewanne oder Dusche sowie eine Toilette haben. Bei Nichtwohngebäuden müssen im Zusammenhang mit Änderungen an Sanitärinstallationen beispielsweise die Gaststättenverordnung, die Arbeitsstättenverordnung oder die Arbeitsstättenrichtlinie beachtet werden.

Lüftung

Im Wohnungsbau wird bislang hauptsächlich auf natürliche Lüftung gesetzt. Das heißt, dass üblicherweise vorausgesetzt wird, dass jeder Nutzer auch ein verantwortlicher Bewohner ist, der aktiv dafür sorgt, dass über die Fenster der erforderliche Luftaustausch erfolgt. Wenn man nun bedenkt, dass über die Lüftung von Wohnungen, je nach dem Niveau der Wärmedämmung des Gebäudes, ca. 30 % bis 50 % der Energieverluste aus der Raumheizung entstehen, dann kommt man schnell zu dem Ergebnis, dass der Mensch die Schwachstelle bei natürlicher Lüftung darstellt.

Natürliche Lüftung

Das richtige Maß einhalten

Es geht beim Lüften um das richtige Maß. Wenn unsachgemäß gelüftet wird, dann heizt man buchstäblich zum Fenster hinaus. Wird aber zu wenig gelüftet, leidet nicht nur die Luftqualität. Besonders bei hochgedämmten Gebäuden mit besonders dichten Fenstern kann es dann zu Feuchteschäden und Schimmelbildung kommen, weil die ständig neu anfallende Luftfeuchtigkeit nicht nach draußen geführt wird. So gibt beispielsweise ein Erwachsener jede Nacht etwa einen halben Liter Wasserdampf an die Umgebung ab. Eine mittlere Topfpflanze steuert ebenso viel dazu bei. Dazu kommt noch die Feuchtigkeit, die beispielsweise beim Kochen, Duschen und Baden entsteht. Diese Luftfeuchtigkeit muss regelmäßig und immer wieder abgeführt werden.

Keine Entfeuchtung durch die Wände

Es ist ein Märchen, dass „Wände atmen". Im Gegenteil: Das gesamte Bauwerk soll möglichst luftdicht sein. Wände können je nach Material manche Spitzenwerte der Luftfeuchte abfangen, indem sie Luftfeuchtigkeit aufnehmen und in trockenen Zeiten wieder abgeben. Dauerhaft zu feuchte Raumluft können sie aber nicht „entfeuchten".

Wenn aber nur zwei bis viermal am Tag bei zugedrehtem Heizkörperventil die Fenster für ca. 5 bis 10 Minuten komplett geöffnet werden, dann haben Sie einen ausreichenden Luftwechsel und gleichzeitig transportieren Sie die Feuchtigkeit aus der Wohnung, ohne dass die Wände auskühlen und erst wieder durch die Heizung aufgewärmt werden müssten.

Zum richtigen Heizen und Lüften gibt es zahlreiche Broschüren der Verbraucherverbände, die zu diesem Thema weiterführende Informationen bereithalten.

Expertentipp

Keller richtig lüften

Vorsicht auch im Sommer! Wenn die Außenluft wärmer ist als die Oberflächentemperatur der Wände, dann schlägt sich die in der warmen Luft gehaltene Luftfeuchtigkeit an den kalten Wänden nieder. Besonders in kühlen Kellern kommt es so im Sommer häufig zu Schwierigkeiten. Sinnvoll ist in diesem Fall, die kühlere Tageszeit zum Lüften zu nutzen und während der Hitze des Tages die Fenster zu schließen.

Mechanische Lüftung

Hohes Einsparpotenzial

Wenn man vermeiden möchte, dass der „Faktor Mensch" beim Lüften zu viele Fehler macht und dadurch die Grundlage für Schimmelbildung und eventuell sogar Schädigung der Bausubstanz schafft, dann kann durch technische Lösungen in Form von Lüftungsanlagen Abhilfe geschaffen werden. Zusätzlich ist beim automatischen Lüften ein Einsparpotenzial von bis zu 60 % gegenüber manuellem Lüften möglich.

Expertentipp

Wartung von Lüftungsanlagen

Denken Sie daran, dass Lüftungsanlagen jeder Art in gewissen Intervallen gewartet werden müssen. Je nach Verunreinigung der Luft müssen Filter mindestens zwei bis viermal pro Jahr gereinigt oder gewechselt werden, sonst reduziert sich der Luftaustausch und die Anlage arbeitet nicht mehr ordnungsgemäß.

Zentrale Zu- und Abluftanlagen

Es gibt zentrale Systeme, die jedoch meist nur schwierig im Bestand nachgerüstet werden können, da verhältnismäßig große Lüftungskanäle für Zu- und Abluft durch das ganze Gebäude verlegt werden müssen. Insofern scheiden solche Anlagen bei Altbausanierungen zumeist aus. Im Neubau liegen deren Vorteile bei niedrigen Betriebskosten, guter Möglichkeit zur Wärmerückgewinnung und geringeren Betriebsgeräuschen. Bei geschickter Planung werden die Lüftermotoren nicht zu hören sein, was jedoch bleibt und auch nicht ganz vermieden werden kann, sind leichte Strömungsgeräusche an den Ein- und Ausblasöffnungen.

Dezentrale Lüftungsgeräte

Geräte mit Wärmerückgewinnung

Einfacher ist im Zusammenhang mit Gebäudesanierungen der nachträgliche Einbau von dezentralen Geräten mit Wärmerückgewinnung. Dazu werden in die Außenwand der wichtigsten Räume einer Wohnung einzelne Lüftungsgeräte eingebaut, die die Lüftung der Räume sicherstellen. Sinnvollerweise erfolgt der Luftaustausch in Verbindung mit einer Wärmerückgewinnung. Hierbei wird die einströmende Frischluft durch die ausströmende Fortluft vorgewärmt, wobei die Zuluft zusätzlich noch durch Filter von Staub und Pollen gereinigt werden kann.

Ein Nachteil der dezentralen Einzellüfter ist dadurch gegeben, dass die Lüftermotoren jeweils in den Außenwänden der Aufenthalts- und Schlafräume eingebaut werden und dadurch besonders in der Nacht zu hören sind, wenn sonstige Nebengeräusche wegfallen. Oft werden die Laufgeräusche als störend empfunden – zumindest anfangs, bis eine Gewöhnung eingetreten ist.

Abluftanlagen

Nachströmung von Frischluft

Eine weitere Möglichkeit, einen Mindestluftwechsel sicherzustellen, besteht in der Einrichtung einer Abluftanlage. Hierbei wird über Außenluftdurchlässe die Nachströmung von Frischluft sichergestellt. Das kann auch über Bauteile erfolgen, die in den Fensterrahmen montiert werden. Wird durch die Absaugung ein Unterdruck erzeugt, strömt frische Außenluft nach. Die Fortluft wird über Ventilatoren in stark belasteten Bereichen wie Küche, Bad oder WC abgesaugt und ins Freie zumeist über Dach ausgeblasen. Die Steuerung der Abluft erfolgt bevorzugt über Zeitschaltuhren, an denen die Bewohner ohne Abstimmung keine Veränderungen vornehmen sollten, weil ansonsten die Wirksamkeit der ganzen Anlage infrage gestellt wird.

Expertentipp

Geräuschentwicklung von Lüftungsanlagen

Jede Lüftungsanlage ist in einer ruhigen Umgebung zu hören. Selbst wenn die Geräusche im zulässigen Bereich sind, sie bleiben hörbar. Besonders anfangs kann es zu Beeinträchtigungen kommen, solange sich die Bewohner nicht an die neuen Geräusche gewöhnt haben.

Unterbringung in Nebenräumen

Abluftanlagen haben den Vorteil, dass die Lüfter üblicherweise in sogenannten Nebenräumen untergebracht werden können und somit in Bezug auf die Geräuschentwicklung selten als störend empfunden werden.

Expertentipp

Achtung: Akzeptanzprobleme

Automatische Lüftungsanlagen haben im Wohnungsbau noch Akzeptanzprobleme in weiten Bereichen der Bevölkerung. Zur Vermeidung von Schimmelbefall und zur Energieeinsparung können sie jedoch einen wertvollen Beitrag leisten, gerade in energetisch sanierten Gebäuden.

Information der Bewohner

Notwendige Mitwirkung der Nutzer

Ein sehr wichtiger Aspekt im Problemfeld energetischer Sanierung und Lüftungsverhalten besteht darin, die Bewohner auf die neue Situation und die Notwendigkeit ihrer Mitwirkung hinzuweisen. Durch energiesparende Maßnahmen werden Undichtigkeiten beseitigt, durch die bisher im unsanierten Zustand eine Zwangslüftung sichergestellt war. Aktives Lüften war deshalb bisher, vor einer Sanierung, nicht so bedeutsam. Nach einer Sanierung müssen die Bewohner im Fall eines natürlichen Lüftungskonzepts selbst mitwirken und im Fall einer mechanischen Lüftung in die Bedienung der Anlage eingewiesen werden. Wer sich unsicher ist, kann sich mit einem Hygrometer ausstatten und somit die Luftfeuchtigkeit und sein Lüftungsverhalten kontrollieren.

Expertentipp

Unbedenkliche Luftfeuchtigkeit

Wenn die Luftfeuchtigkeit zwischen 30 und 60 % liegt, dann ist alles in Ordnung. (Für begrenzte Zeiträume sind im Winter auch Werte bis 25 % und im Sommer bis 65 % unbedenklich.) Es besteht zwischen diesen Werten kein Anlass zur Besorgnis. Wenn allerdings die Luftfeuchtigkeit über längere Zeit außerhalb dieser Grenzwerte liegt, sollte man der Ursache schnell auf den Grund gehen, um weitere Schäden abzuwenden.

Elektroinstallationen

Wie alle anderen Bauteile sind auch die Bestandteile der Elektroinstallation der Alterung unterworfen

Bauteil	**Lebensdauer**
Elektroleitungen	ca. 40 Jahre
Schalter, Steckdosen	ca. 20–40 Jahre
Elektrogeräte allgemein	ca. 20 Jahre
Heißwasserboiler	ca. 20 Jahre

Schneller technischer Fortschritt

Die Lebenserwartung einer Elektroinstallation ist jedoch häufig größer als der Zyklus des technischen Fortschritts. Insofern sind gerade diese Angaben mit Vorsicht zu betrachten. Wer hätte vor wenigen Jahren für möglich gehalten, dass kleine Computernetzwerke in Einfamilienhäusern und Geschosswohnungen immer häufiger eingebaut werden? In absehbarer Zeit, wenn die Verknüpfungen zwischen Computer, Fernseher und anderen Unterhaltungsmedien weiter zunehmen, dann werden die Elektroinstallationen diesbezüglich immer weiter nachgerüstet werden.
Im Gegenzug gibt es immer noch Wohnungen, in denen verschiedene Elektrogeräte nicht gemeinsam betrieben werden können, weil die Absicherung der Steckdosen nach dem Standard der Bauzeit hierfür nicht ausgelegt wurde.

Im Zusammenhang mit Modernisierungen bieten sich sowohl Möglichkeiten zur Verbesserung des Wohnwertes als auch zur dauerhaften Einsparung von Energie.
Denkbar sind folgende Wohnwertverbesserungen durch die Ertüchtigung der Elektroinstallation:

Möglichkeiten der Wohnwertverbesserung

- Montage eines elektrischen Türöffners,
- Nachrüstung einer Gegensprechanlage,
- Einbau einer Videogegensprechanlage,
- Anschluss einer oder mehrerer Wohnungen an das Breitbandkabelnetz zur Verbesserung des Fernsehempfangs.

Expertentipp

Engagieren Sie einen Fachmann

Bedenken Sie bitte, dass Arbeiten an der Elektroinstallation nur von Fachpersonal ausgeführt werden sollten; manche Arbeiten dürfen nur von besonders qualifizierten Handwerkern durchgeführt werden.

Die dauerhafte Einsparung von Strom kann beispielsweise erzielt werden durch folgende Maßnahmen:

Stromsparmaßnahmen

- Austausch alter Elektrogeräte durch solche, die sich durch eine besonders gute Energieeffizienz auszeichnen (gerade alte Elektrogeräte – beispielsweise Kühlschränke – sind oft regelrechte Energiefresser),
- Einsatz von Energiesparlampen,
- Nachrüstung von Bewegungsmeldern zur Steuerung der Beleuchtung von Fluren, Kellern oder Garagen (dadurch kann Dauerlicht zum einen und Vergesslichkeit der Nutzer zum anderen vermieden werden).

Der Einsatz von Energiesparlampen kann zu einer deutlichen Reduzierung der Stromkosten führen.

PRAXISBEISPIEL

Elektroinstallation

Die Kosten für eine Renovierung der Elektroinstallation einer Wohnung können ohne Kenntnis der örtlichen Situation sehr schwer eingeschätzt werden. Dennoch geben folgende Preisangaben einen groben Anhaltspunkt:

Elektroinstallation komplett mit allen Vorarbeiten: (Angabe der Preisspanne jeweils von einfacher bis gehobener Ausstattung. Keine Luxusausführung!)

Für eine 2-Zimmer-Wohnung	ca. 3.500–5.500 €
Für eine 3-Zimmer-Wohnung	ca. 4.000–6.500 €
Für eine 4-Zimmer-Wohnung	ca. 4.500–8.000 €

Preise inkl. 19 % MwSt., Stand 2009

Umlage auf den Mieter

Auch bei Elektroinstallationen gilt: Die Maßnahmen zur Steigerung des Wohnwerts können genauso wie die zur Senkung des Energiebedarfs – nach Abzug der Instandhaltungsmaßnahmen – auf den Mieter umgelegt werden.

Wertzuwachs

Alles, was den Wohnwert steigert oder Energie einspart, schlägt beim Wertzuwachs zu Buche.

Genehmigungspflicht

Keine Genehmigungspflicht notwendig

Behördliche Genehmigungen müssen für Änderungen an der Elektroinstallation nicht eingeholt werden. Trotzdem handelt es sich nicht um einen rechtsfreien Raum; wegen der Sicherheitsaspekte ist ein besonderes Augenmerk auf die Vorschriften zu legen.

Fahrstuhl und Lift

Fehlender Wohnwert in Altbauten

Die nachträgliche Ausstattung eines Gebäudes stellt eine hervorragende Möglichkeit dar, den Wohnwert merklich anzuheben. Wo heute manchmal bereits beim Neubau von Gebäuden mit zwei bis drei Geschossen Aufzüge eingebaut werden, gibt es zahlreiche Altbauten, die etwa bis ins sechste Obergeschoss oder sogar in das noch darüber liegende Dachgeschoss nur über die Treppe erschlossen sind – und das, obwohl die Geschosshöhen in diesen Altbauten die heute üblichen Maße ganz erheblich übersteigen.

Expertentipp

An Senioren oder behinderte Menschen denken

Die Nachrüstung eines Aufzugs ist oft die Grundlage für die alten- oder behindertengerechte Ausstattung eines Gebäudes. Beachten Sie deshalb die erforderlichen Mindestgrößen und denken Sie an die Anbringung zusätzlicher Bedienelemente, die von Sehbehinderten ertastet bzw. von Rollstuhlfahrern erreicht werden können.

Die Nachrüstung eines Aufzugs wird von der technischen Seite erleichtert durch die Entwicklung von Aufzügen, die keinen gesonderten Maschinenraum benötigen. Der Antrieb des Fahrkorbs geschieht dann durch einen Motor, der im Aufzugsschacht untergebracht werden kann.

PRAXISBEISPIEL

Aufzugsanlage

Personenaufzug mit Kabine, Steuerung und Maschine komplett, jedoch ohne Herstellung des Fahrschachtes:

Je Haltestelle (in Abhängigkeit von der Kabinengröße)	ca. 15.000–25.000 €

Preise inkl. 19 % MwSt., Stand 2009

Anbau auf der Außenseite

Aufzüge können bei ausreichend großen Treppenhäusern manchmal nachträglich im Treppenauge untergebracht werden. In verschiedenen Fällen ist der Anbau eines Fahrschachts außen am Gebäude möglich. Manchmal kann von einer solchen Position nur das Treppenpodest erreicht werden. Das wiederum hat den Nachteil, dass man immer noch etwa ein halbes Geschoss auf der Treppe überwinden muss, um die Eingangstüren zu erreichen. Trotzdem stellt eine solche Maßnahme einen erheblichen Komfortgewinn dar. Für schwer gehbehinderte Personen oder gar Rollstuhlfahrer macht eine solche Lösung aber keinen Sinn.

Umlage auf den Mieter

Dadurch dass der Wohnwert eines Gebäudes durch die zusätzliche Ausstattung mit einem Lift zweifelsfrei gesteigert wird, können seine Kosten auf die Mieter umgelegt werden.

Wertzuwachs

Nachdem ein Gebäude durch einen nachträglichen Aufzug auch für ältere oder behinderte Nutzer erheblich leichter erschlossen werden kann, erweitert diese Maßnahme die Gruppe der möglichen Nutzer ganz erheblich. Dadurch kann ein Gebäude auch für künftige demografische Entwicklungen nachhaltig weiterentwickelt und sein Werterhalt und ein erheblicher Wertzuwachs gesichert werden.

Genehmigungspflicht

Der nachträgliche Einbau eines Lifts ist üblicherweise genehmigungspflichtig. Wenn er außerhalb des Gebäudes angebaut werden soll, so ist voraussichtlich eine Baugenehmigung einzuholen, üblicherweise auch mit Beteiligung der Nachbarn.

Keine Genehmigung bei Denkmalschutz

In Treppenhäusern, die dem Denkmalschutz unterliegen, kann die Nachrüstung eines Aufzugs aus diesem Grund erschwert oder sogar unmöglich werden.

In verschiedenen Fällen kann die Nachrüstung eines Aufzugs von der Behörde auch untersagt werden, wenn dadurch eine überdurchschnittliche Steigerung des Standards der Wohnungen ausgelöst würde. So versucht beispielsweise die Stadt München, Gebiete mit etwa 92.200 Wohnungen (Stand 2008 – Quelle: www.muenchen.de) durch Erhaltungssatzungen von überdurchschnittlichen Modernisierungen freizuhalten. Die gewachsenen Bevölkerungsstrukturen sollen nicht durch Luxussanierungen beeinträchtigt werden. Der Einbau eines Lifts wird dort somit aus diesem Grund üblicherweise von Seiten der Behörden nicht genehmigt.

Außenwände

Reduzierung der Wärmeverluste

Die Dämmung der Gebäudehülle ist ein wichtiger Bestandteil energiesparender Bauweise bzw. energetischer Sanierung. Je nach Bauform kommt den Wandanteilen der Fassade hier eine große Bedeutung zu, weil es sich um den Löwenanteil der Außenfläche handelt. Bei der Dämmung der Außenwände kann der U-Wert (Maß für die Wärmedämmeigenschaft) beispielsweise von 2,0 auf unter 0,2 W/ (m^2K) gedrückt werden. Das entspricht einer Reduzierung auf ein knappes Zehntel. Den Wärmeverlust über die Wandanteile können Sie so um etwa 85 % reduzieren. Wenn Sie eine konsequente energetische Sanierung anstreben, kommen Sie um eine optimierte Dämmung der Außenwand nicht umhin. Folgende Anforderungen stellt die EnEV 2009 bei Änderungen an Außenwänden:

Bauteil	**Anforderungen EnEV 2009 bei Wohngebäuden U-Wert maximal**
Außenwand	0,24 W/ (m^2K)

Anforderungen beim Bauteilverfahren gemäß Anlage 3, Tabelle 1

Bewitterung beeinflusst Lebensdauer

Die überschlägige Lebensdauer der Außenwandbauteile können Sie dieser Tabelle entnehmen, wobei angemerkt werden muss, dass gerade diese Zahlen sehr von der Beanspruchung durch Bewitterung abhängen:

Bauteil	**Lebensdauer**
Außenwand gemauert	bis 200 Jahre
Außenwandputz	ca. 30–50 Jahre

Die Bewitterung einer Fassade, also die Einflüsse von Niederschlägen und Besonnung, lässt sich durch Dachüberstände minimieren. Ein weiterer Faktor für die Alterung einer Fassade ist die Belastung durch Umweltgifte oder Abgase, welche leider nicht so einfach durch bauliche Maßnahmen vermieden werden kann.

Expertentipp

Arbeitsgerüst doppelt nutzen

Nutzen Sie den Einspareffekt, wenn Sie das Aufstellen eines Arbeitsgerüstes für die Malerarbeiten gleich für die energetische Modernisierung mit nutzen.

Wichtig ist bei allen Dämmarbeiten, auf eine lückenlose Ausführung zu achten, weil die Oberflächentemperatur von schlechter gedämmten Bauteilen naturgemäß niedriger ist und dort deshalb die Gefahr von Tauwasserbildung besteht. Und diese ist oft die Ursache für Schimmelbildung. Deshalb sind Wärmebrücken möglichst zu vermeiden, nicht nur wegen des Energieverlustes an diesen Stellen, auch wenn das bei Sanierungen nicht immer ganz einfach ist. Gehen Sie bei der Dämmung von Außenwänden von mindestens 12 cm aus, besser wäre eine Dämmstärke von 14 cm und mehr.

Lassen Sie die Dämmarbeiten von einem Fachbetrieb ausführen, der eine lückenlose Ausführung der Arbeiten garantiert.

Maximale Dämmung anstreben

Früher galt bei der Dimensionierung: So viel wie verlangt, eventuell ein bisschen mehr. Heute sollten Sie das Maximum anpeilen, das technisch ohne besonderen Mehraufwand möglich ist. Danach sollten Sie die Dämmstärken auslegen.
Sie würden sich und Ihrem Gebäude keinen Gefallen tun, wenn Sie jetzt an der Untergrenze ansetzen. Die Idee, eine heute knapp dimensionierte Dämmung auszuführen und in einigen Jahren diese dann entsprechend zu verstärken, ist widersinnig. Bedenken Sie, dass der Hauptanteil der Kosten von Bauarbeiten in der Arbeitszeit liegt, während die Mehraufwendungen für die um ein paar Zentimeter größere Materialstärke kaum zu Buche schlagen. Der Zeitmehraufwand für die Anbringung einer stärkeren Dämmung spielt zumeist kaum eine Rolle.

Wenn auf die Fassaden eine zusätzliche Außendämmung aufgebracht wird müssen unter anderem die Regenrohre, die Außenfensterbänke, die Roll- oder Fensterläden und alle an der Fassade montierten Bauteile wie beispielsweise Markisen, Spaliere, Vordächer oder Außenleuchten an die neue Situation angepasst werden.

Expertentipp

Grenzabstände beachten

Wenn Sie auf die Außenwände Ihres Gebäudes außen eine Dämmung aufbringen lassen, reduziert sich der Grenzabstand um dieses Maß, die Abstandsflächen und die Brandschutzabstände könnten unterschritten werden. Gleichzeitig könnte durch die „Vergrößerung" des Gebäudes die maximal zulässige Nutzung des Grundstückes überschritten werden. Lassen Sie diese Punkte rechtzeitig klären, damit eventueller Ärger mit Nachbarn oder Baubehörden vermieden wird!

Keine Kältestrahlung

Wenn die Außenwände gut gedämmt sind, dann kann sogar die Raumtemperatur gesenkt werden, ohne dass dies als unangenehm empfunden wird. Durch die Dämmung bleibt die Oberflächentemperatur an der Innenseite der Außenwände höher und der unangenehme Effekt der Kältestrahlung fällt weg.

Wärmedämmverbundsysteme

Zwei Wärmedämmsysteme möglich

Bei den zur Außendämmung infrage kommenden Konstruktionsprinzipien gibt es Wärmedämmverbundsysteme (WDVS), die direkt auf die vorhandenen Außenwände aufgebracht werden, und hinterlüftete Vorhangfassaden. Beide Systeme sind erprobt. Es muss jedoch vom Fachmann fallweise beurteilt werden, welche Vorteile überwiegen. Beim WDVS wird das Dämmmaterial auf die Außenwand geklebt und mit Spezialdübeln befestigt. Zuvor muss im Sanierungsfall der vorhandene Untergrund auf seine Tauglichkeit geprüft werden. Loser Putzuntergrund muss gründlich entfernt werden, weil sonst die Schichten des neuen Dämmsystems nicht ordnungsgemäß haften.

Auf die Dämmung wird ein Putzträger aufgebracht, der dann verputzt wird. Wichtig ist zu beachten, dass man sich für ein zugelassenes System eines Herstellers entscheidet, denn die Materialien müssen aufeinander abgestimmt sein. Und: Nur so haben Sie auch Anspruch auf die Gewährleistung des Herstellers.

Materialien für Wärmedämmverbundsysteme

Für WDVS bietet der Markt verschiedene Lösungen. Die gebräuchlichsten sind:

Die gängigsten Systeme

❶ Polystyrol (PS) – oder Polyurethan (PU) – Hartschaumplatten mit organischen oder anorganischen Putzsystemen,
❷ Mineralfaserplatten mit anorganischem Putzsystem,
❸ Korkdämmplatten, Holzfaserdämmplatten oder Schilfrohrdämmplatten mit anorganischen Putzsystemen,
❹ Mineralschaumplatten mit anorganischem Putzsystem.

Brandschutz bei Wärmedämmverbundsystemen

In Abhängigkeit von der Gebäudehöhe müssen WDVS bestimmten Baustoffklassen entsprechen, wobei die Anforderungen mit zunehmender Gebäudehöhe steigen. Ihr Fachplaner oder die ausführende Firma berät Sie sicher gerne zu dieser Thematik. Bei PS- oder PU- Hartschaumplatten sind bei Dämmstärken von mehr als 10 cm um die Fenster herum oder geschossweise Streifen aus nicht brennbarer Dämmung vorzusehen, damit Brandüberschlag möglichst vermieden wird.

Probleme mit Wärmedämmverbundsystemen

Anfällig für Beschädigungen

Ein Nachteil von WDVS besteht in der Anfälligkeit für mechanische Beschädigungen, weil die relativ harte Schicht des Oberputzes auf der weichen Dämmschicht aufgebracht wird. Dadurch kann die Oberfläche durch Stöße eingedrückt werden. Einen weiteren beachtenswerten Gesichtspunkt stellt die Gefahr der Algenbildung bei Vollwärmeschutz dar, die jedoch bei erprobten Dämmsystemen und korrekter Ausführung beherrschbar ist.

PRAXISBEISPIEL

Wärmedämmverbundsystem

1 m²	Bestehend aus Wärmedämmplatten, armiertem Oberputz mit allen Anschlussprofilen	ca. 100–130 €

Preise inkl. 19 % MwSt., Stand 2009

Prinzipielle Vorteile der Außendämmung

Nahezu keine Wärmebrücken

Ein großes Plus einer Außendämmung besteht darin, dass ohne großen Planungsaufwand Wärmebrücken nahezu vollständig beseitigt werden, wenn das Gebäude ganz einfach von außen gedämmt wird. Das Gebäude wird im übertragenen Sinn wie in einen „warmen Pullover eingepackt“, der keine Löcher aufweist.

Vorhangfassade

Bei der Vorhangfassade wird eine Unterkonstruktion auf der Außenwand befestigt, im Idealfall wegen der Wärmebrücken in zwei Ebenen über Kreuz. Die Zwischenräume der Unterkonstruktion werden mit Dämmmaterial ausgefüllt. Auf der bewitterten Seite wird die Tragkonstruktion mit einer Beplankung versehen, für die beispielsweise folgende Materialien infrage kommen könnten:

Materialien für Vorhangfassaden

1. Holz oder Holzwerkstoffe,
2. Faserzementplatten,
3. Bleche,
4. Naturstein- oder Ziegelplatten.

Zwischen der Dämmschicht und der Wetterschutzbeplankung kommt normalerweise eine Ebene zur Ausführung, in der die Konstruktion hinterlüftet wird.
Bei der Abwägung zwischen den beiden Prinzipien Vollwärmeschutz oder Vorhangfassade wird auch die Kostenfrage zur Sprache kommen: Eine Vorhangfassade ist erheblich teurer als ein WDVS.

PRAXISBEISPIEL

Vorhangfassade

1 m²	Fassadenbekleidung mit Unterkonstruktion, Wärmedämmung und Anschlussprofilen	ca. 150–300 €

Preise inkl. 19 % MwSt., Stand 2009

Trennung von Dämmung und Wetterschutz

Im Gegenzug bietet die Vorhangfassade Vorteile, weil sie bauphysikalisch durch die Trennung von Dämmung und Wetterschutz optimal auf die vorgefundene Situation abgestimmt werden kann. Die Planung einer hinterlüfteten Fassadenbekleidung ist konstruktiv und gestalterisch anspruchsvoll, besonders bei den Ausbildungen aller Bauwerksanschlüsse, bietet jedoch reizvolle Lösungen durch maximale Gestaltungsfreiheit bei der Materialwahl. Durch die größere Bautiefe bewirkt eine hinterlüftete Fassade ein zumindest ungewohntes Fassadenbild, wenn die Fenster nicht verändert werden, weil die Lage der vorhandenen Fenster nach der Sanierung dann durch die sehr große Leibungstiefen eine veränderte Wirkung in der Gesamterscheinung hervorruft.

Innendämmung

Keine Innendämmung ohne Fachberatung

Dringend muss davon abgeraten werden, ohne kompetente Fachberatung die Außenwände an der beheizten Raumseite innen zu dämmen. Hier können bei unsachgemäßer Ausführung und ungeeigneten Materialien drastische Bauschäden erzeugt werden – auch an Gebäuden, die jahrzehntelang schadensfrei waren. Zu den schlimmsten „Sünden" der Bauindustrie gehören in diesem Zusammenhang die mit Styropor kaschierten Isoliertapeten.
Es besteht die große Gefahr, dass sich hinter der Innendämmung die Luftfeuchtigkeit niederschlägt und die Baukonstruktion dadurch dauerhaft durchfeuchtet wird, weil die Dampfbremse fehlt oder nicht ordnungsgemäß auszuführen ist. Selbst wenn ein stimmiger Aufbau einer Innendämmung gefunden und ausgeführt wird, so wird dieser durch jede Wandmontage und jedes Bild, das

dort aufgehängt wird, unterbrochen und jeweils dort eine gefährliche Ursache für Bauschäden provoziert.

Expertentipp

Gefahr von Bauschäden

Vorsicht bei jeder Innendämmung! Lassen Sie sich gründlich beraten, um Bauschäden durch falsche Innendämmung zu vermeiden!

Problematische Übergänge

Für eine weitgehende Vermeidung von Wärmebrücken ist es bei Innendämmungen nötig, dass alle Innenwände, die auf die Außenwände treffen, genauso wie die Untersichten der Geschossdecken noch bis ca. 50 cm nach innen gedämmt werden müssen, was unmotivierte Vorsprünge an Wand und Decke zur Folge hat, die zumeist einen unglücklichen Eindruck hinterlassen und nur schwierig kaschiert werden können.
Eine bauphysikalisch stimmige Lösung stellt nach Herstellerangaben die Innendämmung mit Kalziumsilikatplatten (Mineralschaumplatten) dar. Die Nachteile dieser Möglichkeit liegen im Flächenverlust für den Innenraum und darin, dass alle Innendämmungsarbeiten aus genutzten Räumen richtige Baustellen machen, mit allen unangenehmen Randerscheinungen.
Trotz aller Fallen, die bei Innendämmung lauern, gibt es verschiedene Vorteile für diese Ausführung:

Vorteile der Innendämmung

- Ausführung von innen ohne Gerüstbauarbeiten möglich,
- das äußere Erscheinungsbild des Gebäudes bleibt unverändert,
- alle an der Fassade außen angebrachten Bauteile können unverändert bleiben.

Die Innendämmung kann nach und nach jeweils bei Mieterwechseln vorgenommen werden; sogar eine raumweise Ausführung ist denkbar.

Fassadendämmung und Fensteraustausch

Bündig mit dem Außenputz anbringen

Wenn in einem Zuge die Fenster ausgetauscht und die Wandanteile der Fassade gedämmt werden, dann besteht der große Vorteil, dass die Anschlüsse zwischen Fenstern und Dämmung sorgfältig neu geplant und einfach hergestellt werden können. Die bautechnisch beste und auch in Bezug auf die Ausführung einfachste und damit günstigste Lösung besteht darin, die neuen Fenster außen mit dem bisherigen Außenputz bündig einzubauen und dann den Fensterrahmen mit dem Vollwärmeschutz ausreichend zu fassen. So werden Wärmebrückeneffekte am Materialwechsel minimiert. Der optische Eindruck, wie das Fenster in Bezug auf die Leibungstiefe in der Außenwand sitzt, entspricht auch üblicherweise am ehesten einem gewohnten Fassadenbild.

Expertentipp

Die Lage der neuen Fenster

Wenn die neuen Fenster – wie gerade dargestellt – bündig mit dem vorhandenen Außenputz eingebaut werden sollen, dann bedeutet das üblicherweise, dass die neuen Fenster etwa 10 cm weiter außen liegen als bisher. Die Überarbeitung der Anschlüsse von innen an die Fenster mit Tapeten, Wandmalereien etc. kann fallweise erheblichen Mehraufwand bedeuten, der in die Überlegungen und Abwägungen mit einbezogen werden muss.

Aufwendige Dämmung der Leibungen

Für den Fall, dass die bestehenden Fenster erhalten bleiben sollen, ergeben sich aufwendige Anpassungsarbeiten bei der Dämmung, weil die Leibungen üblicherweise mitgedämmt werden müssen. Wärmebrücken sind in diesen Fällen unvermeidlich, weil in den Leibungen die Dämmstärken auf wenige Zentimeter reduziert werden müssen.
Das Beiblatt 2 der DIN 4108 schreibt vor, dass die Leibungen mit mindestens 3 cm Materialstärke der Wärmeleitgruppe (WLG) 040 gedämmt werden sollen.

Umlage auf den Mieter

Die Mehraufwendungen, die in diesem Fall durch die Wärmedämmung entstehen, können auf den Mieter umgelegt werden. All die Kosten, die durch Instandhaltung oder Instandsetzung ausgelöst werden, können nicht auf die Miete aufgeschlagen werden.
Wie in allen Fällen gilt die Umlagemöglichkeit nur für den Fall, dass der Vermieter den Umstand für die Baumaßnahme nicht selbst, also beispielsweise durch einen Renovierungsstau, herbeigeführt hat.

Wertzuwachs

Wichtige Bedeutung für den Wertzuwachs

Der Fassadendämmung kommt beim Wertzuwachs einer Immobilie eine ganz besondere Bedeutung zu. Da die Energiekosten für eine Immobilie ganz besonders von den Wärmeverlusten abhängen, kann künftig – besonders in Verbindung mit dem Energieausweis für Gebäude – die Vermietbarkeit eines Gebäudes ganz erheblich von diesen Parametern beeinflusst sein.

Eine Fassadendämmung steigert den Wert einer Immobilie ganz erheblich und bewirkt eine bessere Vermietbarkeit.

Genehmigungspflicht

In sehr vielen Fällen sind Änderungen an den Außenwänden von Gebäuden an sich verfahrens- oder gar genehmigungsfrei. Das bedeutet jedoch noch nicht, dass durch die Änderung nicht andere zustimmungspflichtige Vorgänge ausgelöst werden könnten.

Grenzabstände beachten

Wenn Sie auf die Außenwände Ihres Gebäude außen eine Dämmung aufbringen lassen, reduziert sich der Grenzabstand um dieses Maß, die Abstandsflächen und die Brandschutzabstände könnten unterschritten werden. Gleichzeitig könnte durch die „Vergrößerung" des Gebäudes die maximal zulässige Nutzung des Grundstücks überschritten werden.

Zustimmung der Gemeinde

Wenn Ihr Gebäude direkt an den öffentlichen Bereich (Beispiel: Gehweg) grenzt, dann ragt die Wärmedämmung in den öffentlichen Grund. Hierfür benötigen Sie eine Zustimmung der Gemeinde. Genauso wenn Sie den Sockel Ihres Gebäudes dämmen wollen und dazu in den Gehweg eingreifen wollen oder müssen, z. B. durch Grabearbeiten.

Expertentipp

Mindestwärmeschutz einhalten

Wenn Sie Änderungen an der Gebäudehülle vornehmen lassen, so müssen die Anforderungen der Energieeinsparverordnung hinsichtlich des Mindestwärmeschutzes erfüllt werden. Dieser Tipp gilt für alle Bauteile an der Gebäudehülle (Fassade, Kellerdecke, Dach, Fenster etc.).

Lassen Sie all diese Punkte rechtzeitig klären, damit eventueller Ärger mit Nachbarn oder Baubehörden vermieden wird!

Fenster

Energiesparende Fenster sind häufig die erste Idee, wenn es um energetische Sanierung geht. Dabei ist der Austausch der Fenster eher problematisch, wenn er als alleinige Maßnahme ohne weitere Dämmarbeiten der Fassade angedacht ist. Erstens sind die Investitionskosten bei einem Fensteraustausch sehr hoch und der Zeitpunkt der Amortisation liegt deshalb in weiter Ferne, zweitens kann durch die Dichtigkeit der neuen Fenster ein Problem mit der Feuchtigkeit der Raumluft entstehen, wenn die Bewohner nicht ausreichend lüften. Diese Zusammenhänge werden im Kapitel „Lüftung" ab Seite 76 umfangreich beleuchtet und können dort nachgelesen werden.

Fensteraustausch und Dämmung im Paket

Wenn jedoch in einem Gesamtpaket die Fenster ausgetauscht oder saniert werden und im gleichen Zug die Wandanteile gedämmt werden, dann ist ein großer Schritt zur gesamten energetischen Sanierung getan.

Folgende Anforderungen stellt die EnEV 2009 bei Änderungen an Fenstern:

Bauteil	**Anforderungen EnEV 2009 bei Wohngebäuden, U-Wert maximal**
Fenster	1,30 W/ (m^2K)

Anforderungen beim Bauteilverfahren gemäß Anlage 3, Tabelle 1

Renovierungsintervalle einhalten

Für lackierte Holzfenster wird ein Renovierungsintervall von ca. 7 Jahren als realistisch angesehen. Bei Naturholzfenstern sollte in diesen Abständen die Holzschutzlasur erneuert werden, bei starker Bewitterung und Besonnung eventuell auch schon im Intervall von 2 Jahren. Die Wartung der beweglichen Teile und der Fensterbeschläge sollte ebenfalls regelmäßig vorgenommen werden. Gleiches gilt für die Dichtungen in den Fälzen und die Silikonverfugungen.

Hier noch einmal die Schätzwerte für die Überarbeitung der Anstriche bei Holzfenstern in der Übersicht:

Überarbeitung der Malerarbeiten	**Fristen**
lackierte Fenster	ca. 7 Jahre
lasierte Fenster	ca. 2–7 Jahre

Die Lebensdauer von Fenstern in den verschiedenen Materialien wird wie folgt geschätzt:

Bauteil	Lebensdauer
Fenster aus Nadelholz (Beispiel: Fichte, Kiefer)	ca. 40–50 Jahre
Fenster aus Hartholz	ca. 50–60 Jahre
Kunststofffenster	ca. 40–50 Jahre
Aluminiumfenster	ca. 60 Jahre und mehr

Funktion von Fenstern

Fenster haben umfangreiche Funktionen zu erfüllen. Natürliche Belichtung, Belüftung, Wärmeschutz, Schallschutz seien genannt. Daneben müssen Sonnenschutz und Sichtschutz ebenfalls beachtet werden. Gerade in Bezug auf die Fenstertechnik hat es in letzter Zeit erhebliche Verbesserungen gegeben.

PRAXISBEISPIEL

Reduzierter Wärmeverlust

Während ein Fenster von 1960 noch einen U-Wert von etwa 2,7 W/ m^2K aufweist, ist heute ein Fenster mit einem U-Wert von 0,9 W/ m^2K konstruktiv kein Problem mehr. Das heißt in diesem Beispiel, dass der Wärmeverlust über die Fenster auf ein Drittel des Ausgangswerts gedrückt werden kann.

Überarbeitung vorhandener Fenster

Aufbereitung alter Fenster

Bevor man sich für einen kompletten Fensteraustausch entscheidet, sollte man prüfen lassen, ob die vorhandenen Fenster durch entsprechende Überarbeitungen ertüchtigt werden können. Der Austausch vorhandener Dichtungen, Schaffung neuer zusätzlicher Dichtungsebenen und schließlich der Austausch der Verglasung durch entsprechend zeitgemäße hochdämmende Gläser. Das sind Optionen, vorhandene Fenster aufzubessern. Beim Austausch der Verglasung muss allerdings die Tragfähigkeit der Beschläge geprüft werden, da neue Verglasungen durch ihr höheres Gewicht den Fensterrahmen immer erheblich stärker belasten als die alten.

PRAXISBEISPIEL

Fenstersanierung
Austausch der Verglasung mit Ausbau und Entsorgung der vorhandenen Gläser.

1	Scheibenmaß etwa 1 m^2	ca. 100–150 €

Preise inkl. 19 % MwSt., Stand 2009

Die Möglichkeiten, vorhandene Fenster aufzuwerten besteht am ehesten bei Fenstern aus Holz. Für Kunststofffenster oder solche aus Metall macht eine Überarbeitung tendenziell weniger Sinn, weil alte Fensterprofile aus diesen Materialien aus energetischer Betrachtung sehr schlecht abschneiden und sich meist nicht aufrüsten lassen. In diesen Fällen bleibt also zumeist nur ein Austausch.

Zusätzliche Eigenschaften verbessern

Wenn Fenster überarbeitet oder ausgetauscht werden, sollte in die Untersuchung einbezogen werden, ob eventuelle Zusatzeigenschaften wie Anhebung des Schallschutzes, verbesserter Sonnenschutz oder Zwangslüftung durch Nachströmung, vielleicht auch Einbruchschutz gleich mit abgedeckt werden können und sollen.

PRAXISBEISPIEL

Fensteraustausch
Einflügeliges Fenster erneuern mit Ausbau und Entsorgung des alten Fensters, Anschlussarbeiten und Beschlägen.
Neues Fenster mit Wärmeschutzverglasung ohne besondere Schallschutzanforderungen:

1 m^2	Fenster aus Holz ohne Sprossen	ca. 500–800 €
1 m^2	Fenster aus Kunststoff ohne Sprossen	ca. 400–700 €
1 m^2	Fenster aus Aluminium ohne Sprossen	ca. 600–1.300 €

Preise inkl. 19 % MwSt., Stand 2009

Eine beliebte Möglichkeit, vorhandene Fenster energetisch zu verbessern, besteht im Einbau von Renovierfenstern. Hierbei bleibt der alte Fensterstock erhalten, er wird im eingebauten Zustand auf ein Minimalmaß zurückgeschnitten. Darüber wird ein neuer, zumeist zweiteiliger Fensterstock montiert, der dann den neuen Fensterflügel trägt. Diese Renovierfenster werden in Kunststoff- oder Holzausführung angeboten. Sie bieten Vorteile durch die einfache Montage, weil die Fensterbänke und die Putzanschlüsse innen und außen unverändert bleiben können. Bei konstruktiven Problemen an den Fugen zwischen Fenstern und Wand bieten diese Systeme jedoch keine Abhilfe.
Deshalb sollte der Einsatz von Renovierfenstern auch gründlich überlegt werden, weil gerade in der Konstruktion der Fuge zwischen Fensterstock und Mauerwerk in letzter Zeit erhebliche Fortschritte zu verzeichnen waren und deshalb das alleinige Ausschäumen dieses Zwischenraums, wie es jahrelang praktiziert wurde, inzwischen nicht mehr vorkommen sollte.

Verbessern Sie die Gestaltung

Ein sensibler Architekt wird bei allen Fassadenänderungen die Gesamtgestaltung des Gebäudes im Auge behalten und dabei die Möglichkeiten der Verbesserung in diesem Bereich entsprechend nutzen. Die Zeiten, in denen schön gegliederte Altbaufenster durch seelenlose ungeteilte Fensterlöcher ersetzt wurden, sollten hoffentlich schon lange vorbei sein.

Umlage auf den Mieter

Die Aufwendungen, die bei den Fenstern eingesetzt werden, um dauerhafte Energieeinsparungen und Wohnwertverbesserungen zu erreichen, können auf den Mieter umgelegt werden. Die reinen Erhaltungsmaßnahmen müssen jedoch aus dem Paket herausgerechnet werden, auch wenn sie nur fiktiv entstanden sind.

Wertzuwachs

Bei Fenstern wie auch bei anderen Maßnahmen gilt: Was in Bezug auf energetische Sanierung investiert wird, schlägt sich beim Wertzuwachs positiv nieder.

Genehmigungspflicht

Der Austausch bzw. die Aufwertung von Fenstern ist üblicherweise genehmigungsfrei, es sei denn besondere Aspekte des Denkmalschutzes würden dagegen sprechen. Doch auch in diesem Fall können Sie aktiv werden; die Maßnahmen benötigt dann zumeist Kompromissbereitschaft der beteiligten Parteien und besonderes Fingerspitzengefühl der Planer und der ausführenden Handwerker.

Auch für den Fall des genehmigungsfreien Austauschs von Fenstern müssen natürlich sonstige Anforderungen wie z. B. aus der Energieeinsparverordnung bezüglich des Mindestwärmeschutzes natürlich trotzdem erfüllt werden. Sicherheitsvorschriften für absturzsichernde Verglasungen müssen genauso beachtet werden wie auf der anderen Seite die Schallschutzanforderungen – besonders an viel befahrenen Straßen.

In der Regel genehmigungsfrei

Expertentipp

Einzelöfen und Dunstabzugshauben

Wenn neue dichte Fenster eingebaut werden, kann es zu Problemen mit Einzelöfen und Dunstabzugshauben kommen, weil die vorhandene Luftmenge nicht mehr ausreichen könnte und ein Unterdruck entstehen kann. Ein Kontaktschalter am Küchenfenster oder ein Kamin für raumluftunabhängigen Ofenbetrieb kann beispielsweise Abhilfe schaffen.

Rollladenkästen

Direkt über den Fenstern findet sich häufig eine der schlimmsten Wärmebrücken: teilweise völlig ungedämmte Rollladenkästen, die manchmal so undicht sind, dass man innen am Revisionsdeckel den Windzug spüren kann. Zur Beseitigung dieser Probleme gibt es von verschiedenen Herstellern Einbauteile aus Polystyrol, die in die Rollladenkästen nachgerüstet werden können. So können Hohlräume relativ einfach nachträglich mit Dämmmaterial vollgepackt werden. Wenn der Zwischenraum zwischen dem Ballen des Rollladenpanzers und dem Rollladenkasten zu knapp für die Dämmschalen sein sollte, so ist zu prüfen, ob der vorhandene

Rollladenkästen als Wärmebrücken

Rollladen durch einen solchen mit schmäleren Lamellen ausgetauscht werden kann. Diese Rollläden lassen sich dann enger aufwickeln und geben somit Raum frei, der für Dämmung genutzt werden kann.

Gurtauslässe besonders abdichten

Weiteres Verbesserungspotenzial bieten vorhandene Rollläden am Gurtauslass. Hier besteht konstruktionsbedingt eine direkte Verbindung zwischen Innen- und Außenluft. Deshalb sollten am Übergang wenigstens die Wärmeverluste durch Manschetten mit Bürstendichtungen begrenzt werden.

Abschließend müssen bei der Sanierung von Rollladenkästen die Revisionsdeckel so überarbeitet werden, dass sie luftdicht abschließen.

Fugen zwischen Wand und Fenster

Ein wichtiges Augenmerk bei Dämmarbeiten an Fassaden gilt der Fugenausbildung zwischen Wand und Fenster. Egal ob die Fenster erneuert werden oder nicht, die Fugen müssen dauerhaft luftdicht ausgeführt werden. Im Sanierungsfall müssen die Fugen zunächst geöffnet und dann zusätzlich ausgestopft oder mit geeigneten Fugen- oder Dichtungsbändern abgeklebt werden. Das Ausschäumen der Fugen mit Polyurethan-(PU)-Schaum, wie es über Jahrzehnte üblich war, stellt keine Dichtungsmaßnahme dar, weil der Bauschaum komplett aushärtet und danach keine Bewegungen zwischen Wand und Fenster aufnehmen oder überbrücken kann.

Innenwände

Funktion von Innenwänden

Innenwände haben viele verschiedene Funktionen zu erfüllen. So gibt es tragende Wände, auf denen die Geschossdecken aufliegen, und nicht tragende Wände. Letztere sind Wände, die aus statischer Sicht unproblematisch geändert werden können. Eine weitere Aufgabe von Innenwänden ist der Schallschutz, der besonders zwischen Räumen in fremden Einheiten oder gegenüber von Treppenräumen wichtig ist.

Im Zuge von Instandhaltungs- und Instandsetzungsmaßnahmen geht es bei Innenwänden normalerweise um die Oberflächenbehandlung. Für die Renovierungsintervalle gelten unter normalen Umständen folgende Richtwerte:

Räume	Fristen
Küchen, Bäder, Duschräume	3 Jahre
Wohn-, Schlafräume, Flure, Dielen, Toiletten	5 Jahre
sonstige Räume	7 Jahre

In der Regel erstrecken sich die regelmäßigen Renovierungsintervalle an Innenwänden auf die Oberflächenbehandlung.

Die üblichen Renovierungsfristen für Lackierarbeiten betragen:

Lackierarbeiten	Fristen
Fenster, Innentüren, Heizkörper	7 Jahre

Aufwertung des Schallschutzes

Die Möglichkeiten für Modernisierungen an Innenwänden selbst betreffen in erster Hinsicht die Aufwertung eines nach heutiger Betrachtung nicht mehr ausreichenden Schallschutzes. So sind häufig Beeinträchtigungen an Wohnungs- oder Gebäudetrenn-

wänden bzw. gegenüber von Treppenhäusern, Aufzugsschächten oder auch bei Installationsschächten zu beobachten.
Die schalltechnische Aufwertung einer Innenwand ist sehr einfach möglich. So bieten die verschiedenen Hersteller von Leichtbauwänden Systeme an, die entweder direkt auf die vorhandenen Wände aufgebracht oder davorgestellt werden können. Die Vorteile dieser Trockenbausysteme bestehen darin, dass kaum Feuchtigkeit in die bestehenden Einheiten eingetragen wird. Warte- und Trocknungszeiten entfallen somit weitgehend. Dadurch wiederum werden die Beeinträchtigungen der Bewohner durch die Baumaßnahme erheblich reduziert.

Ausrichtung der Balkenlage

Wenn bei einer Modernisierungsmaßnahme nicht tragende Wände in einem Altbau mit Geschossdecken aus Holz verändert werden sollen, so muss die Ausrichtung der Balkenlage beachtet werden. Wenn beispielsweise eine Wand neu in der Richtung eines Holzbalkens verlaufen soll, so muss dieser üblicherweise verstärkt werden, da er ursprünglich nicht für diese zusätzliche Last dimensioniert wurde. Wird aber eine neue Zimmertrennwand quer zu den Balken eingebaut, so wird die Tragfunktion auf viele Balken verteilt. Meist ist eine Verstärkung dann überflüssig. Ihr Architekt wird Sie kompetent beraten und im Zweifelsfall einen Statiker zurate ziehen.

Umlage auf den Mieter

Die beschriebene Aufwertung der schalldämmenden Funktion der Wände stellt eine erhebliche Verbesserung des Gebrauchswerts einer Wohnung dar. Deshalb kann sie – nach Abzug der Kosten, die für die Renovierung anfallen entsprechend auf den Mieter umgelegt werden.

Wertzuwachs

Die Verbesserung des Schallschutzes schlägt sich bei der Wertermittlung positiv nieder. Auch wenn sich die verbesserte Vermietbarkeit nicht in Zahlen ausdrücken lässt, so lässt sie sich doch bei der Neuvermietung als Argument einbringen.

Genehmigungspflicht

Nahezu alle Änderungen im Inneren von Wohngebäuden sind genehmigungsfrei, wenn sich durch die Änderungen der Nutzungsschwerpunkt nicht ändert.

Türen

Unterschiedliche Bedeutung von Türen

Im Wohnungsbau unterscheidet man in Bezug auf Qualität und Ausführung zwischen Haustüren, Wohnungseingangstüren und normalen „Zimmertüren“ ohne weitere Anforderungen. Die üblichen Renovierungsfristen lauten bei Türen wie folgt:

Lackierarbeiten	**Fristen**
Innentüren	7 Jahre

Austausch durch höherwertige Türen

Im Zuge von Renovierungen gibt es die Möglichkeiten, Türen in Bezug auf Schallschutz, Wärmeschutz, Brandschutz und Einbruchschutz zu verbessern. Häufig werden dafür vorhandene Türen ausgetauscht und durch höherwertige ersetzt. Eine Aufwertung vorhandener Türen ist nicht immer möglich, weil die Konstruktionsprinzipien der Türen unterschiedlicher Qualitäten sich häufig erheblich unterscheiden. Eine eingehende fallweise Überprüfung durch einen Fachmann ist zur Überprüfung der Möglichkeiten unerlässlich.

Expertentipp

Erhalt alter Türen

Wenn die vorhandenen alten Türen sich durch handwerklich anspruchsvolle Arbeit auszeichnen, sollte der Austausch möglichst unterbleiben. In diesen Fällen sollte der Fokus auf das Aufarbeiten gerichtet werden, weil der Charme der alten Arbeit erhalten bleiben sollte.

Unter Umständen kann umlaufend an drei Seiten eine Dichtung eingefräst werden, an der Türschwelle ist oft die Nachrüstung einer Bodendichtung möglich, die sich beim Schließen der Tür automatisch absenkt. Durch die Nachrüstung einer Tür mit Dichtungen wird dann künftig das Schließen erschwert, weil ein gewisser Andruckwiderstand überwunden werden muss. Der erzielte Komfortgewinn gleicht dies aber mehrfach aus.

Einbruchschutz nachrüsten

Der Einbruchschutz an Wohnungseingangstüren kann beispielsweise durch Verstärkung der Schließbleche oder Verwendung von Sicherheitsrosetten verbessert werden. Die Schließzylinder sollten nicht zu weit über die Rosetten hinausstehen, dass sie nicht mit einer Zange gegriffen werden können.

Praxisbeispiel

Innentüren

Austausch einer Innentüre mit Ausbau und Entsorgung der vorhandenen Tür; inkl. Anarbeiten und neuen Beschlägen (keine Luxusausführung):

1 St	Wohnungseingangstür Normgröße	ca. 550–950 €
1 St	Wohnungseingangstür Übergröße	ca. 750–1300 €
1 St	Innentür in Wohnungen Normgröße	ca. 450–700 €
1 St	Innentür in Wohnungen Übergröße	ca. 650–900 €

Preise inkl. 19 % MwSt., Stand 2009

Hauseingangstür

Hauseingangstür mit Ausbau und Entsorgung der alten Eingangstür, inkl. Nacharbeiten der Anschlüsse und mit neuen Beschlägen.

1	Hauseingangstür aus Holz oder Kunststoff	ca. 1.700–4.000 €
1	Hauseingangstür aus Aluminium	ca. 2.000–4.800 €
1	Hauseingangstür aus Holz oder Kunststoff mit feststehendem verglasten Seitenteil	ca. 2.500–5.500 €

1	Hauseingangstür aus Aluminium mit feststehendem verglasten Seitenteil	ca. 3.000–6.000 €

Preise inkl. 19 % MwSt., Stand 2009

Umlage auf den Mieter

Verbesserungen in Bezug auf Schallschutz können auf den Mieter umgelegt werden, weil sie Wohnwertverbesserungen darstellen. Gleiches gilt für Verbesserungen in Hinsicht auf den Einbruchschutz.

Eine weitere Verbesserung der Mietsache, die auf den Mieter umgelegt werden kann, stellt der Einbau einer Türschließanlage dar.

Verbesserung durch Schließanlage

Wertzuwachs

Die Verbesserung von Türen in den Bereichen Schallschutz, Wärmeschutz und Einbruchschutz steigert den Wert der Immobilie, weil der Wohnwert durch diese Maßnahmen angehoben wird.

Genehmigungspflicht

Beim Austausch von Haustüren ist der Wärmeschutz zu beachten. Wenn an Wohnungstüren Modernisierungen vorgenommen werden, so müssen die aktuellen Vorschriften im Hinblick auf Wärme-, Schall- und Brandschutz eingehalten werden. Eine Genehmigungspflicht gegenüber der Baubehörde besteht jedoch bei Änderungen an Türen nicht.

Geltende Vorschriften beachten

Geschossdecken

Die Renovierungsfristen für Geschossdecken unterscheiden sich nicht von denen, die für Wände gelten. Der Vollständigkeit halber sind sie hier noch einmal aufgeführt:

Räume	Fristen
Küchen, Bäder, Duschräume	3 Jahre
Wohn-, Schlafräume, Flure, Dielen, Toiletten	5 Jahre
sonstige Räume	7 Jahre

Bei Modernisierungen spielen folgende Geschossdecken eine wichtige Rolle: zum einen die Decke im Keller, zum anderen die oberste Decke gegenüber einem nicht ausgebauten Dachgeschoss.
Letztere mussten bereits nach der Energieeinsparverordnung von 2004 so gedämmt werden, dass der Wärmedurchgangskoeffizient der Geschossdecke 0,3 W/m²K nicht überschreiten durfte, wenn über der Decke ein zugänglicher, aber nicht begehbarer Dachraum vorhanden war.

Expertentipp

Dämmung der Decke zum Dachraum

Holen Sie diese möglichst bald nach, wenn nicht bereits geschehen. In vielen Fällen besteht diese Nachrüstverpflichtung schon seit Längerem. Erkundigen Sie sich möglichst bald bei Ihrem Architekten!

Praxisbeispiel

Dämmung der obersten Decke

1 m²	Trockenestrich auf der obersten Geschossdecke mit Wärmedämmung	ca. 50–100 €

Preise inkl. 19 % MwSt., Stand 2009

Hier stellt die EnEV 2009 jetzt auch auf begehbare, bisher ungedämmte oberste Geschossdecken ab. Bisher bezog sich die Pflicht zu einer nachträglichen Dämmung nur auf nicht begehbare, aber

zugängliche oberste Geschossdecken. Diese müssen also in den meisten Fällen bereits gedämmt sein.
Wenn anstelle der obersten Geschossdecke das darüber liegende Dach gedämmt ist, gilt die Verpflichtung als erfüllt.

Expertentipp

Nachrüstpflicht

Die Frist für die Nachrüstpflicht zur Dämmung der obersten begehbaren Geschossdecke ist der 31. Dezember 2011. Der maximale Wärmedurchgangskoeffizient beträgt hier nach der Dämmung 0,24 W/(m^2K).

Bauteil	**Anforderungen EnEV 2009 bei Wohngebäuden, U-Wert maximal**
oberste Geschossdecke	0,24 W/(m^2K)

Anforderungen gemäß § 10 EnEV 2009

PRAXISBEISPIEL

Oberste Geschossdecke
Die oberste Geschossdecke gegenüber einem nicht ausgebauten Dachraum weist in einem Gebäudes von 1960 einen U-Wert (Maß für die Wärmedämmeigenschaft) von etwa 2,1 W/m^2K auf (Decke aus Stahlbeton). Durch eine zusätzliche Wärmedämmung kann dieser Wert auf unter 0,15 W/m^2K gesenkt werden. Das entspricht einer Reduzierung des Wärmeverlusts auf etwa ein 14tel des Ausgangswerts.

Dämmung der Kellerdecke

Die Decke zwischen einem unbeheizten Keller und dem Erdgeschoss stellt in älteren Gebäuden ein wichtiges Potenzial für eine energetische Modernisierung dar. Zumeist kann relativ einfach die Unterseite der Decke mit Wärmedämmung konstruktiv verbessert werden.

Expertentipp

Aufteilung der Arbeiten

Berücksichtigen Sie bei der Dämmung der Kellerdecken von unten, dass die Zugänglichkeit der Kellerabteile gewährleistet werden muss. Häufig können diese Arbeiten nicht in einem Zuge durchgeführt werden. Der Mehraufwand durch mehrmalige Aktionen muss berücksichtigt werden.

PRAXISBEISPIEL

Kellerdecke

Eine Kellerdecke eines Gebäudes von 1960 weist einen U-Wert (Maß für die Wärmedämmeigenschaft) von etwa 1,0 W/ m²K auf. Durch eine zusätzliche Wärmedämmung lässt sich dieser Wert auf unter 0,35 W/ m²K senken.
Das entspricht einer Reduzierung des Wärmeverlusts auf etwa ein Drittel des Ausgangswerts.

1 m²	Dämmung der Kellerdecke von unten	ca. 50–100 €

Preise inkl. 19 % MwSt., Stand 2009

Unzureichenden Schallschutz beheben

Alle anderen Geschossdecken zwischen Normalgeschossen stehen hauptsächlich bezüglich der Thematik Schallschutz auf dem Prüfstand bei Modernisierungen. Unzureichender Schallschutz, sei es gegenüber Trittschall oder Körperschall, kann z. B. durch fehlerhafte Trittschalldämmung oder schlecht konstruierte Holzbalkendecken verursacht sein.

PRAXISBEISPIEL

Schalldämmung von Holzbalkendecken

1 m²	Schalldämmung einer Holzbalkendecke wie folgt: vorhandene Oberböden	ca. 150–250 €

	ausbauen, vorhandene Schüttungen entfernen und entsorgen. Danach Blindböden nacharbeiten, schalldämmende Schicht und neuen Oberboden einbauen	

Preise inkl. 19 % MwSt., Stand 2009

Abgehängte Decke einziehen

Wenn die Raumhöhe es zulässt, so ist zu überlegen, ob durch eine abgehängte Decke die schalltechnischen Qualitäten einer Geschossdecke aufgewertet werden könnten.
Die EnEV 2009 stellt für Fußbodenaufbauten folgende Forderungen auf:

Bauteil	**Anforderungen EnEV 2009 bei Wohngebäuden, U-Wert maximal**
Fußbodenaufbauten	0,50 W/ (m^2K)

Anforderungen beim Bauteilverfahren gemäß Anlage 3, Tabelle 1 EnEV 2009

Für Bodenbeläge werden Lebensdauern angenommen, wie sie in dieser Tabelle aufgeführt sind:

Lebensdauer von Bodenbelägen

Bauteil (Bodenbeläge)	**Lebensdauer**
Holzfußböden (Nadelholz)	ca. 30–40 Jahre
Holzfußböden (Hartholz)	ca. 40–60 Jahre
textile Beläge (Teppiche)	ca. 7–15 Jahre
Kunststoffböden (PVC, Linoleum)	ca. 15–25 Jahre
Keramik (Fliesen)	ca. 30–60 Jahre

Diese Angaben sind selbstverständlich sehr von der Nutzung der jeweiligen Bereiche abhängig und können deshalb ganz wesentlich von den Angaben abweichen. Bei normaler Beanspruchung können die Zahlen als Richtwerte angenommen werden.

PRAXISBEISPIEL

Bodenbeläge

Die hier angegeben Preise beinhalten Liefern und Verlegen neuer Bodenbeläge in einfacher bis mittlerer Qualität mit Vorarbeiten und Herstellung der Anschlüsse an andere Bauteile. Eine Sanierung der Unterkonstruktion ist in den angegebenen Preisen nicht enthalten.

	Holzfußböden	
1 m²	Holzdielenboden mit Lagerung und Dämmung	ca. 60–90 €
1 m²	Echtholzparkett	ca. 40–100 €
	Textile Beläge	
1 m²	Teppich	ca. 35–60 €
	Kunststoffböden	
1 m²	PVC Boden	ca. 30–65 €
1 m²	Linoleum	ca. 35–60 €
	Keramik	
1 m²	Bodenfliesen	ca. 70–150 €
1 m²	Naturstein	ca. 100–250 €

Preise inkl. 19 % MwSt., Stand 2009

Umlage auf den Mieter

Anteilige Umlage auf die Mieter

Bei Verbesserungen der Geschossdecken, die im Fall der Wärmedämmung der obersten und der untersten Geschossdecke nachhaltig Energie einsparen, können diese Kosten anteilig auf die Miete umgelegt werden. Gleiches gilt für die Kosten für die Maßnahmen an den anderen Geschossdecken, die eine Steigerung des Wohnwerts erfahren durch die Verbesserung ihrer Funktion in Bezug auf den Schallschutz.

Wertzuwachs

Die Dämmung von Geschossdecken, die an nicht beheizte Gebäudeteile grenzen, steigert den Wert einer Immobilie genauso wie die Verbesserung des Schallschutzes.

Genehmigungspflicht

Statische Aspekte beachten

Bei der Änderung an Geschossdecken gibt es üblicherweise keine Genehmigungspflicht. Wesentlich ist zu beachten, dass die statischen Aspekte gewürdigt und beachtet werden.

Dach

Geneigtes Dach

Die Lebensdauer von Steildächern hängt ebenfalls erheblich von dem Pflegezustand ab. Als Faustwert kann diese der folgenden Aufstellung entnommen werden:

Bauteil	**Lebensdauer**
Dachstuhl aus Holz	bis 100 Jahre
Steildachdeckung (Beton oder Ziegel)	ca. 30–60 Jahre
Dachrinnen etc. aus Stahl verzinkt	ca. 20–30 Jahre
Dachrinnen etc. aus Kupfer oder Titanzink	ca. 40–60 Jahre

Bei Steildächern stehen hauptsächlich die folgenden Instandhaltungs- und Instandsetzungsmaßnahmen regelmäßig an:

Maßnahmen an Steildächern

- das Reinigen der Dachrinnen,
- die Kontrolle der Regenabläufe und der Dachdeckung sowie der Austausch eventuell gebrochener und das Einpassen verschobener Dachplatten.

PRAXISBEISPIEL

Renovierung geneigtes Dach mit Pfannendeckung

1 m²	Vorhandene Dachdeckung und Unterkonstruktion abnehmen und entsorgen, neue Dachdeckung mit Unterkonstruktion ohne Dämmung	ca. 65–120 €

Preise inkl. 19 % MwSt., Stand 2009

Renovierung geneigtes Dach mit Stehfalzdeckung (Blech)

1 m²	Vorhandene Dachdeckung und Unterkonstruktion abnehmen und entsorgen, neue Dachdeckung mit Unterkonstruktion ohne Dämmung	ca. 170–290 €

Preise inkl. 19 % MwSt., Stand 2009

Wenn jedoch die Dämmung eines Steildachs auf ein heute gültiges Dämmmaß aufgerüstet wird, dann fällt dieses in den Bereich der Modernisierung. Hierzu muss normalerweise die gesamte Dachdeckung zunächst entfernt werden, wenn die Wärmedämmung bei einem bereits ausgebauten Dachgeschoss von außen verstärkt werden soll.

Gängige Dämmstoffe für Schrägdächer

Die Dämmstoffe bestehen üblicherweise aus Polystyrol (PS), Polyurethan (PUR) oder Mineralfaser. Bei Schrägdächern haben sich auch Dämmstoffe aus regenerativen Materialien bewährt: Wolle, Flachs, Hanf.

Expertentipp

Förderung nachwachsender Dämmstoffe

Unter www.naturdaemmstoffe.info finden Sie weiterführende Hinweise zur Förderung bei der Verwendung nachwachsender Dämmstoffe.

Eine weitere Möglichkeit besteht in der Dämmung von Steildächern mit Zellulosedämmstoffen, die aus Altpapier hergestellt werden. Bei den alternativen Dämmsystemen ist ein besonderer Augenmerk auf die Behandlung gegen Ungezieferbefall zu legen. Das geschieht bei Dämmungen aus Altpapier üblicherweise durch Behandlung mit Borsalz. Der Brandschutz muss immer bei allen Dämmmaßnahmen beachtet werden.

Dämmung beim Ausbau des Dachgeschosses

Die Dachdämmung wird im Fall eines nachträglichen Dachausbaus gleich mit ausgeführt. Die Bereiche zwischen den Sparren (Hölzer des Dachstuhls) können hierfür verwendet werden. Bei Schrägdächern können so zwischen den Sparren Dämmstärken von 14 cm bis 16 cm untergebracht werden. Zusätzlich erforderliche Dämmstärken müssen dann in der Ebene oberhalb oder unterhalb der Sparren eingebaut werden.

Beim nachträglichen Dachgeschossausbau auf ausreichenden Wärmeschutz achten!

Der Dachaufbau sieht an der Innenseite der Dämmung (raumseitig) immer eine Dampfsperre vor. Diese verhindert, dass Raumluftfeuchte in die Dämmung dringen kann. Ob die Dachkonstruktion hinterlüftet werden muss, hängt von der Unterspannbahn (wasserdichtes Material direkt unter der Dachdeckung) ab. Wird diese

diffusionsoffen ausgeführt, dann ist eine Vollsparrendämmung möglich, die ohne Hinterlüftung auskommt.
Die Luftdichtheit ist besonders bei der Dachdämmung von großer Bedeutung, die in der Planung und bei der Bauleitung besonders beachtet werden muss. Anspruchsvoll ist diese Thematik besonders deshalb, weil im Dach üblicherweise viele verschiedene Materialien aufeinandertreffen, und die Anschlüsse deshalb sorgfältig überdacht und ausgeführt werden müssen. Auf die Durchdringungen der Dachhaut mit Lüftungskaminen, Heizkaminen, Antennendurchlässen etc. ist spezielles Augenmerk zu richten.
Die energetische Sanierung eines bereits ausgebauten Dachs ist eventuell erst dann sinnvoll, wenn es entweder bisher gar nicht gedämmt ist oder eine Erneuerung der Dachdeckung ansteht. Der Aufwand steht ansonsten in keinem Verhältnis zum Nutzen.

Anforderungen der EnEV 2009

Folgende Anforderungen stellt die EnEV 2009 bei Änderungen an geneigten Dächern:

Bauteil	**Anforderungen EnEV 2009 bei Wohngebäuden, U-Wert maximal**
geneigte Dächer	0,24 W/ (m^2K)

Anforderungen beim Bauteilverfahren gemäß Anlage 3, Tabelle 1 (EnEV 2009)

Praxisbeispiel

Dachdämmung geneigtes Dach mit Pfannendeckung

1 m^2	Vorhandene Dachdeckung und Unterkonstruktion abnehmen und entsorgen, Sparren aufdoppeln, zusätzliche Wärmedämmung und neue Dachdeckung mit Unterkonstruktion aufbringen	ca. 180–250 €

Preise inkl. 19 % MwSt., Stand 2009

Wie bei Flachdächern bietet sich auch bei Steildächern manchmal die Möglichkeit, Dachterrassen in Dacheinschnitten anzulegen. Die Wohnwertverbesserung durch zusätzliche oder vergrößerte Dachflächenfenster ist ebenfalls in Betracht zu ziehen.

Nicht ausgebautes Dachgeschoss

Wenn der Dachraum nicht begehbar, aber zugänglich ist, dann schreibt die Energieeinsparverordnung bereits heute eine Wärmedämmung auf der obersten Geschossdecke vor, die einen U-Wert von maximal 0,24 W/ (m^2 K) nicht überschreiten darf.

Zugängliche, aber nicht begehbare Dachräume

Hier stellt die EnEV 2009 jetzt auch auf begehbare, bisher ungedämmte oberste Geschossdecken ab. Die Nachrüstung der Dämmung muss in diesem Fall bis zum 31. Dezember 2011 erfolgt sein.

Bauteil	**Anforderungen EnEV 2009 bei Wohngebäuden, U-Wert maximal**
oberste Geschossdecke	0,24 W/ (m^2K)

Anforderungen gemäß § 10 EnEV 2009

Das ist eine der wenigen Nachrüstungsverpflichtungen, die gemäß der aktuellen Energieeinsparverordnung bestehen. Nachdem diese Flächen meist groß sind und die Materialien und deren Verlegung relativ preiswert zu bekommen sind, empfiehlt sich hier, eher auf größere Dämmstoffstärken zu gehen. Die Energieeinsparmöglichkeiten sind damit deutlich besser und umso schneller ist der Zeitpunkt der Amortisation gegeben.

Auf eine ordnungsgemäße Dampfbremse muss auch hier bei der Ausführung geachtet werden, weil die Dämmung ansonsten durchfeuchtet.

Dampfbremse ordnungsgemäß ausführen

Dachraum für künftige Nutzung von innen dämmen

Für den Fall, dass ein bislang nicht genutzter Dachraum gedämmt werden soll, müssen im Vorfeld folgende Rahmenbedingungen geklärt werden:

❶ Ist die vorhandene Dachdeckung in einem guten Zustand?
❷ Existiert ein funktionstüchtiges Unterdach, das die einzubauende Dämmung vor Feuchtigkeit und Flugschnee von außen schützt?

Geringerer Aufwand

Werden diese Fragen mit „ja" beantwortet, dann können die Dämmarbeiten von innen (vom Dachraum aus) durchgeführt werden. Ein großer Vorteil besteht in diesem Fall darin, dass der Aufwand für die neue Dachdeckung und den Gerüstbau entfällt. Von innen kann so das Dämmmaterial zwischen die Sparren eingebracht werden. Wichtig ist, dass hierfür geeignetes Material verwendet wird. Bestens bewährt haben sich beispielsweise Klemmfilze aus Natur- oder Mineralfasern, die sich den eventuell verwundenen Dachhölzern anpassen und auch künftige Bewegungen des Dachstuhls und das Schwindverhalten der Hölzer mitmachen. Steife Dämmplatten sind folglich für Zwischensparrendämmung nicht geeignet.

Bei einer Dämmung von innen kann das Material zwischen den Sparren aufgebracht werden. Achten Sie aber auf eine ordnungsgemäße Ausführung.

Wenn Ihr Dachaufbau eine hinterlüftete Konstruktion ausbilden soll, so müssen Sie sorgfältig darauf achten, dass der benötigte Lüftungsquerschnitt zwischen Dämmung und Unterdach durchgängig zur Verfügung steht und nicht durch irgendwelche Bauteile beschränkt wird.

Hohe Wärmespeicherkapazität

Die Dämmstoffe zur Dachisolierung sollten eine möglichst hohe spezifische Wärmespeicherkapazität aufweisen. Somit können sie die Abkühlung in der Nacht speichern und im Sommer dazu beitragen, dass die Überhitzung tagsüber begrenzt wird.

Nach der Zwischensparrendämmung wird raumseitig als nächste Schicht die Dampfbremse aufgebracht. Diese Folie soll verhindern, dass Raumluftfeuchte in die Wärmedämmung eindringen kann. Dazu ist es aber nötig, dass sie entsprechend sorgfältig verlegt und an den Stößen und Bauteilanschlüssen mit geeigneten Materialien verklebt wird. Bei konstruktiven Problemen im Dachgeschossausbau sind zumeist fehlerhaft verlegte Dampfbremsen die Ursache. Deshalb muss im Zusammenhang mit der Bauleitung hierauf ein besonderes Augenmerk gelegt werden.

Geforderte Gesamtdämmstärke sicherstellen

Üblicherweise liegen die Sparrenhöhen älterer Dachstühle je nach Spannweite bei 12 cm bis 14 cm. Wenn nun etwa 4 cm der Sparrenhöhe für die Hinterlüftung der Konstruktion frei gehalten werden müssen, so verbleiben für die Dämmung zwischen den Sparren maximal 8 cm bis 10 cm. Diese Dämmstärken sind nach heutigen Maßstäben bei Weitem nicht ausreichend. Deshalb ist dringend anzuraten, dass raumseitig innerhalb der Dampfbremse eine weitere Dämmebene aufgebracht wird, die dann die benötigte Gesamtdämmstärke sicherstellt. Diese Dämmebene, die Untersparrendämmung, hat darüber hinaus den Effekt, dass die Dampfbremse beim Einbau von Elektroinstallationen, Kabelführungen und Auslässen nicht durchbrochen und aufwendig wieder angedichtet werden muss. Bei einer quer zu den Sparren verlegten Konterlattung werden zusätzlich Wärmebrücken reduziert, was das künftige Klima im ausgebauten Dachraum weiter verbessert.

Raumseitiger Abschluss

Der raumseitige Abschluss der gedämmten Dachkonstruktion wird je nach Geschmack und Brandschutzauflage z. B. mit einer Holzvertäfelung, Gipskarton- oder Brandschutzplatten ausgeführt, die dann nur noch vom Maler abschließend beschichtet werden müssen.

Dachraum für künftige Nutzung von außen dämmen

Wenn die Dacheindeckung saniert werden muss, dann bietet es sich an, in diesem Zusammenhang die Dämmeigenschaften der Dachkonstruktion auf heutigen Standard anzuheben. In diesem Fall liegt es auf der Hand, die Arbeiten von außen vorzunehmen, was den eventuell bereits ausgebauten Dachraum nicht oder zumindest nur in Teilbereichen mit einer Baustelle beaufschlagt. Mit einigen Abwandlungen wird in diesem Fall von außen ein Schichtaufbau hergestellt, der sich von innen nach außen wie folgt darstellt:

Aufbau der Dachschichten

❶ Raumseitige Bekleidung (z. B. Gipskartonplatten),
❷ Dampfbremse / Dampfsperre,
❸ Zwischensparrendämmung,
❹ Aufsparrendämmung,
❺ Unterdach,
❻ Dachdeckung.

Anhebung des Dachaufbaus

Wie Sie sehen, entfällt die Möglichkeit der raumseitigen Untersparrendämmung. Stattdessen wird auf den Sparren eine weitere Dämmebene, die Aufsparrendämmung eingeführt. Dadurch wird die Höhe des Dachaufbaus angehoben, was üblicherweise genehmigungsrelevante Aspekte auslöst. Im Einzelnen wären Abstandsflächenprobleme, Überschreitung eventuell vorgeschriebener Wand- und Gebäudehöhen denkbar, die bei solchen Sanierungen im Vorfeld geklärt werden müssen, damit Probleme mit der Nachbarschaft oder den Behörden vermieden werden.
Weitere Konsequenzen aus einer Aufsparrendämmung sind die notwendige Anpassung der Verblechungen, Dachrinnen und Regenrohre. In der Abfolge aneinandergereihter Gebäude entstehen unschöne Versätze in der Dachfläche, wenn nicht alle Dachflächen in einem Zuge energetisch saniert werden.

Expertentipp

Einzelschritte gut kontrollieren

Lassen Sie den Schichtenaufbau der Dachdämmung bauphysikalisch untersuchen, damit Durchfeuchtungen der Konstruktion ausgeschlossen werden.

Der von Ihnen beauftragte Bauleiter wird die ordnungsgemäße Ausführung der einzelnen Ausführungsschritte exakt kontrollieren und dokumentieren, besonders die lückenlose Ausführung und die korrekten Anschlüsse bei Materialwechseln und Durchdringungen.
Lassen Sie sich bei Eigenleistungen zur Schadensvermeidung entsprechend vorher kompetent beraten. Eventuell eingespartes Geld wird sonst schnell für die Mängelbeseitigung wieder aufgebraucht.

Umlage auf den Mieter

Auch bei der Modernisierung von Steildächern kann der Mehraufwand, der durch die Ertüchtigung der Wärmedämmung entsteht, auf die Mieter umgelegt werden. Dazu kommen noch die Aufwendungen, die bei der Anlage neuer Dachterrassen oder beim Einbau neuer Dachflächenfenster entstehen.

Wertzuwachs

Der Wertzuwachs umfasst die Leistungen, durch die nachhaltige Energieeinsparungen ermöglicht werden und die eine Wohnwertverbesserung darstellen. Im Falle des Steildaches also die zusätzliche Dämmung sowie der Aufwand für neue Dachterrassen und zusätzliche oder höherwertige Dachflächenfenster.

Genehmigungspflicht

Unter Umständen genehmigungspflichtig

Bei der Verbesserung der Wärmedämmung muss die Dachhaut angehoben werden, wenn die Dämmung nach oben verstärkt wird. Dadurch werden sich die nötigen Abstandsflächen ändern; dies löst eventuell ein genehmigungspflichtiges Verfahren aus, bei dem die betroffenen Nachbarn zu beteiligen sind.
Wenn die Wärmedämmung im Inneren des Dachraumes verstärkt wird, so handelt es sich um ein genehmigungsfreies Vorhaben, bei dem aber die Anforderungen der Energieeinsparverordnung (Mindestwärmeschutz) einzuhalten sind. Der nachträgliche Einbau von Dachflächenfenstern kann genehmigungsfrei sein, der Einbau von Dachterrassen in Dacheinschnitten ist wiederum normaler-

weise genehmigungspflichtig. Sie sehen: Eine fallweise konkrete Beratung durch einen Architekten ist nötig und sinnvoll.

Expertentipp

Achtung beim Dachgeschossausbau

Auch wenn ein Dachgeschossausbau genehmigungsfrei sein sollte, so gilt es zu beachten, dass dadurch andere Verpflichtungen entstehen können. So kann durch eine neue Wohneinheit beispielsweise ein erweiterter Stellplatzbedarf ausgelöst werden.

Flachdächer

Lebensdauer von Flachdächern

Flachdächer weisen eine Lebensdauer von ca. 30 bis 40 Jahren auf. Wenn sie regelmäßig professionellen Inspektionen unterzogen werden, dann auch länger.

Bauteil	**Lebensdauer**
Flachdach	ca. 30–40 Jahre

Wartungen an Flachdächern

So müssen unter anderem die Abläufe regelmäßig kontrolliert und gereinigt werden; keimende Pflanzen, die sich durch Samenflug ansiedeln, müssen immer wieder entfernt werden, weil sie Flachdachabdichtungen erheblich schädigen können.

Bei Flachdächern bietet sich bei anstehenden Reparaturen an, im großen Stil eine Modernisierung vorzunehmen. Wenn bei einem Flachdach wiederholt Undichtigkeiten auftreten, dann ist es zumeist wenig sinnvoll, diese aufwendig zu suchen und dann einzeln nachzubessern. Erstens sind die tatsächlich undichten Stellen meist schwer zu finden, weil die Abdichtungen häufig hinterläufig sind und das eindringende Wasser sich erst einmal gut verteilen kann, bevor es an anderer Stelle wieder austritt. Zweitens sind das Sanierungspotenzial und die Chancen der Sanierung bei alten Flachdächern sehr groß.

Aus diesen Gründen sollte man bei undicht werdenden Flachdächern sehr bald in Erwägung ziehen, diese umfassend zu sanieren und in diesem Zuge zu modernisieren.

Verbesserung der Dämmung

Nach heutigen Maßstäben sind die Dämmschichten unter älteren Flachdächern als völlig unzureichend anzusehen. Entsprechend groß ist das Modernisierungspotenzial, wenn im Zuge von Reparaturen die Dämmstärke mit zeitgemäßen höherwertigen Materialien in aktuell angezeigter Materialstärke aufgewertet wird.

Expertentipp

Dämmstärke

Wenn Sie sich dafür entscheiden, bei der Dämmstärke eher mehr als heute nötig ausführen zu lassen, sind Sie für die Zukunft gerüstet!

PRAXISBEISPIEL

Renovierung Flachdach

1 m^2	Vorhandene Dachdeckung eines Flachdaches und Unterkonstruktion abnehmen und entsorgen, neue bituminöse Abdichtung mit Unterkonstruktion mit Wärmedämmung	ca. 120–200 €

Preise inkl. 19 % MwSt., Stand 2009

Hohes Einsparungspotenzial

Flachdächer machen normalerweise einen großen Anteil an den gesamten Hüllflächen eines Gebäudes aus. Dementsprechend groß sind die Einsparungspotenziale in Bezug auf den Heizenergieverbrauch.

Zumeist kommen Dämmstoffe aus Polystyrol (PS), Polyurethan (PUR), Mineralfaser oder Schaumglas zur Verwendung, wegen der Materialkosten hat sich Polystyrol (PS) besonders bei Betondächern durchgesetzt.

Expertentipp

Rat vom Fachmann einholen

Lassen Sie im Vorfeld bitte vom Fachmann gründlich untersuchen, welche Bauteilanschlüsse an das modernisierte Flachdach überarbeitet werden müssen. Denken Sie auch an Durchdringungen, Ausgänge, Wandanschlüsse.
Bei der Modernisierung eines Flachdaches muss der Schichtenaufbau bauphysikalisch untersucht werden, damit künftige Bauschäden vermieden werden können.

Folgende Anforderungen stellt die EnEV 2009 bei Änderungen an Flachdächer:

Anforderungen der EnEV 2009

Bauteil	**Anforderungen EnEV 2009 bei Wohngebäuden, U-Wert maximal**
Flachdächer	0,20 W/ (m^2K)

Anforderungen beim Bauteilverfahren gemäß Anlage 3, Tabelle 1

Bei der Sanierung von Flachdächern macht es Sinn zu überprüfen, ob eine weitere Aufwertung das Dachbereiches durch Erweiterungen von vorhandenen oder Einrichtung von neuen Dachterrassen möglich ist.
Tipps zur Begrünung von Flachdächern:

Maßnahmen zur Begrünung

- Die Begrünung von Flachdächern im Zuge der Sanierung kann eine erhebliche Aufwertung darstellen. Es gibt erprobte Systeme, die ihre Funktionsfähigkeit schon umfangreich seit Langem bewiesen haben.
- Der Beitrag zur Verbesserung des Kleinklimas besonders in städtischen Umgebungen sollte nicht unterschätzt werden.
- Prüfen Sie die Möglichkeiten einer Bezuschussung bei der Einrichtung einer Dachbegrünung!

Nutzen Sie eventuell reduzierte Abwasserkosten durch ein begrüntes Flachdach!

Wohnungen unter Flachdächern könnten möglicherweise durch den Einbau von Oberlichten erheblich aufgewertet werden, wenn so Räume oder Flure natürlich belichtet werden, die bisher nur über künstliche Beleuchtung verfügten.

Umlage auf den Mieter

Alle Kosten, die über die reine Sanierung hinausgehen, können entsprechend auf den Mieter umgelegt werden. Das wäre im Fall der Flachdachmodernisierung die aufgewertete Wärmedämmung, die Erweiterung der Dachterrasse, das neu eingebaute Oberlicht.

Wertzuwachs

Der Mehrwert, den die zusätzliche Dämmung darstellt, die neuen oder erweiterten Dachterrassen sowie die neu erstellten Oberlichte im Flachdach addieren sich zu dem Wertzuwachs, der durch die Modernisierung entsteht.

Genehmigungspflicht

Wenn bei der Modernisierung von Flachdächern alte Dachterrassen erweitert oder neue errichtet werden, dann kann es sich um ein genehmigungspflichtiges Vorhaben handeln. Beim Einbau von Oberlichten müssen besonders die Anforderungen des Brandschutzes beachtet werden.

Brandschutz bei Oberlichten beachten

Expertentipp

Geländer von Dachterrassen

Beachten Sie bitte, dass nach der Verbesserung der Dämmstärken Ihres Flachdaches voraussichtlich die umfassenden Geländer erhöht werden müssen, weil sich die Belagstärke des Flachdaches erhöht hat.

Lassen Sie sich durch Ihren Architekten beraten; unliebsame Überraschungen können Sie so im Vorfeld vermeiden. Gerade die Modernisierung eines Flachdaches ist eine komplexe Bauaufgabe, die Sie nicht ohne unabhängige Beratung durchführen lassen sollten.

Balkone

Thermisch getrennte Stahlbetonplatten

Eine der gravierendsten Wärmebrücken stellen auskragende Stahlbetonplatten dar, die nicht thermisch getrennt ausgeführt wurden. Die radikalste Abhilfe besteht darin, die Balkonplatten abzuschneiden und neue Balkone, beispielweise aus Holz oder Stahl, als eigenständige Konstruktionen vor die Fassaden zu stellen. Verständlicherweise handelt es sich hierbei um eine äußerst aufwendige und teure Lösung.
Oft genügt es schon zur Vermeidung von Schimmelbildung, wenn die Fassaden gedämmt werden. Dadurch kann der Taupunkt an den Balkonplatten schon so weit nach außen verlegt werden, dass der Schimmelbefall vielleicht schon beseitigt wird. Die Wärmebrücke bleibt jedoch bestehen, mit allen damit verbundenen Risiken. Diese Situationen müssen sehr differenziert untersucht und geprüft werden.
Eine weitere Möglichkeit besteht darin, die ganze Balkonplatte allseits in geeignetes Dämmmaterial einzupacken und an der Oberseite mit einer neuen Abdichtung und Oberbelag zu versehen. Anpassungen bei den Balkontüren, den Geländerhöhen und Aufkantungen am Übergang zum Gebäude sowie Klärung der Entwässerungssituation stellen dabei anspruchsvolle Herausforderungen an den Planer dar.

Keller

Feuchteschäden im Keller

Alte Keller weisen oft Schäden durch Feuchtigkeit auf. Feuchtigkeitsisolierungen sind entweder nicht oder nicht korrekt ausgeführt worden oder sind heute nicht mehr funktionsfähig. Meist können Feuchteschäden ganz einfach vorab durch Geruch ausfindig gemacht werden. In einem trockenen Keller riecht es ganz anders als in einem feuchten. Wenn dann noch absandende Innenputze, Salzausblühungen oder abblätternde Farbbeschichtungen festgestellt werden, dann sind die ersten Feuchteschäden bereits aufgetreten.

Befall durch Schimmel oder Schwamm kann die weitere Folge sein. Bei dem Verdacht auf Schwammbefall ziehen Sie auf jeden Fall einen Fachmann hinzu, in verschiedenen Fällen besteht eine behördliche Meldepflicht – und im schlimmsten Fall steht die komplette Zerstörung des Gebäudes zu befürchten.

Expertentipp

Echter Hausschwamm

Für den echten Hausschwamm besteht in den meisten Bundesländern Deutschlands eine behördliche Meldepflicht!

Doch auch mit Schimmelbildung ist nicht zu Spaßen, Schimmelsporen sind häufig gesundheitsschädlich; deshalb sollte man der Ursache möglichst schnell auf den Grund gehen und den Befall bekämpfen.

Keller richtig lüften

Ursache für feuchte Keller kann auch falsches Verhalten beim Lüften sein: Wenn die Außenluft wärmer ist als die Oberflächentemperatur der Wände, dann schlägt sich die in der warmen Luft gehaltene Luftfeuchtigkeit an den kalten Wänden nieder. Besonders in kühlen Kellern kommt es so im Sommer häufig zu Schwierigkeiten. Sinnvoll ist in diesem Fall, die kühlere Tageszeit zum Lüften zu nutzen und während der Hitze des Tages die Fenster zu schließen.

Gegen aufsteigende Feuchte gibt es Verfahren, bei denen Edelstahlbleche in Abschnitten horizontal in die Kellermauern getrieben werden.

Freilegen der Kellerwände

Zur Abdichtung der Kellerwände von außen muss der Keller in den betroffenen Bereichen freigelegt und von außen abgedichtet werden. Dabei ist zu raten, auf diese Abdichtung eine Wärmedämmung aufzubringen. Dadurch wird die Oberflächentemperatur der Kellerwände nicht mehr so abkühlen und außerdem schützt die Wärmedämmung die Abdichtung vor mechanischen Beschädigungen, wie sie schon beim Hinterfüllen der Baugrube nach Beendigung der Abdichtungsarbeiten auftreten können. Darüber hinaus wird die Abdichtung geschützt vor allzu großen thermischen Schwankungen und Bewegungen.

PRAXISBEISPIEL

Kellerabdichtung außen

Kellerwand außen vertikal abdichten wie folgt:

	Freilegen des Kellers	
	Abdichtung der Kellerwand	
	Hinterfüllen der Baugrube	
	ohne Wandsanierung	
	ohne Pflasterarbeiten	
	ohne Pflanzarbeiten	
	ohne Traufstreifen	
1 m^2	je nach Verfahren	ca. 300–450 €

Preise inkl. 19 % MwSt., Stand 2009

Kellerabdichtung innen

	Kellerwand innen vertikal abdichten	
	Mit Vorarbeiten	
1 m^2	je nach Verfahren	ca. 35–60 €

Preise inkl. 19 % MwSt., Stand 2009

Expertentipp

Wärmeverlust der Kellerwand reduzieren

Eine Kelleraußenwand eines Gebäudes von 1960 weist einen U-Wert (Maß für die Wärmedämmeigenschaft) von etwa 1,0 W/ m^2K auf. Durch die Anbringung einer zusätzlichen Wärmedämmung lässt sich dieser Wert auf unter 0,3 W/ m^2K senken. Das entspricht einer Reduzierung des Wärmeverlusts auf etwa ein Drittel des Ausgangswerts.

PRAXISBEISPIEL

Kellerdämmung außen

1 m^2	Wenn eine Kellerwand schon freigelegt ist, empfiehlt sich, gleich eine Wärmedämmung (Perimeterdämmung) mit aufbringen zu lassen; die Mehrkosten hierfür betragen	ca. 35–40 €

Preise inkl. 19 % MwSt., Stand 2009

Im Zug der Renovierung einer Kellerwand von außen kann dann auch eine etwa defekte Drainage mit geringem Mehraufwand erneuert werden.

1 lfm	Drainrohr in Verbindung mit der vertikalen Abdichtung einer Kellerwand von außen mit Anschluss an das Abwassernetz bzw. die öffentliche Sickergrube	ca. 45 €

Preise inkl. 19 % MwSt., Stand 2009

Übergang Keller zum Erdgeschoss

Ein besonderes Augenmerk bei der Kellerabdichtung gilt der richtigen Sockelausbildung, also dem Übergang des Kellers in das Erdgeschoss, und dem Anschluss des Geländes an das Gebäude.

Umlage auf den Mieter

Wenn durch die Maßnahmen im Keller der Wohnwert dauerhaft erhöht oder zusätzlicher Wohnraum geschaffen wird, so sind die Anteile dieser Maßnahmen auf den Mieter umzulegen.

Wertzuwachs

Zusätzlicher Wohnraum

Ein sanierter Keller trägt ganz erheblich zum dauerhaften Fortbestand eines Gebäudes bei. Der Wertzuwachs kann auf dieser Ebene nicht hoch genug eingeschätzt werden. Wenn zusätzlich neuer Wohnraum geschaffen wird, dann erhöht sich dadurch die vermietbare Fläche, was wiederum beim Wertzuwachs zu Buche schlägt.

Genehmigungspflicht

Einen schadhaften Keller zu sanieren unterliegt keiner Genehmigungspflicht. Beachten Sie jedoch die statischen Gegebenheiten, wenn der Keller abgegraben werden muss. Entsprechende Fachleute beraten Sie hierzu sicher gerne im Einzelfall.

Expertentipp

Achtung beim Freilegen des Kellers

Es besteht die Gefahr des Grundbruches. Das bedeutet, dass der Boden unter den Fundamenten wegen der Belastung einerseits und der wegfallenden Druckverteilung andererseits dann seitlich ausweichen und so das Gebäude im schlimmsten Fall einstürzen kann. Strömendes Grundwasser erhöht die Gefahr eines Grundbruchs.
Zur Vermeidung des anstehenden Problems kann es nötig werden, den Keller in Abschnitten freizulegen.

Notwendige Zustimmung einholen

Wenn die Baugrube für das Freilegen des Kellers ganz oder teilweise auf Grundstücke der Nachbarn oder auf öffentlichen Grund fällt, so müssen Sie entsprechend vorher die jeweiligen Zustimmungen der Nachbarn oder der Gemeinde einholen.

Unbeheizter Keller

Die Dämmung des unteren Abschlusses des Gebäudes, die Kellerdämmung, rundet schließlich die Möglichkeiten der Energieeinsparungen ab.

Wärmedämmung im Kaltbereich

Dämmung der unteren Kellerdecke

Im Fall eines kalten, unbeheizten Kellers wird die Untersicht der Kellerdecke gedämmt. Der Aufwand hierfür hängt sehr von den Installationen ab, die im Keller an der Deckenuntersicht verzogen sind. Verkabelungen, Heizleitungen, Wasser- und Abwasserleitungen können den Aufwand für die Dämmarbeiten erheblich erhöhen.

Zur Vermeidung von Wärmebrücken ist es empfehlenswert, an den Kellerinnen- und Außenwänden jeweils noch einen Streifen von ungefähr 50 cm von der Decke nach unten mitzudämmen. Sonst wird über die Wände die Kälte nach oben in den beheizten Bereich eingetragen.

Sockelbereich außen dämmen

Zur Vermeidung der Wärmebrücke im Bereich des Sockels ist es zusätzlich unabdingbar, den Sockelbereich von außen mitzudämmen. Üblicherweise geschieht das in einem Zug mit der Dämmung der Außenwände. Falls aber zunächst die Kellerdämmung als Einzelmaßnahme ansteht, dann muss die Sockeldämmung außen am oberen Abschluss mit einer Verblechung abgedeckt werden. Dass im Sockelbereich ein Oberputz verwendet wird, der spritzwasserresistent sein muss, ist selbstverständlich.

Die Keller- und Sockeldämmung kann auch bei Schimmelproblemen im Erdgeschoss Abhilfe schaffen, weil die übermäßige Abkühlung im Fußbodenbereich verringert und dadurch die Gefahr des Niederschlages der Raumluftfeuchte an den ausgekühlten Bauteilen reduziert wird.

Dämmung im Warmbereich

Gedämmten Bodenaufbau verwenden

Neben der Möglichkeit, einen unbeheizten Keller im Kaltbereich zu dämmen, besteht die Option, in den Erdgeschossbereichen den vorhandenen Bodenaufbau aufzunehmen und durch einen gedämmten zu ersetzen. Die Türhöhen stellen hier oft begrenzende Parameter dar. Nicht so sehr in „echten" Altbauten, wo die Türhöhen zumeist komfortabel bemessen sind. Wenn die angetroffenen Türhöhen nur bei knapp zwei Metern liegen, dann ist eine Reduzierung der Durchgangshöhe nicht anzuraten. Eventuell müssen dann die Türstürze erhöht und neue Innentüren gesetzt werden.

Überprüfen Sie auch die lichte Raumhöhe, die durch Bodenaufdoppelungen nicht unzulässig reduziert werden sollte. Beachten Sie auch die Brüstungshöhen an den Fenstern, damit die Absturzsicherung gewährleistet bleibt. Ein weiteres Augenmerk muss auf die Anschlusshöhen an den Wohnungs- und Terrassentüren gelegt werden.

Je nach Situation kann eine erhebliche Verbesserung der Wärmedämmung schon dadurch erreicht werden, dass die heute erhältlichen Baumaterialien erheblich verbesserte Dämmeigenschaften aufweisen. Es ist deshalb durchaus möglich, dass unter Beibehaltung der Aufbauhöhen bereits ausreichende Verbesserungen der Dämmwerte erzielt werden können.

Beheizter Keller

Besser außen als innen

Soll ein beheizter Keller nachträglich gedämmt werden, so stellt sich zunächst die Frage, ob die Dämmung außen oder innen angebracht werden soll. Wie im Kapitel über Außenwände bereits dargestellt, ist die Außendämmung bauphysikalisch einer Innendämmung vorzuziehen, das gilt sinngemäß auch für Kellerdämmungen.

PRAXISBEISPIEL

Kellerinnendämmung

1 m^2	Kellerinnendämmung von innen mit Vormauerung mittels Kalziumsilikatplatten oder vergleichbarem Material	ca. 100 €

Preise inkl. 19 % MwSt., Stand 2009

Nun besteht bei der nachträglichen Dämmung der Außenseite von Kellerwänden der Mehraufwand, dass die Wände zuerst freigelegt werden müssen, was je nach Situation erheblichen Aufwand bedeuten kann, nachdem die Außenanlagen nach der Baumaßnahme wiederhergestellt werden müssen und das Freilegen teilweise nur in aufwendiger Handarbeit möglich sein könnte.

Perimeterdämmung

Soll nun ein Keller von außen gedämmt werden, kommt sogenannte Perimeterdämmung zum Einsatz. Diese ist druckfest und wasserbeständig. Wichtig ist, dass der Anschluss oben an die Außenwanddämmung lückenlos ohne Wärmebrücken hergestellt wird, sonst droht an diesen Stellen Schimmelgefahr.
Folgende Anforderungen stellt die EnEV 2009 bei Änderungen an Wände gegen Erdreich:

Bauteil	Anforderungen EnEV 2009 bei Wohngebäuden, U-Wert maximal
Wände gegen Erdreich	0,30 W/ (m^2K)

Anforderungen beim Bauteilverfahren gemäß Anlage 3, Tabelle 1

Für den Fall, dass ein feuchter Keller abgedichtet werden soll, lassen sich beide Vorgänge ideal kombinieren. Das Freilegen des Kellers ist schon alleine für die Abdichtungsarbeiten nötig und die Kelleraußendämmung schützt dann zusätzlich die Feuchtigkeitsisolierung vor Beschädigungen.

Nicht unterkellerte Gebäudeteile

Bei einem Gebäude ohne Unterkellerung, nicht unterkellerten Gebäudeteilen oder dem Kellerboden selbst wird es schwieriger, einen ordnungsgemäß wärmegedämmten Fußbodenaufbau nachzurüsten.

Richtige Dämmstärke wählen

Dann muss der Fußbodenaufbau im beheizten Bereich erneuert werden. Dabei ist die Dämmstärke zu wählen, die gerade noch ohne Änderung der Türhöhen zu realisieren ist. Wenn bei den Türhöhen kein Spielraum besteht, dann muss eventuell der gesamte Unterboden entfernt und tiefergelegt werden. Dabei können dann gleich Maßnahmen getroffen werden, die aufsteigende Erdfeuchte abzusperren.

Der Aufwand, den Fußboden in nicht unterkellerten Gebäudeteilen ordnungsgemäß zu sanieren, ist beträchtlich, die Ergebnisse können wegen konstruktiver Zwangspunkte oft nur Kompromisse sein.

Die Angabe in der Kostenübersicht muss wegen des vermutlich hohen Anteils von Handarbeit für die örtlichen Gegebenheiten jeweils gründlich neu ermittelt werden.

PRAXISBEISPIEL

Dämmung Kellerfußboden oder nicht unterkellerte Bereiche

1 m^2	Bauwerkssohle tieferlegen und neue Betonplatte mit Abdichtung und Wärmedämmung einbauen	Mindestens ca. 350 €

Preise inkl. 19 % MwSt., Stand 2009

Folgende Anforderungen stellt die EnEV 2009 bei Änderungen an Fußbodenaufbauten:

Anforderungen der EnEV 2009

Bauteil	**Anforderungen EnEV 2009 bei Wohngebäuden, U-Wert maximal**
Fußbodenaufbauten	0,50 W/ (m^2K)

Anforderungen beim Bauteilverfahren gemäß Anlage 3, Tabelle 1

Kontrolle der Ausführung

Die ständige Begleitung der energetischen Sanierung ist ein wichtiger Bestandteil für das Gelingen der Gesamtmaßnahmen. Besonders an den Berührungs- und Übergabepunkten der einzelnen Gewerke ist die Überwachung wichtig. Bedeutsam ist gerade die Kontrolle von Arbeiten, die später durch nachfolgende Arbeitsschritte nicht mehr überprüft werden können.
Die Bauleitung ist ein wichtiger Bestandteil der Planung. Die Kostenkontrolle und die Qualität der Ausführung werden davon profitieren. Zusätzlich gibt es noch folgende technische Möglichkeiten, die Qualität einer energetischen Sanierung zu kontrollieren:

Kontrolle der Sanierung

- Blower-Door-Test,
- Thermografie.

Blower-Door-Test

Der Blower-Door-Test wird eingesetzt, um die Dichtigkeit der Bauausführung zu überprüfen. Hierzu wird in einer bestimmten Bauphase, zu der die Baustelle eigentlich „dicht“ sein sollte, in eine Tür oder ein Fenster eine Spezialtür eingebaut, die mit einem Ventilator ausgestattet ist. Mit diesem Ventilator wird im zu untersuchenden Gebäude ein Über- oder Unterdruck aufgebaut. Messgeräte stellen fest, welche Luftwechselrate vorliegt. Undichte Stellen im Gebäude werden mit der Hand registriert, bei kleineren Undichtigkeiten wird mit Rauchspendern oder Luftgeschwindigkeitsmessung gearbeitet.

Überarbeitung der Leckagen

Die festgestellten Leckagen können noch relativ einfach überarbeitet werden, wenn der Test in der richtigen Bauphase durchgeführt wird.

Die Luftdichtigkeit eines Gebäudes ist deshalb von besonderer Bedeutung, weil durch die undichten Stellen ständig und unkontrolliert die teuer erwärmte Raumluft entweicht, die dann wieder aufwendig neu temperiert werden muss.

Thermografie

Die Thermografie wird in der Werbung oft eingesetzt, um Wärmeverluste aufzuzeigen. Tatsächlich sind diese Darstellungen besonders für den Laien oft sehr eindrucksvoll. Dem Fachmann geben sie jedoch nur selten wirkliche Aufschlüsse über Konstruktionsmängel, da sich Wärmebrücken und energetisch ungünstige Konstruktionen zumeist alleine durch den Augenschein zeigen.

Aufnahmen mit Wärmebildkameras

Wer den Sinn und Erfolg von energiesparenden Maßnahmen durch eine Wärmebildkamera optisch dargestellt haben möchte, der kann sich durch die Gegenüberstellung von Aufnahmen die Zustände vorher und nachher eindrucksvoll belegen lassen.

Tipps zum Energiesparen

Eigenes Verhalten überprüfen

Nicht nur Immobilien können Energieverschwender sein. Der „Faktor Mensch“ ist mit seinen Gewohnheiten ein wichtiger Baustein im Gesamtkonzept energiesparender Maßnahmen. Was hilft es, wenn das Gebäude optimal energetisch saniert ist, aber ständig im Winter das Fenster offen steht? Deshalb im Folgenden noch einige Anregungen, das eigene Verhalten zu überprüfen:

Heizen

- Nutzen Sie die Möglichkeit, die Raumtemperatur nachts abzusenken. Senken Sie aber nicht um mehr als 5 °C ab, weil sonst für das Aufheizen am nächsten Morgen zu viel Energie verbraucht wird.

Richtig heizen

- Heizkörper sollen die Wärme ungehindert an die Räume abgeben können. Deshalb ist es besser, sie nicht durch schwere Vorhänge oder Verkleidungen abzudecken.
- Türen zu kühleren Räumen sollten möglichst geschlossen werden. Einerseits werden sonst die kühleren Räume mitgeheizt, andererseits bewirkt der Luftaustausch verschieden warmer Räume einen ungünstigen Anstieg der relativen Luftfeuchte in den kühleren Räumen.
- Die Raumtemperatur um 1 °C abzusenken spart jeweils etwa 6 % der Heizenergie. Eine Absenkung von 22 °C auf 19 °C spart folglich schon 18 % der Kosten! Trotzdem sollte man es mit der Absenkung der Raumtemperatur nicht übertreiben, weil die Gefahr von Schimmelbefall sonst zunimmt.

Senken Sie die Raumtemperatur nur um 1 °C ab, können Sie ohne großen Aufwand bis zu 6 % Ihrer Heizkosten sparen.

- Auch kühlere Räume sollten deshalb nicht kälter als 14 °C bis 16 °C sein.

- Heizkörper müssen entlüftet werden, wenn sie gluckern oder nicht gleichmäßig warm werden.
- Eine dauerhafte Absenkung der Raumtemperatur, beispielsweise während des 14-tägigen Winterurlaubs, sollte nicht zu niedrig ausfallen. Im Extremfall riskieren Sie sonst einen Frostschaden. Bedenken Sie außerdem, dass der Energieaufwand ungleich größer ist, wenn die völlig ausgekühlten Ziegelwände wieder aufgewärmt werden müssen. Lassen Sie deshalb die Heizung auf ungefähr 15 °C durchlaufen.
- Bei Gebäuden aus Holz stellt sich die Situation anders dar. Dort ist der Energieaufwand nicht so groß, wenn eine ausgekühlte Wohnung wieder auf Betriebstemperatur gebracht werden soll.

Wasser- und Warmwasserverbrauch

- Einmal Duschen spart ca. 80 Liter gegenüber einem Vollbad in der Badewanne.
- Wassersparluftsprudler (Perlatoren) senken nicht nur den Wasser-, sondern auch den Energieverbrauch.

Sparsamer Wasserverbrauch

Lüften

- Was Sie unbedingt vermeiden sollten, sind dauerhaft gekippte Fenster während der Heizperiode. Besser Stoßlüften. Man geht davon aus, dass Fenster, die ständig gekippt sind, den Energieverbrauch vervierfachen gegenüber einer vernünftigen Stoßlüftung.
- Alle Räume lüften und die Häufigkeit des Lüftens erhöhen nach dem Baden oder Duschen, Kochen etc.

Nach dem Duschen lüften

- Beim Lüften die Heizkörper abschalten.
- Möbel nicht zu nah an die Außenwand stellen, damit dahinter Luft zirkulieren kann.
- In der Wohnung keine Wäsche trocknen. Wenn es nicht zu vermeiden ist, dann vermehrt lüften.
- Möglichkeiten der Lüftungstechnik nutzen, Technik nicht stilllegen durch falsches Programmieren.
- Die relative Luftfeuchte überprüfen.
- Je kühler ein Raum gehalten wird, desto öfter muss er gelüftet werden.

- Fensterläden oder Rollläden nachts schließen – das reduziert Wärmeverluste an den Fenstern.

Strom sparen

- Der Stand-by-Betrieb von Elektrogeräten verursacht geschätzte 11 % des Stromverbrauchs der privaten Haushalte. Deshalb: Geräte ganz ausschalten, wenn möglich. Sie erkennen den Stand-by-Betrieb beispielsweise an kleinen leuchtenden Kontrollanzeigen oder Uhrzeitanzeigen.

Sparsame Kühlgeräte kaufen

- Der Löwenanteil des Stromverbrauchs im Haushalt von ca. 20 % geht auf Kühlschränke und Gefriertruhen zurück. Hier lohnen energiesparende Geräte also am meisten.

Im Vergleich dazu können Energiesparlampen nur weniger einsparen, weil die privaten Haushalte nur ca. 8 % ihres Energieverbrauchs für Beleuchtung aufwenden. Trotzdem ist ihr Einsatz sinnvoll. In der EU wird angestrebt, bis 2012 alle Glühbirnen und bis 2016 die Halogenbeleuchtungen aus dem Handel zu nehmen. Bereits seit Herbst 2009 dürfen aus diesem Grund in Deutschland besonders starke und matte Glühbirnen nicht mehr verkauft werden.

✓ SCHRITT-FÜR-SCHRITT-GUIDE

Die Renovierung planen

Diese Schritt-für-Schritt-Anleitung führt Sie durch die erste wichtige Phase rund um die Renovierungsvorbereitung. In dieser Phase machen Sie zunächst eine Bestandsaufnahme, um anschließend die unterschiedlichen Möglichkeiten abzuwägen.

Formular auf CD-ROM

Diese Punkte sollten Sie bei der Renovierung beachten:

Heizung:

Bestandsaufnahme – Überprüfen Sie den Ist-Zustand anhand folgender Kriterien

☐ Baujahr der Heizungsanlage

....

☐ Energieeffizienz des Heizsystems

....

☐ Brennstoff, Lagerung

....

☐ Art und Dämmzustand der Heizverteilung

....

☐ Übergabe der Heizwärme an die Räume (Heizkörper, Thermostate etc.)

....

☐ Abgasanlage (Kamin)

....

☐ Steuerung der Heizanlage (Temperatur und Zeit)

....

☐ aktuelle oder künftige Verpflichtungen zur Außerbetriebnahme der Heizung (alte Heizkessel oder Elektro-Nachtspeicherheizsysteme)

....

Untersuchen Sie die Möglichkeiten

- ☐ Brennstoff, Lagerung

....

- ☐ alternative Energiequellen
- • Solar
- • Erdwärme (Flächenkollektoren, Erdsonden)
- • Wärmepumpe (Luft, Grundwasser)

....

- ☐ Abgasanlage (Kamin)

....

- ☐ Heizkörper/ Flächenheizung

....

- ☐ Möglichkeiten zur Heizverteilung

....

Treffen Sie die Entscheidung

....

Führen Sie die Renovierung durch

- ☐ gegebenenfalls Fachplaner einschalten
- ☐ Fördermöglichkeiten prüfen
- ☐ denken Sie an den hydraulischen Abgleich

Sie benötigen voraussichtlich:

- ☐ Heizungsbauer
- ☐ Maurer
- ☐ Maler

Sanitärinstallation:

Bestandsaufnahme – Überprüfen Sie den Ist-Zustand anhand folgender Kriterien

- ☐ vorhandene Sanitärkörper (Art und Zustand)

....

- ☐ Warmwasserbereitung (Art und Verteilung)

....

☐ Rohrsystem Frischwasser

....

☐ Rohrsystem Abwasser

....

☐ Schallübertragungen (Schallschutz)

....

☐ Lüftung in Sanitärräumen

....

Untersuchen Sie die Möglichkeiten

☐ behinderten- bzw. altengerechte Ausführung

....

☐ Sanitärkörper (Art und Standard)

....

☐ räumliche Anordnung

....

☐ Trennung WC/ Bad/ Dusche

....

☐ Boden- und Wandgestaltung

- Fliesen
- Naturstein
- Oberflächen

....

☐ Beleuchtung

....

☐ Möblierung

....

☐ Fußbodenheizung in Sanitärräumen

....

☐ Lüftung in Sanitärräumen

....

Treffen Sie die Entscheidung

....

Führen Sie die Renovierung durch

☐ gegebenenfalls Fachplaner einschalten

Sie benötigen voraussichtlich:

☐ Sanitärinstallateur
☐ Maurer
☐ Fliesenleger
☐ Elektriker
☐ Maler

Außenwand:

Bestandsaufnahme – Überprüfen Sie den Ist-Zustand anhand folgender Kriterien

☐ Material

....

☐ Qualität

....

☐ Wärmedämmung

....

☐ Schallschutz

....

☐ Erhaltungszustand

....

☐ Feuchteschäden

....

Untersuchen Sie die Möglichkeiten

☐ Bauvorschriften

....

☐ Grenzabstände

....

☐ Bebauungsplan

....

☐ künftiges Niveau der Wärmedämmung

....

- ☐ künftiges Niveau des Schallschutzes

  ....

- ☐ Konstruktionsmöglichkeiten

  ....

Treffen Sie die Entscheidung

....

Führen Sie die Renovierung durch

- ☐ gegebenenfalls Genehmigung einholen (Befreiungen oder Ausnahmen beantragen)

Sie benötigen voraussichtlich:

- ☐ Architekten oder Bauphysiker
- ☐ Maurer
- ☐ Maler

Fenster:

Bestandsaufnahme – Überprüfen Sie den Ist-Zustand anhand folgender Kriterien

- ☐ Rahmen (Material, Erhaltungszustand)

  ....

- ☐ Fugen, Dichtungen, Anschlüsse, Beschläge

  ....

- ☐ Verglasung (Zustand, energetische Qualität)

  ....

- ☐ Zubehör (Rollläden, Sonnenschutz, Fensterläden)

  ....

- ☐ Fensterbänke innen und außen

  ....

Untersuchen Sie die Möglichkeiten

- ☐ Überarbeitung der Rahmen

  ....

☐ Austausch der Verglasung

....

☐ nachträglicher Einbau von Dichtungen

....

☐ Gebäudegestaltung

....

☐ Fensteraustausch komplett

....

Treffen Sie die Entscheidung

....

Führen Sie die Renovierung durch

Sie benötigen voraussichtlich:

☐ Schreiner (Fensterbauer)
☐ Maurer
☐ Maler
☐ Bodenleger (bei Fenstertüren)

Elektroinstallation:

Bestandsaufnahme – Überprüfen Sie den Ist-Zustand anhand folgender Kriterien

☐ Anschlussleistung gesamt

....

☐ Absicherungen

....

☐ Qualität Haupt- und Unterverteilung

....

☐ Qualität Verkabelungen

....

☐ Einhaltung einschlägiger Vorschriften

....

☐ Ausstattung allgemein 220 V

....

☐ Ausstattung Schwachstrom

....

☐ Antennenanschlüsse (TV, Radio)

....

☐ Türstation (Klingel, Türöffner, Sprechstelle, Video)

....

☐ Computerverkabelung

....

Untersuchen Sie die Möglichkeiten

☐ angestrebtes Ausstattungsniveau (Schalter, Steckdosen)

....

☐ Computerverkabelung (Netzwerk)

....

☐ Bussystem

....

Treffen Sie die Entscheidung

....

Führen Sie die Renovierung durch

☐ gegebenenfalls Fachplaner einschalten

Sie benötigen voraussichtlich:

☐ Elektriker
☐ Maurer
☐ Maler

Geschossdecken:

Bestandsaufnahme – Überprüfen Sie den Ist-Zustand anhand folgender Kriterien

☐ Konstruktionen (statisch)

....

☐ Unterböden

....

☐ Oberböden (Nutzschichten)

....

☐ Schallschutz

....

☐ Abdichtungen

....

☐ besondere Beachtung:
- Dämmung oberste Geschossdecke
- Dämmung Kellerdecke

....

Untersuchen Sie die Möglichkeiten

☐ Abfangungen

....

☐ Schallschutz (Trittschall, Luftschall)

....

☐ Abdichtungen

....

☐ Wärmedämmung

....

Treffen Sie die Entscheidung

....

Führen Sie die Renovierung durch

☐ Lassen Sie die Statik gegebenenfalls vom Architekten oder Statiker beurteilen.

Sie benötigen voraussichtlich:

☐ Baumeister
☐ Zimmermann (je nach Material)
☐ Bodenleger (z. B. Parkett, Fliesen, Naturstein, Teppich)

Dach (Flachdach, geneigtes Dach, Dachentwässerung):

Bestandsaufnahme – Überprüfen Sie den Ist-Zustand anhand folgender Kriterien

☐ Dachkonstruktion

....

☐ Dachdeckung (Dichtungsebene)

....

☐ Wärmedämmung

....

☐ Dachflächenfenster/ Oberlichte

....

☐ Dachdurchdringungen

....

☐ Anschlüsse umlaufend

....

☐ Dachentwässerung

....

Untersuchen Sie die Möglichkeiten

☐ Dachdeckung

....

☐ Wärmedämmung

....

☐ Dachbegrünung

....

☐ Anschlüsse Nachbarbebauung

....

☐ Bauvorschriften (Abstandsflächen, Bebauungspläne)

....

☐ eventuell bauphysikalische Untersuchungen

....

Treffen Sie die Entscheidung

....

Führen Sie die Renovierung durch

- ☐ Lassen Sie sich gegebenenfalls von einem Architekten beraten (eventuell Befreiungen oder Ausnahmen beantragen).

Sie benötigen voraussichtlich:

- ☐ Dachdecker
- ☐ Spengler
- ☐ Baumeister

Das müssen Sie tun:
Diese Schritt-für-Schritt-Anleitung unterstützt Sie dabei, die Renovierung Ihrer Immobilie gezielt zu planen, die Ihnen zur Verfügung stehenden Möglichkeiten abzuwägen und die entsprechenden Fachleute auszuwählen.

So könnte Ihr ausgefüllter Check aussehen:

Heizung:

Bestandsaufnahme – Überprüfen Sie den Ist-Zustand anhand folgender Kriterien

☐ Baujahr der Heizungsanlage

1996

☐ Brennstoff, Lagerung

Heizöl, Heizöltanks im Keller

☐ Übergabe der Heizwärme an die Räume (Heizkörper, Thermostate etc.)

Flachheizkörper mit Thermostatventilen

☐ Steuerung der Heizanlage (Temperatur und Zeit)

Außentemperaturfühler, Nachtabsenkung

Untersuchen Sie die Möglichkeiten

☐ Brennstoff, Lagerung

Holzpelletheizung, Keller

☐ Alternative Energiequellen

- Solar
- Erdwärme (Flächenkollektoren, Erdsonden)
- Wärmepumpe (Luft, Grundwasser)

Solarkollektoren zur Unterstützung

usw.

Eine Mietwohnung rechtssicher renovieren und modernisieren

Eine Hauptpflicht des Vermieters ist es, die Mietsache dem Mieter nicht nur in einem zum vertragsgemäßen Gebrauch geeigneten Zustand zu überlassen, sondern diese auch während der gesamten Mietzeit in diesem Zustand zu erhalten (§ 535 BGB).

Reparaturaufwand und Mietverhältnis

Sind die Aufwendungen für die Instandsetzung unverhältnismäßig hoch, ist also die Opfergrenze überschritten, kann der Mieter die Mängelbeseitigung nicht verlangen. Dies ist der Fall, wenn ein krasses Missverhältnis zwischen Reparaturaufwand einerseits und Mieteinnahmen und Wert des Mietobjekts andererseits besteht (BGH-Urteil vom 20.7.2005, VIII ZR 342/03, NZM 2005, 820).

Was muss der Mieter dulden?

Nach § 554 Abs. 1 BGB hat der Mieter Maßnahmen zu dulden, die zur Erhaltung der Mietsache erforderlich sind. Nachdem der Vermieter seiner Erhaltungsverpflichtung uneingeschränkt nachkommen muss, muss ihm deren Durchführung auch durch den Mieter ermöglicht werden.

Instandsetzungs- und Instandhaltungsmaßnahmen

Daher gilt für Erhaltungsmaßnahmen im Gegensatz zu Modernisierungsmaßnahmen die Duldungspflicht des Mieters grundsätzlich uneingeschränkt, auch wenn sie für ihn oder einen Mitbewohner eine Härte bedeutet. Der Mieter hat daher sämtliche Störungen, welche mit den Erhaltungsmaßnahmen einhergehen wie z. B.

- Belästigungen durch Lärm, Erschütterungen und Schmutz sowie
- die Entziehung von Licht und Luft durch Aufstellen eines Baugerüsts nebst Gerüstschutzplane

zu dulden. Der Duldungsanspruch des Vermieters umfasst auch vorbereitende Maßnahmen, insbesondere die Gewährung des Zutritts zu seiner Wohnung mit Architekten und Handwerkern, um die Durchführung der Erhaltungsmaßnahmen zu planen. Der Mieter darf seine Bereitschaft zur Duldung der Erhaltungsmaßnahmen auch nicht von Gegenleistungen seitens des Vermieters, beispielsweise Leistung von Schadensersatz, Übernahme der Kosten für die Wiederherstellung, abhängig machen.

Lässt der Mieter den Duldungsanspruch des Vermieters gerichtlich überprüfen und wird er zur Duldung verurteilt, so hat er dem Vermieter Schadensersatz für die verzögerten Arbeiten ab dem Zeitpunkt zu leisten, in dem der Mieter Kenntnis von seiner Duldungspflicht hatte (AG Wedding, Das Grundeigentum 1984, 927; Schmidt-Futterer – Emmerich, 9. Auflage, § 554 BGB Rn. 33).

Keine Mitwirkungsverpflichtung

Der Mieter unterliegt indes keinerlei Mitwirkungsverpflichtung mit Ausnahme des Öffnens der Haustür. Der Mieter ist daher nicht verpflichtet z. B. Möbel umzustellen bzw. abzudecken, Zimmer aus- oder einzuräumen. Der Mieter darf jedoch die Arbeiten auch nicht behindern.

Was gilt für den Untermieter?

§ 554 Abs. 1 BGB gilt auch für den Untermieter, da auch ein Untermietverhältnis nur ein Mietverhältnis darstellt. Der Duldungsanspruch steht lediglich dem Hauptmieter gegenüber dem

Untermieter zu. Der Vermieter hat jedoch einen Anspruch gegenüber dem Hauptmieter, dass dieser den Untermieter zur Duldung veranlasst (Palandt/Weidenkaff, 66. Auflage, § 554 Rn. 2).
Eine spezialgesetzliche Norm beinhaltet § 4 Abs. 2 S. 2 HeizkostenV: Demnach hat der Nutzer die Anbringung von Ausstattungen zur Verbrauchserfassung des Wärme- und Warmwasserverbrauchs zu dulden.

Ankündigung der Maßnahme

Keine gesetzliche Verpflichtung

Eine Ankündigung von Erhaltungsmaßnahmen gemäß § 554 Abs. 1 BGB sieht das Gesetz nicht vor. Es wird in der Rechtsprechung und Literatur vertreten, dass der Vermieter auch bei Erhaltungsmaßnahmen den Mieter in angemessener Frist rechtzeitig über Art und Umfang der Maßnahme informieren muss (Schmidt-Futterer – Emmerich, § 554 Rn. 35; AG Hamburg, ZMR 2004, 825; AG Köln, WuM 1986, 86), damit der Mieter prüfen kann, ob er die mitgeteilten Maßnahmen dulden muss. Gemäß § 554 Abs. 1 BGB besteht eine Mitteilungspflicht lediglich gemäß § 554 Abs. 3 BGB bei Modernisierungsmaßnahmen i. S. d. § 554 Abs. 2 BGB. Eine solche Mitteilungspflicht ergibt sich auch nicht in analoger Anwendung des § 554 Abs. 3 BGB. Insoweit fehlt es bereits an einer planwidrigen Regelungslücke (AG München, Geschäftsnummer 412 C 15436/06).

Sonderkündigungsrecht

Des Weiteren gebietet auch der Sinn und Zweck der Mitteilungspflicht des § 554 Abs. 3 BGB keine entsprechende Anwendung. Denn Sinn dieser Mitteilungspflicht bei Modernisierungsmaßnahmen im Sinne des § 554 Abs. 2 BGB, bei denen eine Mieterhöhung gemäß § 559 BGB zu erwarten ist, ist es, dem Mieter zu ermöglichen, von seinem Sonderkündigungsrecht gemäß § 554 Abs. 3 S. 2 BGB Gebrauch zu machen. Ein solches besteht jedoch bei Maßnahmen i. S. d. § 554 Abs. 1 BGB nicht, da diese vom Mieter zu dulden sind. Die Beeinträchtigung des vertragsgemäßen Gebrauchs ist durch das Mietminderungsrecht hinreichend geschützt.

Expertentipp

Mieter rechtzeitig informieren

Trotz der hier vertretenen Auffassung, dass der Mieter auch ohne Mitteilung zur Duldung von Erhaltungsmaßnahmen verpflichtet ist, empfiehlt es sich bereits aus Praktikabilitätsgründen, den Mieter aufzufordern, den Zutritt zu seiner Wohnung zu gewähren, und den Umfang der beabsichtigten Maßnahme mitzuteilen. Eine Ankündigungsfrist von drei Monaten, wie sie § 554 Abs. 3 S. 1 BGB vorsieht, ist jedoch nicht einzuhalten.

Zumutbarkeit der Maßnahme

Beschränkte Zumutbarkeit

Die grundsätzlich uneingeschränkte Duldungspflicht hinsichtlich der Erhaltungsmaßnahmen wird durch die Zumutbarkeit beschränkt. So muss der Mieter Arbeiten, die der Vermieter zur Unzeit ausführen lässt – also nachts oder am Wochenende –, nicht hinnehmen, es sei denn, es ist Gefahr im Verzug. So hat der Mieter die Beseitigung eines Wasserrohrbruchs auch in der Nacht hinzunehmen. Der Vermieter kann sogar die vorübergehende Räumung der vermieteten Räume verlangen, sofern die erforderlichen Erhaltungsmaßnahmen nur dann durchgeführt werden können.

PRAXISBEISPIEL

Duldungsaufforderung von Erhaltungsmaßnahmen gemäß § 554 Abs. 1 BGB durch den Vermieter

Text auf CD-ROM

Harald Ernsberger
Gleichmannstraße 13/ 1. OG
81241 München

Christoph Langbein
Ludwig-Merk-Straße 1/ EG
80805 München

München, 1.3.2009

Erhaltungsmaßnahme Ludwig-Merk-Straße 1, 80805 München

Sehr geehrter Herr Langbein,
mit schriftlichem Mietvertrag vom 1. März 2005 haben Sie die Wohnung Nr. 1, EG, im Anwesen Ludwig-Merk-Straße 1, bestehend aus 3 Zimmern, Küche, Bad/WC nebst Kelleranteil sowie Garagenstellplatz, vom Unterzeichnenden gemietet.
Die Abwasserfall- und Kaltwassersteigleitungen in Ihrer Wohnung sind zu erneuern. Die vorhandenen Bleileitungen sind im Jahr 1920 verlegt worden. Da die verlegten Bleileitungen nur über eine begrenzte Lebensdauer verfügen, sind Schäden aufgrund von Materialermüdungen vorhersehbar. Erschwerend kommt hinzu, dass bei einer vorangegangenen Erhaltungsmaßnahme die Bleileitungen im 1. OG durch Kupferrohre ersetzt wurden. An den Schnittstellen, an denen die Blei- mit den Kupferleitungen verlötet wurden, besteht aufgrund der verschiedenen Materialien ein gesteigertes Gefahrenpotenzial.
Gemäß § 554 Abs. 1 BGB haben Sie Erhaltungsmaßnahmen uneingeschränkt zu dulden. Zu den Erhaltungsmaßnahmen gehören sowohl Instandhaltungs- als auch Instandsetzungsmaßnahmen. Instandhaltung ist die ordnungsgemäße Beseitigung von baulichen Mängeln, die durch Abnutzung, Alterung und Witterungseinwirkung entstanden sind. Bei der Instandsetzung handelt es sich hingegen um die Reparatur gleichwohl aufgetretener Mängel sowie um die Erneuerung nicht mehr reparaturfähiger bzw. reparaturwürdiger Teile.
Die prophylaktische Erneuerung der Wasserleitungen stellt sich folglich als sachgerechte Erhaltungsmaßnahme im Hinblick auf die Mieträume dar.
Die Arbeiten beginnen am 13. April 2009 und werden voraussichtlich bis 28. April 2009 dauern. Ich habe Sie daher aufzufordern, mir spätestens bis
Freitag, den 14. März 2009
mitzuteilen, ob Sie die Durchführung der erforderlichen Arbeiten zur Instandhaltung des Anwesens dulden werden. Sollte die vorgenannte Frist fruchtlos verstreichen, wird der Unterzeichnende anwaltliche Hilfe in Anspruch nehmen und beim Amtsgericht München Klage auf Duldung der Erhaltungsmaßnahme erheben.

Vorsorglich weise ich daraufhin, dass Sie dem Unterzeichnenden Schadensersatz hinsichtlich der Verzögerung der Arbeiten zu leisten haben für den Fall, dass Sie zur Duldung der Erhaltungsmaßnahmen vom Amtsgericht München verurteilt werden (AG Wedding, Das Grundeigentum 1984, 927; Eisenschmid in Schmidt-Futterer, 9. Auflage § 554 BGB Rn. 33).
Sollten Ihnen durch die Erhaltungsmaßnahmen Aufwendungen entstehen, werde ich Ihnen diese selbstverständlich in angemessenem Umfang ersetzen.

Mit freundlichen Grüßen

Harald Ernsberger

Modernisierungsmaßnahmen

Umfang der Duldungspflicht: materielle Voraussetzungen

Verbesserung der Mietsache

Nach § 554 Abs. 2 BGB hat der Mieter auch Maßnahmen zur Verbesserung der Mietsache, zur Einsparung von Energie oder Wasser oder zur Schaffung neuen Wohnraums zu dulden. Diese Duldungspflicht erfährt eine Beschränkung, wenn die Maßnahme für den Mieter, seine Familie oder einen anderen Angehörigen seines Haushalts eine Härte bedeuten würde, die auch unter Würdigung der berechtigten Interessen des Vermieters und anderer Mieter in dem Gebäude nicht zu rechtfertigen ist (§ 554 Abs. 2 S. 2 BGB).
Hierbei ist insbesondere auf die vorzunehmenden Arbeiten, die baulichen Folgen, vorausgegangene Aufwendungen des Mieters und auf die zu erwartende Mieterhöhung Rücksicht zu nehmen. Es ist jedoch zu bedenken, dass eine zu erwartende Mieterhöhung dann nicht als Härte anzusehen ist, wenn die Sache lediglich in einen Zustand versetzt wird, wie er allgemein üblich ist.

Maßnahme zur Verbesserung der Mietsache

Erhöhung des Gebrauchswerts

Unter „Maßnahmen zur Verbesserung der Mietsache“ versteht man bauliche Maßnahmen, die den Gebrauchs- und Substanzwert der Wohnungen erhöhen oder die allgemeinen Wohnverhältnisse verbessern. Ob eine Maßnahme eine Verbesserung der Mietsache darstellt, ist objektiv zu bestimmen, d. h. unabhängig von den Auswirkungen auf das bestehende Mietverhältnis sowie davon, ob die vom Vermieter aufzuwendenden Kosten oder die zu erwartende Erhöhung der finanziellen Belastungen für den Mieter in einem angemessenen Verhältnis zur Verbesserung stehen.

Maßstab zur Verbesserung des Wohnwerts

Der Maßstab, nach dem beurteilt werden muss, ob der Wohnwert verbessert wird, ist nicht die Wertung des derzeitigen Mieters, sondern die Verkehrsanschauung. Entscheidend ist, ob in den für das Mietobjekt in Betracht kommenden Mieterkreisen allgemein der Maßnahme eine Wohnwertverbesserung zugemessen wird, sodass der Vermieter damit rechnen kann, dass die Wohnung nach Durchführung der Maßnahme von künftigen Mietinteressenten – bei im Übrigen gleichen Konditionen – eher angemietet würde als eine vergleichbare Wohnung, bei der diese Maßnahme nicht durchgeführt worden ist (Rechtsentscheid des KG vom 25.6.1985, NJW 1985, 2031; BGH, Urteil vom 20.7.2005, VIII ZR 253/04, NZM 2005, 697). Dies ist dann der Fall, wenn der Mietgebrauch erleichtert, verbessert oder vermehrt wird, d. h. wenn das Wohnen in den fraglichen Räumen angenehmer, bequemer, sicherer, gesünder oder weniger arbeitsaufwendig geworden ist als zuvor (Emmerich/Sonnenschein – Emmerich, Miete, 9. Auflage, § 554 Rn. 9).

Der nachträgliche Einbau eines Aufzugs stellt in der Regel eine Verbesserung der Immobilie dar und erleichtert den Mietgebrauch.

In Anlehnung an den außer Kraft getretenen § 4 Abs. 1 ModEnG sind unter Maßnahmen zur Verbesserung der Mietsache bauliche Maßnahmen zu verstehen, die die Verbesserung

Maßnahmen zur Erhöhung des Wohnwerts

- des Zuschnitts der Wohnung,
- der Belichtung und Belüftung,
- des Schallschutzes,
- der Energieversorgung,
- der Wasserversorgung und der Entwässerung,
- der sanitären Einrichtungen,
- der Beheizung und der Kochmöglichkeiten,
- der Funktionsabläufe in Wohnungen,
- der Sicherheit vor Diebstahl und Gewalt

bewirken. Die Verbesserung der Mietsache umfasst nicht nur Maßnahmen, die die Mieträume an sich betreffen, sondern auch bauliche Maßnahmen, die die allgemeinen Wohnverhältnisse verbessern, insbesondere

- den Ausbau von nicht öffentlichen Gemeinschaftsanlagen, wie Kinderspielplätze, Grünanlagen, Stellplätze und andere Verkehrsanlagen.

In der Rechtsprechung wurden beispielsweise nachfolgende Maßnahmen als Verbesserung der Mietsache anerkannt:

Verbesserung der Mietsache

- Einbau eines Aufzugs (BGH, Urteil vom 19.9.2007, VIII ZR 6/07)
- Breitbandkabelanschluss trotz digitalem Fernsehen (BGH, Urteil vom 20.7.2005, VIII ZR 253/04)
- Erstmaliger Einbau eines Bades mit Dusche und WC (KG, Urteil vom 10.5.2007, 8 U 166/06)
- Einbau einer Einhebel-Mischbatterie (AG Schöneberg, Urteil vom 11.4.2007, 14 C 561/05, MM 2007, 227)
- Anbau eines Balkons, sofern eine Wohnwertverbesserung damit einhergeht (LG Berlin, ZMR 2004, 193; LG München I, 14 S 7397/87, WuM 1989, 27)
- Verstärkung der Elektrosteigleitung (AG Schöneberg, Urteil vom 11.4.2007, 14 C 561/05, MM 2007, 227; LG Berlin, Urteil vom 22.11.2004, 67 S 154/03, MM 2005, 145; AG Berlin-Mitte,

Urteil vom 12.4.2004, 20 C 11/04, Grundeigentum 2004, 1234-1237)

- Verfliesung von Badezimmer und Küche (AG Berlin-Mitte, Urteil vom 12.4.2004, 20 C 11/04, Grundeigentum 2004, 1234-1237)
- Einbau einer Gegensprechanlage (AG Schöneberg, 11.4.2007, 14 C 561/05, MM 2007, 227; AG Berlin-Mitte, Urteil vom 12.4.2004, 20 C 11/04, Grundeigentum 2004, 1234-1237; LG München I, 14 S 7397/87, WuM 1989, 27; AG Schöneberg, Urteil vom 3.1.1986, 15 C 538/85, NJW 1986, 2059)
- Einbau einer Massivholztür aufgrund eines höheren Diebstahlschutzes (AG Hohenschönhausen, Urteil vom 13.4.2000, 7 C 66/00, Grundeigentum 2000, 1035)
- Austausch eines Bartschlosses gegen ein Sicherheitsschloss (VG Berlin 14. Kammer, Urteil vom 28.4.1988, 14 A 95.87, Grundeigentum 1988, 687; AG Schöneberg, Urteil vom 3.1.1986, 15 C 538/85, NJW 1986, 2059)
- Maßnahmen zur Verbesserung des Schallschutzes (AG Schöneberg, Urteil vom 11.4.2007, 14 C 561/05, MM 2007, 227)
- Verbesserung der allgemeinen Wohnverhältnisse, z. B. Erstellung allgemein nutzbarer Außeneinrichtungen wie z. B. Garagen oder Gärten (AG Köln, Urteil vom 5.12.1985, 214 C 322/85 (b), WuM 1987, 31)
- Verbesserung des Wohnungszuschnitts (OVG Berlin GE 1988, 951)

Einsparung von Energie oder Wasser

Der Mieter hat entsprechend § 554 Abs. 2 BGB auch Maßnahmen zur Einsparung von Energie oder Wasser zu dulden. In Anlehnung an den außer Kraft getretenen § 4 Abs. 3 ModEnG versteht man unter „Maßnahmen zur Einsparung von Energie" bauliche Maßnahmen, die nachhaltig Einsparungen von Heizenergie bewirken. Dies sind insbesondere Maßnahmen

Maßnahmen zum Sparen von Energie und Wasser

- zur wesentlichen Verbesserung der Wärmedämmung von Fenstern, Außentüren, Außenwänden, Dächern, Kellerdecken und obersten Geschossdecken,

- zur wesentlichen Verminderung des Energieverlusts und des Energieverbrauchs der zentralen Heizungs- und Warmwasseranlagen,
- der Änderung von zentralen Heizungs- und Warmwasseranlagen innerhalb des Gebäudes für den Anschluss an die Fernwärmeversorgung, die überwiegend aus Anlagen der Kraft-Wärme-Kopplung, zur Verbrennung von Müll oder zur Verwertung von Abwärme gespeist wird,
- zur Rückgewinnung von Wärme,
- zur Nutzung von Energie durch Wärmepumpen- und Solaranlagen (LG Berlin, Das Grundeigentum 1997, 491).

Mit der Mietrechtsreform zum 1. September 2001 wurde der Modernisierungsbegriff auf alle Maßnahmen, welche Energie einsparen können, erweitert. Duldungspflichtig sind daher nicht nur Modernisierungsmaßnahmen, die Heizenergie einsparen, sondern Maßnahmen aller Art, welche nachhaltig Energie einsparen. Hierdurch soll die Energieeinsparung insgesamt gefördert werden. Der Gesetzgeber hat hierbei insbesondere an stromsparende Maßnahmen, z. B. an den Einbau drehzahlabhängiger Umwälzpumpen, Ventilatoren und Aufzugsmotoren sowie an Energiesparlampen gedacht (Schmidt-Futterer – Emmerich, § 554 Rn. 143).

Allgemeininteresse geht vor

Hinsichtlich seiner Duldungspflicht kann der Mieter nicht einwenden, dass diese Maßnahmen für ihn nicht rentabel sind, da ein Allgemeininteresse an der dauerhaften Einsparung von Energie besteht. Die Energieeinsparung muss jedoch nachhaltig sein. Das Merkmal „nachhaltig“ findet sich zwar nicht im Gesetzestext des § 554 Abs. 2 BGB, jedoch in § 559 BGB. Es ergibt sich bereits aus dem Sinn und Zweck der Vorschrift, dass für eine Modernisierung nicht nur eine vorübergehende Einsparung von Energie ausreichend ist.

Streitfall „grüner“ Strom

In der Literatur ist umstritten, inwieweit der Mieter Investitionen für die Nutzung erneuerbarer Energien dulden muss. Dies vor dem Hintergrund, dass die Modernisierungsmaßnahmen zwar eine ökologische Zielsetzung verfolgen, jedoch nicht zur Einsparung von Energie führen. Es wird lediglich Primärenergie eingespart. So wird die Energie, welche durch Windkraftwerke und Fotovoltaik-Anlagen gewonnen wird, regelmäßig in das allgemeine Stromnetz eingespeist. Der so gewonnene Strom wird daher vom Betreiber

nicht selbst verbraucht, sondern dieser bezieht seinen Strom wieder aus dem allgemeinen Stromnetz. Dies führt somit nicht zu einer Energieeinsparung, sondern vielmehr wird die Energie, welche durch Kraftwerke erzeugt wird, die mit fossiler Energie wie Kohle, Öl oder Atomenergie betrieben werden, durch erneuerbare Energien ersetzt.
Wetekamp (Mietsachen, Handbuch zur Wohnraummiete, 4. Auflage, S. 171) vertritt die Auffassung, dass aufgrund der ökologischen Zielsetzung des Gesetzgebers auch die Einsparung von fossiler Energie im Wege der erweiterten Auslegung unter den Energieeinsparungsbegriff fällt. Auch Emmerich bejaht ohne Weiteres die Duldungspflicht von Einrichtungen von Solar- und Wärmerückgewinnungsanlagen gemäß § 554 Abs. 2 BGB (Sonnenschein-Emmerich – Emmerich, Miete, § 554 Rn. 15). Dem wird so nicht zu folgen sein. Zum einen findet die vorgenannte Auffassung keinen Anhaltspunkt im Gesetz. Eine derart weite Auslegung des § 554 Abs. 2 BGB bzw. des § 559 BGB wird weder vom Wortlaut noch von der Zielrichtung der Vorschrift gedeckt. Zum anderen hat der Gesetzgeber mit dem 4. MietRÄndG § 541b BGB a. F. dahin gehend abgeändert und bestimmt, dass der Mieter auch Maßnahmen zur Wassereinsparung zu dulden habe, und mit dem Mietrechtsreformgesetz zum 1. September 2001 ist die Duldungspflicht auf alle Maßnahmen zur Energieeinsparung erweitert worden. Damit hat der Gesetzgeber zweimal einen Aspekt des Umweltschutzes aufgegriffen, aber auf weitere Duldungspflichten in diesem Bereich verzichtet (Schmidt-Futterer – Eisenschmid, § 554 BGB, Rn. 143).
Im Ergebnis wird man wohl sagen müssen, dass Maßnahmen, welche zur Reduzierung des Energiebedarfs führen, von § 554 Abs. 2 BGB gedeckt sind, solche hingegen, welche lediglich Primärenergie einsparen, eben nicht.

Expertentipp

Energieeinsparung durch Sonnenkollektoren

Bringt der Vermieter Sonnenkollektoren auf dem Dach des Mietshauses an und wird mit der gewonnenen Energie die Warmwasseraufbereitung und die Heizung gespeist, so stellt dies eine umlegbare Modernisierungsmaßnahme dar. Die gewonnene Energie verbraucht der Mieter selbst und spart dadurch Heizenergie ein.

In der Rechtsprechung wurden nachfolgende Maßnahmen zur Einsparung von Energie anerkannt:

Anerkannte Maßnahmen

- Ersetzung der Nachtspeicherheizung durch einen an die Gaszentralheizung angeschlossenen Plattenheizkörper mit Thermostatventil (AG Hamburg, Urteil vom 15.11.2007, 49 C 248/07),
- Umstellung von Gasetagenheizung auf Fernwärme (LG Hamburg, Urteil vom 29.9.2005, 334 S 4/04, NZM 2006, 536),
- Energieeinsparung infolge Umstellung von Gasetagenheizung auf Gaszentralheizung (LG Berlin, Urteil vom 22.11.2004, 67 S 154/03, MM 2005, 145),
- Einbau einer Zentralheizung (LG München I, Urteil vom 29.7.1987, 14 S 7397/87, WuM 19989, 27-28),
- Einbau einer Zweirohrheizungsanlage mit Parallelschaltung der Heizflächen bei Verkleinerung der Heizkörper (LG Halle, Urteil vom 8.8.2002, 2 S 42/01, ZMR 2003, 35, 36),
- Umstellung der Heizung von zentraler Ölheizung auf Fernwärmeversorgung (LG Berlin, Urteil vom 17.3.2000, 65 S 352/99, NJW-RR 2001, 1590, 1591),
- wesentliche Verbesserung der Wärmedämmung von Fenstern (BGH, Urteil vom 10.4.2002, VIII ARZ 3/01, NZM 2002, 519-521; BGH Urteil vom 7.1.2004, VIII ZR 156/03, Einbau von Isolierglasfenstern),
- Montage von Thermostatventilen und Heizkostenerfassungsgeräten an allen Heizkörpern (AG Berlin-Mitte, Urteil vom 12.4.2004, 20 C 11/04, Grundeigentum 2004, 1234–1237; LG Halle, Urteil vom 8.8.2002, 2 S 42/01 ZMR 2003, 35, 36),
- Wärmedämmung für sämtliche vertikalen Versorgungswasserleitungen (AG Berlin-Mitte, Urteil vom 12.4.2004, 20 C 11/04, Grundeigentum 2004, 1234–1237),
- Fassadendämmung (LG Halle, Urteil vom 8.8.2002, 2 S 42/01, ZMR 2003, 35, 36).

Einsparung von Wasser

Verringerter Gesamtverbrauch

Ebenfalls zu dulden hat der Mieter Maßnahmen zur Einsparung von Wasser. Hierbei kommt es darauf an, dass sich der tatsächliche Gesamtverbrauch verringert:

- Einbau von Kaltwasserzählern (AG Schöneberg, Urteil vom 11.4.2007, 14 C 561/05),
- Einbau von Durchlaufbegrenzern,
- Einbau von wassersparenden Toilettenspülkästen (LG Berlin, Urteil vom 14.7.2005, 62 S 91/05, MM 2006, 39),
- auch Regenwassergewinnungsanlagen oder Einrichtungen zum Gebrauch von Brauchwasser fallen unter die Vorschrift (Börstinghaus in: Schmitt-Futterer § 559 Rn. 75).

Der Einbau eines Kaltwasserzählers ist vom Mieter als Maßnahme zur Reduzierung des Wasserverbrauchs zu dulden.

Schaffung neuen Wohnraums

Nach § 554 Abs. 2 S. 1 BGB muss der Mieter auch solche baulichen Maßnahmen dulden, die der Schaffung neuen Wohnraums dienen. Unter „Wohnraum“ versteht man entsprechend § 17 WoFG Abs. 1 umbauten Raum, der tatsächlich und rechtlich zur dauernden Wohnnutzung geeignet und vom Verfügungsberechtigten dazu bestimmt ist. Wohnraum können ganze Wohnungen oder einzelne Wohnräume sein.

Beispiele für die Schaffung neuen Wohnraums

Nach § 16 Abs. 1 bis 4 WoFG kann der Vermieter auch Wohnraum dadurch schaffen, dass er

- Wohnraum in einem neuen selbstständigen Gebäude schafft,
- Schäden an Gebäuden unter wesentlichem Bauaufwand beseitigt und dadurch Gebäude auf Dauer wieder zu Wohnzwecken nutzbar macht oder
- Wohnraum unter wesentlichem Bauaufwand durch Änderung, Nutzungsänderung oder Erweiterung von Gebäuden oder zur Anpassung geänderter Wohnbedürfnisse schafft.

Hiervon erfasst sind insbesondere Maßnahmen, nach denen z. B.

- ein Dachboden zu Wohnräumen umgestaltet wird (LG Duisburg, Urteil vom 10.5.2000, 23 S 74/00, NZM 2000, 1000–1001),
- Abstellkammern mit Wohnungen verbunden werden,
- Gebäude aufgestockt sowie
- Gebäude angebaut werden.

Vom Mieter zu dulden

Zu dulden hat der Mieter z. B. das Verlegen von Leitungen (Wasser, Elektrizität), die zum Dachausbau benötigt werden, auch wenn diese durch die darunter liegende Wohnung führen (LG Berlin, Urteil vom 10.6.1993, 67 S 68/93; Grundeigentum 1993, 801–803).

Expertentipp

An erleichterte Kündigung denken

Der Vermieter sollte an die Möglichkeit der erleichterten Kündigung nach § 573b BGB denken:
Der Vermieter kann Nebenräume oder Teile eines Grundstücks, die nicht zum Wohnen bestimmt sind, ohne ein berechtigtes Interesse kündigen, wenn er dadurch Wohnraum zur Vermietung schafft oder den neu zu schaffenden und den

vorhandenen Wohnraum mit Nebenräumen oder Grundstücksteilen ausstatten will.
Will der Vermieter den Dachboden seines Mietshauses ausbauen, um eine neue Mietwohnung zu schaffen, so kann er ohne berechtigtes Interesse die von den Mietern angemieteten Speicherabteile kündigen. Die Kündigung ist spätestens am dritten Werktag eines Kalendermonats mit Wirkung zum Ablauf des übernächsten Monats zu erklären. Möchte der Vermieter also zum 31. Dezember 2008 die Speicherräume kündigen, so muss die Kündigungserklärung dem Mieter spätestens am 6. Oktober 2008 zugehen. Natürlich kann der Mieter daraufhin eine Senkung seiner (Wohnungs-) Miete verlangen.

Bauliche Maßnahmen, die der Vermieter aufgrund von Umständen durchgeführt hat, die er nicht zu vertreten hat

Vom Vermieter nicht zu vertreten

Auch wenn § 554 Abs. 2 BGB diese Maßnahme explizit nicht erwähnt, so ergibt sich nach allgemeiner Meinung unter Rückgriff auf § 242 BGB die Duldungspflicht des Mieters für Maßnahmen, die der Vermieter aufgrund von nachträglich verkündeten gesetzlichen Geboten oder behördlichen Anordnungen vornehmen muss. Hierbei ist unerheblich, ob durch diese Maßnahmen eine Gebrauchswertverbesserung, eine Verbesserung der allgemeinen Wohnverhältnisse oder eine Einsparung von Energie oder Wasser eintritt. Entsprechend § 559 BGB kann der Vermieter die Kosten für diese Maßnahmen umlegen. Nicht zu vertreten hat der Vermieter regelmäßig Maßnahmen, die auf gesetzlichen Ge- oder Verboten oder behördlichen Anordnungen beruhen und welche auch ein sorgfältiger Vermieter weder vorhersehen noch vermeiden konnte: Umstellung von Stadtgas auf Erdgas, Einbau von Steuerungs- und Regelungstechnik sowie Wärmezählern und Heizkostenverteilern aufgrund der HeizkostenV, der Einbau von Thermostatventilen, Ersetzung von Freileitungen durch Erdleitungen, der nachträgliche gesetzlich vorgeschriebene Einbau von Sicherungstüren in Fahrstühlen, Maßnahmen aufgrund der Verschärfung von Immissionsschutzwerten, denkmalschutzrechtliche Anordnungen (Emmerich – Sonnenschein-Emmerich, § 559 Rn. 17), der nachträgliche Anschluss an die Kanalisation, der Ausbau von Zufahrtswegen und Park-

plätzen, der Bau von Kinderspielplätzen, Maßnahmen aufgrund der EnEV, Modernisierungsangebot nach § 177 BauGB.
Zu vertreten hat der Vermieter regelmäßig Maßnahmen, zu denen er vertraglich verpflichtet ist oder die dem Vermieter vorwerfbar sind. Hierzu gehören insbesondere Maßnahmen, die von Behörden wegen eines baurechts- oder ordnungswidrigen Verhaltens verlangt werden. Der Mieter hat zwar vorstehende Maßnahmen gleichwohl zu dulden, eine Mieterhöhung gemäß § 559 Abs. 1 BGB scheidet hingegen aus (Begr. RegE, BT-Drs. 14/4553, S. 49; Palandt/Weidenkaff Rn. 2, 14; Sternel NZM 2001, 1058, 1060).

Interessenabwägung

Wenn die Maßnahmen eine Härte darstellen

Gemäß § 554 Abs. 2 S. 2 BGB hat der Mieter Maßnahmen zur Verbesserung der Mietsache, zur Einsparung von Energie oder Wasser oder zur Schaffung neuen Wohnraums dann nicht zu dulden, wenn die Maßnahme für ihn, seine Familie oder einen anderen Angehörigen seines Haushalts eine Härte bedeuten würde, die auch unter Würdigung der berechtigten Interessen des Vermieters und anderer Mieter in dem Gebäude nicht zu rechtfertigen ist.

Wohnungseigentumsanlage

Befinden sich die Räume des Mieters in einer Wohnungseigentumsanlage, so sind bei der Interessenabwägung über den Wortlaut des § 554 Abs. 2 BGB hinaus zugunsten des Vermieters auch die Interessen der übrigen Eigentümer zu berücksichtigen (Blank/Börstinghaus, § 554 Rn. 25). Sinn und Zweck dieser Vorschrift ist es, zum einen die Interessen des Vermieters an der Modernisierung und damit Werterhöhung seines Eigentums zu wahren und zum anderen den Mieter vor unangemessenen Luxusmodernisierungen und damit vor einem „Hinausmodernisieren“ zu schützen (BGH, Urteil vom 19.2.1992, VIII ARZ 5/91). Bei der Interessenabwägung sind

- die vorzunehmenden Arbeiten,
- die baulichen Folgen,
- die vorausgegangenen Aufwendungen des Mieters und
- insbesondere die zu erwartende Mieterhöhung

zu berücksichtigen (§ 554 Abs. 2 S. 3 BGB), wobei diese Aufzählung der in Betracht kommenden Härten aufseiten des Mieters lediglich beispielhaft ist. So ist in die Abwägung eine Krankheit, das hohe Alter, eine besondere berufliche oder schulische Belastung, insbesondere die Vorbereitung auf das Abitur oder ein Examen, eine alsbaldige Versetzung bzw. ein bevorstehender Umzug des Mieters mit einzubeziehen. Der Mieter hat die vorstehenden Maßnahmen nur dann zu dulden, wenn die Interessenabwägung zugunsten des Vermieters ausfällt.

Haushaltsangehörige mit berücksichtigen

Entsprechend dem Wortlaut des Gesetzes stehen sich bei der Interessenabwägung nicht nur Mieter und Vermieter gegenüber, sondern es sind vielmehr auf Mieterseite auch alle weiteren Personen einzubeziehen, die mit ihm von der Maßnahme betroffen sind. So sind bei der Abwägung der Duldungsverpflichtung seine Familie sowie andere Angehörige seines Haushalts zu berücksichtigen. Zu den „Angehörigen seines Haushalts" können alle Angehörigen gezählt werden, die in der Wohnung des Mieters leben. Dies sind neben den Familienangehörigen Partner nichtehelicher Lebensgemeinschaften, die Pflegekinder oder die Kinder des Lebenspartners (Emmerich/Sonnenschein – Emmerich, § 554 Rn. 20). Entscheidend für den Personenkreis ist immer die Berechtigung der Nutzung der Wohnung gegenüber dem Vermieter (Schmitt-Futterer – Eisenschmid, § 554 Rn. 193). Im Rechtsstreit ist es nicht mehr Sache des Vermieters, die Zumutbarkeit der Maßnahme darzulegen. Vielmehr hat der Mieter fundiert darzulegen, dass die Beeinträchtigungen eine nicht zu rechtfertigende Härte für ihn darstellen. Eine allgemeine Behauptung einer Gesundheitsgefahr reicht nicht aus.

Hinsichtlich der vorzunehmenden Arbeiten ist zugunsten des Mieters und seiner Haushaltsangehörigen

- Art und Umfang,
- die Beeinträchtigung durch Schmutz und Lärm,
- die Dauer der Arbeiten,
- die Benutzbarkeit der Räume sowie
- eine eventuell notwendig werdende anderweitige Unterbringung

zu berücksichtigen. Dies insbesondere dann, wenn durch die vorzunehmenden Arbeiten ein schwerwiegender Eingriff in das Recht auf Leben und körperliche Unversehrtheit des Mieters oder seiner Haushaltsangehörigen zu befürchten ist (BVerfG, 1. Kammer des Ersten Senats, Beschluss vom 14.1.1992, 1 BvR 1273/91). Dies ist z. B. dann der Fall, wenn mit einer erheblichen Verschlimmerung einer Erkrankung des Mieters oder seiner Haushaltsangehörigen zu rechnen ist und diesen eine anderweitige Unterbringung nicht zuzumuten ist.

Zwingende Gründe bei umfangreichen Maßnahmen

Je umfangreicher die Modernisierungsmaßnahmen sind und je länger diese andauern, umso eher ist eine Härte anzunehmen, die den Mieter zu einer Duldung der Modernisierungsmaßnahmen nicht mehr verpflichtet. Insbesondere müssen zwingende Gründe für eine Modernisierung sprechen, wenn dadurch eine vollständige Räumung der Wohnung bzw. einzelner Zimmer, ein Zwischenumzug oder ein Umzug ins Hotel erforderlich sind (LG Mannheim, Urteil vom 3.7.1985, 4 S 68/84, WuM 1987, 272).

Nutzungsänderungen

Bauliche Folgen können Einwendungen des Mieters begründen, wenn sich die zukünftige Art der Nutzung der angemieteten Räume ändert. Dies ist dann der Fall, wenn sich beispielsweise die Wohnfläche, der Zuschnitt der Wohnung, die Anzahl der Zimmer oder die Raumaufteilung durch die Modernisierungsmaßnahmen ändern. Wird die Wohnung nach Abschluss der Arbeiten den Wohnbedürfnissen des Mieters nicht mehr gerecht, so wird regelmäßig eine nicht zu duldende Härte eingewandt werden können. Beispiele für zu duldende Modernisierungen sind:

- Verkleinerung einer Küche von 11 m^2 auf 7 m^2 für den Einbau eines Bades (KG Berlin, Urteil vom 10.5.2007, 8 U 166/06, Grundeigentum 2007, 907–909),
- notwendige Grundrissänderung im Bereich Speisekammer und Küche (LG Berlin, Grundeigentum 1990, 225 und Grundeigentum 1992, 39),
- Verlust der Speisekammer (LG Berlin, Grundeigentum 2005, 119),
- Verkleinerung des Badezimmers (LG Berlin, Grundeigentum 2006, 1045).

Eine völlige Änderung der Art der Nutzung hat der Mieter nicht zu dulden, wenn:

- die Wohnung zu zwei Appartements umgebaut wird oder
- eine Zwei-Zimmer-Wohnung durch Einbau eines Bades zu einer Ein-Zimmer-Wohnung gemacht werden soll (Eisenschmid, in: Schmidt-Futterer, § 554 BGB Rn. 204).

Aufwendungen des Mieters

Hat der Mieter Veränderungen vorgenommen, insbesondere auf eigene Kosten modernisiert, und werden diese Aufwendungen durch die Modernisierung des Vermieters entwertet oder nutzlos, ohne dass dies den Gebrauchswert der Wohnung erhöht, so ist dies bei der Abwägung der gegenseitigen Interessen zu berücksichtigen. Entscheidend hierfür wird sein, ob der Mieter die Maßnahmen mit Zustimmung – und sei es auch nur durch stillschweigende Duldung oder mit Wissen des Vermieters – vorgenommen oder ohne Einwilligung des Vermieters durchgeführt hat und ob der Mieter die Aufwendungen bereits abgewohnt hat.
Der Mieter kann dem Modernisierungsverlangen des Vermieters zum Einbau einer Gaszentralheizung entgegenhalten, dass eine von ihm sieben Jahre zuvor eingebaute Gasetagenheizung noch nicht abgewohnt ist (LG Berlin, Urteil vom 20.4.1999, 64 S 316–98, NZM 1999, 1036). Der Vermieter kann diesen Härtegrund allerdings durch Übernahme einer entsprechenden Zahlung oder eines Verzichts auf künftige Mieterhöhungen ausräumen (Schmidt-Futterer – Eisenschmid, § 554 BGB Rn. 212).

Mieterhöhung berücksichtigen

Schließlich und endlich ist die für den Mieter zu erwartende Mieterhöhung in der Interessenabwägung mit zu berücksichtigen. Die Mieterhöhung muss in einem angemessenen Verhältnis zur objektiven Verbesserung der Wohnräume stehen (KG, RE vom 22.6.1981 WuM 1981, 99). Maßgebend ist hier die sich nach der Modernisierung ergebende Gesamtmiete, sodass auch die Nebenkosten einzubeziehen sind. Generelle Grenzen gibt es hier nicht. Es kommt auf die individuellen Einkommensverhältnisse des Mieters und seiner Haushaltsangehörigen an. Entscheidend ist das Einkommen zum Zeitpunkt des Duldungsverlangens (LG Berlin, Urteil vom 3.12.2004, 63 S 273/04, Grundeigentum 2005, 1491–1493).

Ebenfalls zu berücksichtigen ist, ob der Mieter Anspruch auf Wohngeld hat. Macht der Mieter von dem ihm zustehenden Wohngeld keinen Gebrauch, muss er sich wegen der Duldungspflicht so behandeln lassen, als würde ihm Wohngeld gewährt (KG, RE vom 28.5.1981, 8 W RE-Miet 4712/81, GE 1982, 701–703; KG, Urteil vom 10.5.2007, 8 U 166/06; Grundeigentum 2007, 907–909). Der Mieter kann eine Härte aufgrund der zu erwartenden Mieterhöhung regelmäßig nicht einwenden, wenn die Mieterhöhung ganz oder teilweise vom Wohngeld aufgefangen werden kann (KG, Urteil vom 10.5.2007, 8 U 166/06; Grundeigentum 2007, 907–909; KG, RE vom 22.6.1981, 8 W RE-Miet 4340/80; LG Köln, Urteil vom 5.3.1992, 1 S 334/91, WuM 1992, 431).

Die Renovierung einer Immobilie darf für die Mieter nicht zu einer unüberwindbaren Mieterhöhung führen.

Unzumutbare Härte

Eine unzumutbare Härte ist im Rahmen einer Gesamtschau der Einkommens- und Vermögensverhältnisse des Mieters bei einer Mehrbelastung von mehr als 30 % des zu berücksichtigenden Einkommens anzunehmen (Schmidt-Futterer – Eisenschmid, § 554 BGB, Rn. 223). Stellt die zu erwartende Mieterhöhung für den Mieter eine nicht zu duldende Härte dar, so kann der Vermieter die Duldungspflicht unter Umständen erreichen, wenn er gegenüber diesem Mieter auf den Erhöhungsanspruch nach § 559 BGB ganz oder teilweise im voraus bindend verzichtet. Wohnungswirtschaftlich sinnvolle Maßnahmen sollen jedoch nicht daran scheitern, dass die Miete für den einzelnen einkommensschwachen Mieter zu hoch wird.

Herstellung des „allgemein üblichen Zustands“

Der Mieter kann dementsprechend gemäß § 554 Abs. 2 S. 4 BGB nicht einwenden, dass die Miete nach Abschluss der Modernisierungsmaßnahmen zu hoch ist, wenn der Vermieter lediglich den „allgemein üblichen Zustand“ herstellt. In den „allgemein üblichen Zustand“ werden die gemieteten Räume versetzt, wenn dieser Zustand

❶ bei der Mehrzahl der Mieträume (mindestens zwei Drittel),
❷ in Gebäuden gleichen Alters,
❸ innerhalb der Region

angetroffen wird. Bei der Feststellung des allgemein üblichen Zustands gemieteter Räume und sonstiger Teile des Gebäudes kommt es auf den tatsächlich bestehenden Zustand der in die Vergleichsbetrachtung einzubeziehenden Mietwohnung und nicht auf einen – anzustrebenden – oder anhand bestimmter Normen oder Vorgaben zu ermittelnden Soll-Standard an. Ein gängiger Standard lässt sich sinnvoll nur für Gebäude und Wohnungen vergleichbaren Alters ermitteln (BGH, Urteil vom 19 Februar 1992, VIII ARZ 5/91). Als maßgebliche Region ist sinnvollerweise das Bundesland anzusehen, in dem sich die Mietwohnung befindet.

Neue Bundesländer

Der Bundesgerichtshof (BGH, Urteil vom 19. Februar 1992, VIII ARZ 5/91) lässt in seiner Entscheidung ausdrücklich offen, ob sich in den neuen Bundesländern im Hinblick auf die dort über Jahrzehnte unterschiedlich verlaufende wirtschaftliche Entwicklung und die sich daraus ergebenden erheblichen Unterschiede in der Ausstattung von Mietwohnungen etwas anderes ergibt. Für eine unterschiedliche Bewertung besteht indes kein Raum mehr (LG Berlin, MM 2004, 339; LG Berlin, Grundeigentum 2003, 1615; AG Berlin-Pankow/Weißensee, MM 2004, 222). Demnach kann als „allgemein üblich“ auch bei Altbauwohnungen nachfolgender Ausstattungsstandard angesehen werden:

- Ausstattung mit einer Sammelheizung (LG Berlin, Urteil vom 10.6.2004, 67 S 212/02),
- Warmwasserversorgung (LG Berlin, Urteil vom 10.6.2004, 67 S 212/02; AG Pankow-Weißensee, Urteil vom 13.2.2004, 102 C 565/03),
- Bad mit WC (KG, Urteil vom 10.5.2007, 8 U 166/06),
- Stromversorgung der Wohnung in der Weise, dass neben dem Betrieb eines Großverbrauchers wie Waschmaschine oder Geschirrspülmaschine ein gleichzeitiger anderweitiger Stromverbrauch in der Wohnung möglich ist (BGH, Urteil vom 26.7.2004, VIII ZR 281/03, NJW 2004, 3174–3176).

Ausstattungsstandard auch bei Altbau

So kündigen Sie eine Modernisierung richtig an

Gemäß § 554 Abs. 3 S. 1 BGB hat der Vermieter dem Mieter Modernisierungsmaßnahmen spätestens drei Monate vor Beginn der Maßnahme einschließlich deren Art sowie des voraussichtlichen Umfangs und Beginns, der voraussichtlichen Dauer und der zu erwartende Mieterhöhung in Textform (§ 126b BGB) mitzuteilen.

Mitteilungspflicht – Form und Frist

Fehler bei der Ankündigung: keine Duldungspflicht

Die Mitteilungspflicht des Vermieters ist Fälligkeitsvoraussetzung für die Duldungspflicht des Mieters gemäß § 554 Abs. 2 S. 1 BGB, d. h. unterlässt der Vermieter die Ankündigung bzw. kündigt er zu spät an, entfällt die Duldungspflicht des Mieters. Es besteht daher die Gefahr, dass der Mieter mit einer einstweiligen Verfügung durchdringt und dadurch die (Bau-)Maßnahmen erheblich verzögert.

Vorbereitung und Sonderkündigungsrecht

Die Ankündigungsfrist dient dazu, dem Mieter einen gewissen Zeitraum zuzubilligen, in dem er sich auf die beabsichtigten (Bau-)Maßnahmen und die damit für ihn verbundenen Beeinträchtigungen einstellen kann, und ihm die Möglichkeit zu verschaffen, von seinem Sonderkündigungsrecht (§ 554 Abs. 3 S. 2 BGB) Gebrauch zu machen. Die vom Vermieter einzuhaltende Ankündigungsfrist und das Sonderkündigungsrecht des Mieters sind so aufeinander abgestimmt, dass das Mietverhältnis im Falle der Kündigung des Mieters vor Beginn der Baumaßnahmen endet (BGH, VIII ZR 6/07, Urteil vom 19.9.2007).

Beginn der Modernisierung

Maßgeblich für den Zeitpunkt des Zugangs der Mitteilung ist der Beginn der Modernisierungsmaßnahmen. Von einem Beginn der Maßnahmen ist auszugehen, wenn tatsächlich Baumaßnahmen, die den Mieter beeinträchtigen, vorgenommen werden. Hiervon abzugrenzen sind bloße Vorbereitungshandlungen – z. B. die Besichtigung mit Architekten und Handwerkern sowie Planungen. Den formellen Vorgaben genügt auch eine Ankündigung, die dem Mieter früher zugeht, sofern sie den inhaltlichen Anforderungen genügt. Der Mieter kann auch nachträglich auf die Einhaltung der Frist verzichten, da diese Frist lediglich seinem Schutz dient. Die Ankündigungsfrist ist nach den §§ 187 und 188 BGB zu berechnen.

Expertentipp

Ankündigung und Beginn der Modernisierung

Stellt der Vermieter seinem Mieter die Modernisierungsankündigung am 4. Februar 2008 zu, so läuft die Ankündigungsfrist bis 4. Mai 2008. Der frühestmögliche Beginn der Arbeiten ist dann der 5. Mai 2008.

Textform einhalten

Die Mitteilung hat in Textform gemäß § 126b BGB zu erfolgen, d. h. die Erklärung muss als Urkunde oder in anderer schriftlicher Form – der Gesetzgeber spricht von „auf andere zur dauerhaften Wiedergabe in Schriftzeichen geeignete Weise" – abgegeben werden. Die Urkunde muss die Person des Erklärenden enthalten und der Abschluss der Erklärung muss durch Nachbildung der Namensunterschrift oder anders erkennbar gemacht werden. Zweckmäßig ist eine Unterschrift, die nicht unbedingt eigenhändig sein muss. Insbesondere ist ein Abschluss mit einer Grußformel ausreichend.

Dies bedeutet, dass außer der Schriftform heute auch elektronische Formen der Übermittlung der Mitteilung genügen wie z. B. Telefax, Teletext und E-Mail.

Auf den folgenden Seiten finden Sie zwei Muster für eine Modernisierungsankündigung, mit denen Sie Ihren Mieter rechtssicher informieren können.

PRAXISBEISPIEL

Muster: Modernisierungsankündigung

Text auf CD-ROM

Harald Ernsberger
Gleichmannstraße 13/ 1. OG
81241 München

Christoph Langbein
Ludwig-Merk-Straße 1/ EG
80805 München

München, 1.3.2009
Mitteilung über Modernisierungsmaßnahmen zur Verbesserung der Mieträume im Anwesen Ludwig-Merk-Straße 1, 80805 München gemäß §§ 554 Abs. 2, 554 Abs. 3 S. 1 BGB

Sehr geehrter Herr Langbein,
[hier Art, Umfang und Dauer der Modernisierungsmaßnahmen erläutern sowie zur Duldung der Maßnahmen auffordern – Sie können sich am Muster „Duldungsaufforderung von Erhaltungsmaßnahmen“ orientieren]

Mit freundlichen Grüßen

Harald Ernsberger

Expertentipp

Auf Beweisbarkeit der Zustellung achten

Der Vermieter sollte darauf achten, dass er in einem etwaigen Duldungsprozess den Zugang der Mitteilung über Modernisierungsmaßnahmen beweisen kann. Hier ist dringend anzuraten, die Mitteilung über Modernisierungsmaßnahmen durch einen Boten oder durch den Gerichtsvollzieher zustellen zu lassen. Bestreitet der Mieter nämlich den Zugang im Prozess, so ist der Vermieter dahin gehend beweisbelastet, dass gerade diese Mitteilung dem Mieter fristgerecht zugegangen ist. Dieser Nachweis wird dem Vermieter lediglich durch Zeugenbeweis oder amtliche Zustellung durch den Gerichtsvollzieher gelingen. Der Bote sollte die Mitteilung über Modernisierungsmaßnahmen lesen und sie auf der bei ihm verbleibenden Abschrift mit dem Vermerk versehen „Original gelesen und am ... um ... Uhr bei .... in den Hausbriefkasten eingeworfen“ und diesen Vermerk abschließend unterschreiben. Nur so wird dem Vermieter glaubhaft der Beweis gelingen, dass gerade die Mitteilung über Modernisierungsmaßnahmen dem Mieter zugegangen ist. Bote kann jeder mit Ausnahme der Mietvertragsparteien sein.

Praxisbeispiel

Muster: Modernisierungsankündigung – Zustellung durch Boten

Text auf CD-ROM

Harald Ernsberger
Gleichmannstraße 13/ 1. OG
81241 München

Christoph Langbein
Ludwig-Merk-Straße 1/ EG
80805 München

München, 1.3.2009

Mitteilung über Modernisierungsmaßnahmen zur Verbesserung der Mieträume im Anwesen Ludwig-Merk-Straße 1, 80805 München gemäß §§ 554 Abs. 2, 554 Abs. 3 S. 1 BGB

Sehr geehrter Herr Langbein,
mit schriftlichem Mietvertrag vom 1.3.2005 haben Sie die Wohnung Nr. 1, EG, im Anwesen Ludwig-Merk-Straße 1, bestehend aus 3 Zimmern, Küche, Bad/ WC nebst Kelleranteil sowie Garagenstellplatz, von dem Unterzeichnenden gemietet.
[hier Art, Umfang und Dauer der Modernisierungsmaßnahmen erläutern sowie zur Duldung der Maßnahmen auffordern – Sie können sich am Muster „Duldungsaufforderung von Erhaltungsmaßnahmen“ orientieren]

Mit freundlichen Grüßen

Harald Ernsberger

Original gelesen und am 1. März 2009 um 12:32 Uhr bei Herrn Langbein, Ludwig-Merk-Straße 1, 80805 München in den Hausbriefkasten eingeworfen.

Unterschrift Bote

Inhalt der Mitteilung

Hohe gesetzliche Anforderungen und ihre Grenzen

An den Inhalt der Mitteilungspflicht, insbesondere deren Umfang, stellt die Rechtsprechung regelmäßig hohe Anforderungen. Jedoch ist die Grenze der Anforderungen an den Umfang der Mitteilungspflicht des Vermieters dort zu ziehen, wo die gesetzlich normierte Möglichkeit der Modernisierung faktisch nicht in die Tat umgesetzt werden kann. Im Hinblick auf die sich aus der unvollständigen Mitteilung ergebenden Folgen dürfen schon aus verfassungsrechtlichen Gründen an den Inhalt des Ankündigungsschreibens keine übertriebenen Anforderungen gestellt werden. Eine extensive Interpretation der Mitteilungspflicht als verfahrensrechtliche Voraussetzung für die Durchführung der Modernisierungsmaßnahme darf nicht den grundgesetzlich geschützten Anspruch des Vermieters auf gerichtliche Durchsetzung der gesetzlich zulässigen Maßnahme verkürzen (BayObLG, Beschluss vom 13.11.2000, RE 1/00, NZM 2001, 89). Überzogen hohe Anforderungen an die Mitteilungsverpflichtung sind mit der Eigentumsgarantie des Art. 14 Abs. 1 S. 1 GG nicht zu vereinbaren. Dies hat das BVerfG auch für die Anforderungen an Mieterhöhungsverlangen postuliert (Vgl. BVerfG 37, 132; 49, 244; 53, 352).

Präzise Mitteilung der Art der Maßnahme

Gleichwohl muss der Vermieter die Art der Maßnahme gemäß § 554 Abs. 3 S. 1 präzise mitteilen. Gemeint ist damit das einzelne Werk, d. h. beispielsweise das Anbringen einer Wärmedämmung, der Einbau neuer Heizkörper, der Einbau neuer Fenster etc. Diese Maßnahmen hat der Vermieter so genau wie möglich zu beschreiben. Im Einzelfall ist es ihm auch zuzumuten, genaue Angaben

über Details oder Baustoffe zu geben. Jedoch sind die Anforderungen an die Mitteilung nicht zu überziehen (s. o.).
So ist die Vorlage einer Wärmebedarfsberechnung im technischen Sinne nicht notwendig. Hierbei hat es der BGH hinsichtlich der Mieterhöhungserklärung für ausreichend erklärt, dass in dem Mieterhöhungsverlangen die Änderung des Wärmedurchgangskoeffizienten genannt wird. Die Angabe eines bestimmten Maßes an Energieeinsparung ist nicht erforderlich (BGH, VIII ZR 175/02, Urteil vom 12.3.2003, WuM 2004, 154–155). Dementsprechend kann für die Ankündigung, an die geringere Anforderungen als an eine Mieterhöhungserklärung zu stellen sind, nichts anderes gelten. Ausreichend ist vielmehr eine Erläuterung der Maßnahmen, sodass der Mieter nachvollziehen kann, ob es sich um Maßnahmen handelt, die er entsprechend § 554 Abs. 2 S. 1 BGB zu dulden hat.

In der Ankündigung einer Renovierungsmaßnahme muss der Vermieter Angaben zur Maßnahme machen. Unter Umständen ist auch eine detaillierte Auflistung der verwendeten Materialien notwendig.

Durch die Mietrechtsreform zum 1. September 2001 wurden die Anforderungen an den Inhalt der Mitteilungsverpflichtung dahin gehend gelockert, dass lediglich die „voraussichtliche“ Dauer und der „voraussichtliche“ Umfang und Beginn der Maßnahme mitgeteilt werden müssen.

Entbehrlichkeit der Mitteilungsverpflichtung

Die Mitteilungspflicht besteht gemäß § 554 Abs. 3 S. 3 BGB lediglich dann nicht, wenn es sich bei den Maßnahmen um solche handelt, die nur mit einer unerheblichen Einwirkung auf die Mieträume verbunden sind und nur zu einer unerheblichen Mieterhöhung führen. Nach dem Wortlaut des Gesetzes ist erforderlich, dass beide Tatbestandkriterien kumulativ erfüllt sind (LG Köln, Urteil vom 5.10.2004, 5 O 200/04, NZM 2005, 741).

Unerhebliche Einwirkung auf Mieträume

Eine Modernisierungsmaßnahme ist mit keiner bzw. nur mit einer unerheblichen Einwirkung auf die Mieträume verbunden, wenn sie die Benutzbarkeit der Mieträume nicht erheblich beeinträchtigt. Dies ist jedenfalls dann der Fall, wenn Arbeiten in den Mieträumen praktisch nicht anfallen oder der Mieter die Räume für die Arbeiten nur zugänglich halten muss. Der Mieter hat im Zuge der Arbeiten auch kurzzeitige Unterbrechungen der Versorgung im Rahmen des § 554 Abs. 3 S. 3 BGB zu dulden. Beispiele für die unerhebliche Einwirkung auf Mieträume:

- Arbeiten an den Außenanlagen sowie an der Fassade des Gebäudes (LG Köln, Urteil vom 5.10.2004, 5 O 200/04, NZM 2005, 741),
- Einbau eines verbesserten Breitbandkabels (AG Schöneberg, Urteil vom 31.10.2007, 104 a C 342/07),
- Ersetzen von TV- und Radioanschlussdosen (AG Hamburg-Blankenese, Urteil vom 20.1.2006, 518 C 318/05),
- Einbau von Thermostatventilen (LG Berlin, Urteil vom 15.4.1986, 64 S 387/85, ZMR 1986, 444),
- Einbau einer Klingelanlage (AG Charlottenburg, GE 1989, 683).

Unerhebliche Mieterhöhung

Hinzukommen muss, dass mit der Maßnahme nur eine unerhebliche Mieterhöhung verbunden ist. Das heißt, dass eine Maßnahme mit keiner bzw. einer unerheblichen Einwirkung auf die Mieträume auf jeden Fall immer dann zu dulden ist, wenn der Vermieter die Kosten nicht auf die Mieter umlegen möchte. Von einer unerheblichen Mieterhöhung ist auszugehen, wenn diese nicht mehr als 5 % der Nettokaltmiete beträgt (Vgl. LG Berlin, WuM 1991, 482; LG Detmold, WuM 1990, 121; Blank/Börstinghaus, § 554 Rn. 50; Gramlich, MietR, 8. Aufl. [2001], § 554 Anm. 12; Voelskow, in:

MünchKomm, 5. Aufl. § 554 Rn. 39; Palandt/Weidenkaff, BGB, 66. Aufl., § 554 Rnr. 25).
Nicht zu folgen ist der Ansicht von Eisenschmid (Schmidt-Futterer, § 554 Rn. 299), der eine unerhebliche Erhöhung der Miete bei unter 10 € pro Monat annehmen möchte, da hierfür jeder Maßstab fehlt. Was im Sinne der Vorschrift erheblich ist, ist vielmehr je nach Höhe der Miete unterschiedlich zu beantworten. Maßgebend ist allein die objektive, von den wirtschaftlichen Verhältnissen des Mieters unabhängige Betrachtungsweise (LG Köln, Urteil vom 5.10.2004, 5 O 200/04, NZM 2005, 741). Insbesondere wäre der Mieter, der eine teure Wohnung anmietet, bevorzugt. Eine absolute Grenze wäre überdies zu indexieren.

Rechtsfolgen einer fehlenden Ankündigung

Keine Duldungspflicht des Mieters

Unterlässt der Vermieter seine Mitteilungspflicht nach § 554 Abs. 3 S. 1 BGB oder kündigt er die Maßnahmen fehlerhaft oder verspätet an, so muss der Mieter aufgrund der unzulänglichen Mitteilung die Maßnahmen nicht dulden. Die Maßnahmen sind aus sich heraus aufgrund der unzulänglichen Beachtung der Mitteilungsverpflichtung ihm gegenüber rechtswidrig. Der Mieter muss sich dementsprechend gegen diese Maßnahmen wehren. Tut er es nicht, so läuft er nach der hier vertretenen Auffassung Gefahr, gleichwohl mit einer Mieterhöhung gemäß § 559 BGB belastet zu werden (s. u.). Will der Vermieter an seinen Modernisierungsvorhaben festhalten, so muss er die Maßnahmen entsprechend den Vorgaben des § 554 Abs. 3 S. 1 BGB ankündigen (s. o.).

PRAXISBEISPIEL

Muster: Duldungsaufforderung von Maßnahmen zur Verbesserung der Mietsache mit Mieterhöhungsankündigung

Text auf CD-ROM

Harald Ernsberger
Gleichmannstraße 13/1. OG
81241 München

Christoph Langbein
Ludwig-Merk-Straße 1/ EG
80805 München

München, 1.3.2009

Mitteilung über Modernisierungsmaßnahmen zur Verbesserung der Mieträume im Anwesen Ludwig-Merk-Straße 1, 80805 München gemäß §§ 554 Abs. 2, 554 Abs. 3 S. 1 BGB

Sehr geehrter Herr Langbein,
mit schriftlichem Mietvertrag vom 1.3.2005 haben Sie die Wohnung Nr. 1, EG, im Anwesen Ludwig-Merk-Straße 1, bestehend aus 3 Zimmern, Küche, Bad/ WC nebst Kelleranteil sowie Garagenstellplatz, von dem Unterzeichnenden gemietet.

I.
Der Unterzeichnende beabsichtigt, zur Erleichterung der Erreichbarkeit der Wohnungen in das von Ihnen bewohnte fünfgeschossige Wohnhaus einen Aufzug einzubauen.

1. Art und voraussichtlicher Umfang der Maßnahme
Es ist beabsichtigt, einen Personenaufzug in einen Aufzugsschacht, der auf jeder Stockwerksebene einen Ausstieg bereitstellt, einzubauen. Der Aufzug wird sich an der Treppenhauswand des Anwesens befinden und über das Treppenpodest des jeweiligen Stockwerks zugänglich sein. Dabei wird sich der Aufzugsschacht an der vom hinaufgehenden Treppenaufgang linken Seite der dem Treppenhaus gegenüberliegenden Wand befinden. Die Position des Aufzugs wird durch einen Grundrissplan verdeutlicht, welchen ich Ihnen in der Anlage beifüge und auf welchen ausdrücklich Bezug genommen wird. Die geplante Position des Aufzugs ist die einzig mögliche im Haus, da bei einer Anbringung an der Außenwand des Hauses das jeweils anliegende Zimmer das jeweils einzige Fenster verlieren würde.
Zum Einbau einer Aufzugsanlage im Anwesen Ludwig-Merk-Straße 1 sind im Einzelnen nachfolgende Maßnahmen erforderlich:

❶ Nach der Baustelleneinrichtung werden die vorhandenen tragenden Wände im Bereich des Aufzugs unterfangen und die Beton- und Stahlbetonarbeiten für die Grundplatte im Keller durchgeführt.
❷ Sodann werden die Geschossdecken, beginnend mit dem EG, geöffnet.
❸ Nach Öffnen der Geschossdecken wird der Aufzugschacht nach Einbau eines Ringankers bis unter die Holzdecke des jeweils darüber liegenden Geschosses in einem Zug mit Vollziegelmauerwerk, 24 cm stark, hochgemauert und verputzt.
❹ Sodann erfolgt nach vollständiger Herstellung der Schachtmauer der Durchbruch der Aufzugstüren im jeweiligen OG. Die Arbeiten werden jeweils vom Stockwerk darunter vorgenommen.
❺ Im fünften OG muss die Decke aufgrund brandschutztechnischer Auflagen verkleidet werden.
❻ Zuletzt erfolgt der Einbau eines Personenaufzugs in den auf der jeweiligen Ebene etwa 1,2 × 1 m großen Schacht, der durch Durchführung vorgenannter Maßnahmen entstanden ist.

2. Voraussichtlicher Beginn und Dauer der Maßnahme
Die Arbeiten zum Einbau des Aufzugs werden voraussichtlich am 1. Juni 2009 beginnen. Die Maßnahmen werden voraussichtlich drei Wochen dauern und voraussichtlich am 21. Juni 2009 abgeschlossen sein.

3. Die zu erwartende Mieterhöhung
Die Kosten der Baumaßnahme können gemäß § 559 Abs. 1 BGB in der Weise auf die Miete umgelegt werden, dass eine Erhöhung der jährlichen Miete um 11 % der aufgewendeten Kosten möglich ist. Entsprechend dem Kostenangebot der ausführenden Firma Aufzuglifter – welches gerne von Ihnen bei mir eingesehen werden kann – belaufen sich die Gesamtkosten für den Einbau des Aufzugs auf 140.000 €. Hierin sind keine Instandhaltungskosten enthalten.
Gemäß § 559 Abs. 2 BGB hat der Vermieter die Kosten, sofern die baulichen Maßnahmen für mehrere Wohnungen durchgeführt werden, auf die einzelnen Wohnungen angemessen zu verteilen. Der Vermieter kann den Verteilungsschlüssel gemäß §§ 315, 316 BGB nach billigem Ermessen bestimmen. Der Unterzeichnende

kann daher die Kosten des Einbaus des Aufzugs entweder linear nach Flächenanteilen oder nach dem unterschiedlichen Gebrauchsvorteil auf die Mieter verteilen (LG München I, Urteil vom 24.11.2005, 31 S 9700/05). Da es regelmäßig kaum möglich ist, einen dem tatsächlichen Gebrauchsvorteil angemessenen und damit transparenten Verteilungsschlüssel zu finden, habe ich mich entschlossen, die Kosten entsprechend den Wohnflächenanteilen umzulegen. Die Gesamtwohnfläche beträgt 980 m^2.
Gemäß dem Kostenangebot der Firma Aufzuglifter GmbH vom 4.2.2008 belaufen sich die

Gesamtkosten auf	140.000 €
hieraus 11 % der Gesamtkosten pro Jahr	15.400 €
somit bei 980 m^2 Wohnfläche	
pro Monat pro m^2	(15.400 € : 980 m^2 : 12) = 1,31 €

Bei Ihrer Wohnungsgröße von 86 m^2 ergibt sich somit eine zu erwartende monatliche Mieterhöhung pro m^2 von 1,31 €, mithin von insgesamt 112,66 €.
Nach Fertigstellung der Maßnahmen erhalten Sie nach § 559b Abs. 1 BGB eine gesonderte Mitteilung, aus der Sie die Mieterhöhung aufgrund der tatsächlich entstandenen Kosten und den auf die Wohnung entfallenden Betrag ersehen können.

II.

In rechtlicher Hinsicht erlaube ich mir darauf hinzuweisen, dass Sie gemäß § 554 Abs. 2 BGB Maßnahmen zur Verbesserung der Mietsache zu dulden haben. Nach höchstrichterlicher Rechtsprechung stellt der Einbau eines Aufzugs eine Maßnahme zur Verbesserung der Mietsache i. S. des § 554 Abs. 2 S. 1 Alt.1 BGB dar (BGH Urteil vom 19.9.2007, VIII ZR 6/07, WuM 2007, 630–631). Gemäß § 554 Abs. 3 S. 1 BGB hat der Unterzeichnende die Modernisierungsmaßnahme spätestens drei Monate vor Beginn der Maßnahme, deren Art sowie deren voraussichtlichen Umfang und Beginn, die voraussichtliche Dauer und die zu erwartende Mieterhöhung in Textform (§ 126b BGB) mitzuteilen. Dieser Mitteilungsverpflichtung komme ich mit diesem Schreiben nach. Der Umlageschlüssel wurde erläutert, ist transparent und somit nachvollziehbar. Es ist nicht erforderlich, Sie, sehr geehrter Herr Langbein, als Bewohner des EG von der Umlage der Kosten für den Einbau des Aufzugs auszuklammern oder zumindest die Bewohner der oberen Geschosse stärker zu belasten, da auch für Sie immer die Möglichkeit besteht, mit einem neu eingebauten Aufzug den Keller oder ein oberes Geschoss zu erreichen oder andere Möglichkeiten für Sie bestehen, den Aufzug zu benutzen.

III.

Zum Zeichen Ihres Einverständnisses mit der Duldung oben näher erläuterter Arbeiten bitte ich um Unterzeichnung und Rücksendung beiliegender Zweitschrift bis spätestens

Freitag, den 4. April 2009.

Sollte vorgenannte Frist fruchtlos verstreichen, muss ich anwaltliche Hilfe in Anspruch nehmen und beim Amtsgericht München Klage auf Duldung der Modernisierungsmaßnahme (Aufzugseinbau) erheben. Vorsorglich weise ich darauf hin, dass Sie dem Unterzeichnenden Schadensersatz hinsichtlich der Verzögerung der Arbeiten zu leisten haben für den Fall, dass Sie zur Duldung der Modernisierungsmaßnahme vom Amtsgericht München verurteilt werden (AG Wedding, Das Grundeigentum 1984, 927; Eisenschmid in: Schmidt-Futterer, 9. Auflage § 554 BGB Rn. 33).

Ich weise weiter darauf hin, dass Sie gemäß § 554 Abs. 3 S. 2 BGB bis zum Ablauf des Monats, der auf den Zugang der Mitteilung folgt, das Recht zur außerordentlichen Kündigung haben.

Für etwaige Rückfragen und Unklarheiten oder etwaige Erläuterungen der Modernisierungsmaßnahme stehe ich Ihnen selbstverständlich gerne zur Verfügung.

Mit freundlichen Grüßen — vollinhaltlich einverstanden

Harald Ernsberger — Christoph Langbein

PRAXISBEISPIEL

Muster: Duldungsaufforderung von Maßnahmen zur Einsparung von Energie und Wasser mit Mieterhöhungsankündigung

Text auf CD-ROM

Harald Ernsberger
Gleichmannstraße 13/ 1. OG
81241 München

Michael Sauer
Ravensburger Ring 51
81243 München

München, 15.1.2009

Mitteilung über Modernisierungsmaßnahmen zur Einsparung von Energie im Anwesen Ravensburger Ring 51, 81243 München gemäß §§ 554 Abs. 2, 554 Abs. 3 S. 1 BGB

Sehr geehrter Herr Sauer,
mit schriftlichem Mietvertrag vom 1.6.1993 haben Sie die Wohnung im Anwesen Ravensburger Ring 51, 81243 München, bestehend aus 3 Zimmern, Küche, Bad/ WC nebst Kelleranteil sowie Garagenstellplatz, von dem Unterzeichnenden gemietet.

I.
Der Unterfertigte beabsichtigt, im gesamten Anwesen umfassende Modernisierungsmaßnahmen zur Einsparung von Energie vorzunehmen.

1. Art und voraussichtlicher Umfang der Maßnahme
a) Zunächst ist beabsichtigt, die Gebäudehülle durch die Anbringung eines Wärmeverbundsystems zu modernisieren.
Die sogenannten U-Werte der derzeitigen Gebäudehülle aus dem Jahre 1967 entsprechen nicht den Mindestanforderungen, die die EnEV (Energieeinsparverordnung) bei Änderungen von Bauteilen an bestehenden Gebäuden stellt, und bieten daher ein erhebliches Potenzial für energetische Verbesserungen. Als U-Wert (früher k-Wert) wird der Wärmedurchgangskoeffizient eines Bauteils

bezeichnet. Durch die Modernisierung der Gebäudehülle wird sich der Wärmedurchgangskoeffizient erheblich verringern.
So sind im Einzelnen nachfolgende Arbeiten an der Gebäudehülle vorzunehmen:
Zunächst ist die Fassade zu reinigen, um sodann der Energieeinsparungsverordnung entsprechende Dämmplatten anzukleben und zusätzlich mit gebohrten Dübeln zu befestigen.
Anschließend wird ein Armierungsgewebe eingelegt, die Fassade mit Außenputz verputzt sowie gestrichen.
Am Dach bzw. auf der obersten Decke wird die alte Kiesschüttung entfernt und Wärmedämmplatten, welche den Vorgaben der Energieeinsparverordnung entsprechen, aufgelegt.
Eine Bitumenabdichtung, welche an den Dachrand und an das Treppenhaus angearbeitet wird, wird verlegt und neue Rauchabzugskoppeln montiert.

b) Ein Austausch ihrer vier Fenster aus dem Baujahr 1967 ist vorzunehmen.
Der Zustand der Fenster ist zwar augenscheinlich als durchschnittlich bis gut zu bezeichnen. Die einfach verglasten Fenster entsprechen jedoch nicht mehr dem aktuellen Stand der Technik. Bei den bisher vorhandenen einfach verglasten Fenstern kühlt sich die Innenluft im Bereich dieser Fenster wesentlich stärker ab als bei den zu verbauenden Fenstern. Außerdem verfügen die vorhandenen Fenster nicht über die Dichtigkeit der nunmehr einzubauenden Fenster – auch der Einbau neuer Fenster führt zu einer Einsparung an Heizenergie. Weiter werden auch die Fenster im Allgemeinbereich (Treppenhaus, Waschkeller etc.) ausgetauscht.

c) Schließlich ist die Modernisierung der Anlagentechnik vorgesehen.
So werden sämtliche Heizleitungen im Kellergeschoss nach den Anforderungen der Energieeinsparverordnung gedämmt. Weiter werden sämtliche Warmwasserleitungen im Kellergeschoss nach den Anforderungen der Energieeinsparverordnung gedämmt und der Warmwasserspeicher wird ausgetauscht.
Die durchzuführenden, oben näher erläuterten Maßnahmen führen zu einer deutlichen und nachhaltigen Einsparung von Energie. Der derzeitige Energiebedarf von 577.518 kWh/Jahr reduziert sich

auf 300.372 kWh/Jahr. Es ergibt sich somit eine Einsparung von 277.146 kWh/Jahr – bei gleichem Nutzerverhalten und gleichen Klimabedingungen. Die CO_2-Emissionen werden um 66.865 kg CO_2/Jahr reduziert. Dies verringert den Treibhauseffekt und hilft, unser Klima zu schützen. Durch die Modernisierungsmaßnahmen sinkt der Primärenergiebedarf des Gebäudes auf 42 kWh/m^2 pro Jahr. Dies ergibt eine Brennstoff-Einsparung von 48 %.

2. Voraussichtlicher Beginn und Dauer der Maßnahme
Die Arbeiten werden voraussichtlich am 1. Mai 2009 beginnen. Die Maßnahmen werden voraussichtlich bis 30. September 2009 abgeschlossen sein. Zur besseren Übersichtlichkeit habe ich Ihnen einen vorläufigen Bauzeitenplan beigefügt. Der Austausch Ihrer Fenster wird voraussichtlich am 2. Juni 2009 vorgenommen werden. Ich bitte Sie höflich, an diesem Tag den Handwerkern den Zutritt zur Wohnung zu gewähren.

3. Die zu erwartende Mieterhöhung
Die für Ihre Wohnung aufzubringenden Kosten können gemäß § 559 Abs. 1 BGB in der Weise auf die Miete umgelegt werden, dass eine Erhöhung der jährlichen Miete um 11 % der für die Wohnung aufgewendeten Kosten möglich ist. Hierbei werden in Anspruch genommene zinsverbilligte Darlehen sowie Zuschüsse der Stadt München zu Ihren Gunsten berücksichtigt. Entsprechend den Kostenangeboten liegen der zu erwartenden Mieterhöhung die im Folgenden aufgeführten Kostenpositionen der baulichen Maßnahme zugrunde. Die Kosten der Instandhaltung sind kenntlich gemacht und wurden von der Gesamtsumme abgezogen.
Gemäß § 559 Abs. 2 BGB hat der Vermieter die Kosten, sofern die baulichen Maßnahmen für mehrere Wohnungen durchgeführt werden, auf die einzelnen Wohnungen angemessen zu verteilen. Der Vermieter kann den Verteilungsschlüssel gemäß §§ 315, 316 BGB nach billigem Ermessen bestimmen. Die Verteilung der Kosten der Modernisierung der Gebäudehülle, der Anlagentechnik, der Fenster im Allgemeinbereich sowie der Baunebenkosten werde ich, nachdem kein anderer praktikabler und nachvollziehbarer Umlagemaßstab ersichtlich ist, nach dem Verhältnis der Wohnfläche der einzelnen Wohnungen zur Gesamtfläche vornehmen. Die Kosten

der zu verbauenden Fenster werde ich direkt Ihrer Wohnung zuordnen. Die Gesamtfläche beträgt 3.500 m^2:

a) Austausch der Fenster in der Küche, im Schlafzimmer, im Kinderzimmer und des Fensterelements im Wohnzimmer gegen Energiesparfenster gemäß Kostenangebot der Firma Fensterling GmbH vom 12. Dezember 2008 beträgt

für das Küchenfenster	380,00 €
für das Kinderzimmerfenster	365,00 €
für das Schlafzimmerfenster	548,00 €
für das Wohnzimmerelement	950,00 €
insgesamt mithin	2.243,00 €
abzüglich ersparter Aufwendungen für Instandhaltung wegen Erneuerung der Fenster und Fensterrahmen gemäß Kostenberechnung der Firma Fensterling GmbH vom 12. Dezember 2008	900,00 €
mithin Gesamtkosten von	1.343,00 €
hieraus 11 % der Gesamtkosten pro Jahr	147,73 €
somit bei 86 m^2 Wohnfläche pro Monat pro m^2	(= 147,73 € : 12 : 86) = 0,143 €

b) Kosten für die Fenstererneuerung im Allgemeinbereich

gemäß Kostenangebot der Firma Fensterling GmbH vom 12. Dezember 2008	25.670,00 €
abzüglich ersparter Aufwendungen für Instandhaltung wegen Erneuerung der Fenster und Fensterrahmen gemäß Schreiben der Firma Fensterling GmbH vom selben Tage	9.800,00 €
mithin Gesamtkosten von	15.870,00 €
hieraus 11 % der Gesamtkosten pro Jahr,	1.745,70 €
somit bei 3.500 m^2 Wohnfläche pro Monat pro m^2	(= 1.745,70 € : 3.500 m^2 :12) = 0,042 €

c) Kosten für die Dämmung der Heizleitungen	
gemäß Kostenangebot der	
Firma Brikett GmbH vom 27.12.2008	18.400 €
hieraus 11 % der Gesamtkosten pro Jahr,	2.024 €
somit bei 3.500 m^2 Wohnfläche	
pro Monat pro m^2 (= 2.024 € : 3.500 m^2 : 12)	= 0,048 €

d) Kosten für die Dämmung des Dachs	
gemäß Kostenangebot der Firma	
Dämmwut vom 12.12.2008	82.000,00 €
abzüglich Aufwendungen für	
Instandhaltung wegen Erneuerung	
der RWA-Anlage	4.600,00 €
mithin Gesamtkosten von	77.400,00 €
hieraus 11 % der Gesamtkosten pro Jahr,	8.500,00 €
somit bei 3.500 m^2 Wohnfläche	
pro Monat pro m^2 (8.500 € : 3.500 m^2 : 12)	= 0,202 €

e) Kosten für Wärmedämmverbundsystem	
gemäß Kostenangebot der Firma	
Dämmwut GmbH vom 12.12.2008	257.000,00 €
abzüglich Aufwendungen für	
Instandhaltung wegen Putz-Abschlagen	
und Erneuern von losem Fassadenputz	750,00 €
mithin Gesamtkosten von	256.250,00 €
hieraus 11 % der Gesamtkosten pro Jahr	28.187,50 €
somit bei 3.500 m^2 Wohnfläche	
pro Monat pro m^2 (= 28.187,50 € : 3.500 m^2 : 12)	= 0,671 €

f) Kosten für Malerarbeiten	
gemäß Kostenangebot der Firma	
Klexel GmbH vom 12.12.2008	118.000,00 €
abzüglich Aufwendungen für	
Instandhaltung (Malerarbeiten an	
Fassadenteilen ohne Wärmedämm-	
verbundsystem und Betonsanierung)	49.800,00 €
mithin Gesamtkosten von	68.200,00 €
hieraus 11 % der Gesamtkosten pro Jahr,	7.502,00 €

somit bei 3.500 m^2 Wohnfläche
pro Monat pro m^2 (= 7.502 € : 3.500 m^2 : 12) = 0,179 €

g) Kosten für Architekt vom 12.12.2008 38.000,00 €
abzüglich Aufwendungen für
Instandhaltung, prozentual aufgeteilt für
Instandhaltung und Modernisierung
ca. 12,5 % Instandhaltung,
ca. 87,5 % Modernisierung 4.750,00 €
mithin Gesamtkosten von 33.250,00 €
hieraus 11 % der Gesamtkosten pro Jahr 3.657,50 €
somit bei 3.500 m^2 Wohnfläche
pro Monat pro m^2 (= 3.657,50 € : 3.500 : 12) = 0,087 €

h) Kosten für Gerüst
gemäß Angebot der Firma
Stabmann GmbH vom 1.12.2008 33.700,00 €
abzüglich Aufwendungen für
Instandhaltung, prozentual aufgeteilt für
Instandhaltung und Modernisierung
ca. 12,5 % Instandhaltung,
ca. 87,5 % Modernisierung 4.212,50 €
mithin Gesamtkosten von 29.487,50 €
hieraus 11 % der Gesamtkosten pro Jahr 3.243,62 €
somit bei 3.500 m^2 Wohnfläche
pro Monat pro m^2 (= 3.243,62 € : 3.500 m^2 : 12) = 0,077 €
Zwischensumme zu erwartende
Mieterhöhung pro m^2 pro Monat 1,449 €

Gemäß § 559a Abs. 2 BGB verringert sich der Erhöhungsbetrag nach § 559 BGB bei Inanspruchnahme zinsverbilligter Darlehen um den Jahresbetrag der Zinsermäßigung. Diese wird errechnet aus dem Unterschied zwischen dem ermäßigten Zinssatz und dem marktüblichen Zinssatz für den Ursprungsbetrag des Darlehens. Maßgebend ist der marktübliche Zinssatz für erstrangige Hypotheken zum Zeitpunkt der Beendigung der Maßnahmen.
Ich werde für die Modernisierungsmaßnahmen des Anwesens zinsverbilligte Darlehen in Anspruch nehmen.

Ein Darlehen in Höhe von 408.269,43 € aus öffentlichen Haushalten. Die jährliche Zinsersparnis beträgt 0,31 %, die prozentuale Zinsverbilligung ist auf den Darlehensbetrag anzuwenden, sodass 1.265,64 € vom Jahresbetrag der zu erwartenden Mieterhöhung abzuziehen sind, somit reduziert sich der jährliche Mieterhöhungsbetrag pro m^2 (= 1.265,64 € : 3.500) auf 0,3616 €/ m^2, das sind monatlich 0,03013 €/ m^2.
Ein Darlehen in Höhe von 54.308,85 € aus öffentlichen Haushalten. Die jährliche Zinsersparnis beträgt 0,08 %, die prozentuale Zinsverbilligung ist auf den Darlehensbetrag anzuwenden, sodass 43,45 € vom Jahresbetrag der Mieterhöhung abzuziehen sind, somit reduziert sich der jährliche Mieterhöhungsbetrag pro m^2 (= 43,45 € : 3.500) auf 0,01241 €/ m^2, das sind monatlich 0,00103 €/ m^2.
Bei Ihrer Wohnungsgröße von 86 m^2 ergibt sich somit eine zu erwartende monatliche Mieterhöhung pro m^2 von 1,418 € mithin von insgesamt 121,94 €.
Nach Fertigstellung der Maßnahmen erhalten Sie nach § 559b Abs. 1 BGB eine gesonderte Mitteilung, aus der Sie die Mieterhöhung aufgrund der tatsächlich entstandenen Kosten und den auf die Wohnung entfallenden Betrag ersehen können.

II.

In rechtlicher Hinsicht erlaube ich mir, Sie darauf hinzuweisen, dass Sie gemäß § 554 Abs. 2 BGB Maßnahmen zur Verbesserung der Mietsache, zur Einsparung von Energie oder Wasser oder zur Schaffung neuen Wohnraums zu dulden haben. Hinsichtlich etwaiger Erhaltungsmaßnahmen haben Sie diese gemäß § 554 Abs. 1 BGB zu dulden. Bei sämtlichen Maßnahmen, welche entsprechend I Ziffer 1 durchgeführt werden sollen, handelt es sich um Maßnahmen zur Einsparung von Energie. Die Energieeinsparung von bis zu 48 % habe ich Ihnen erläutert. Etwaige Kostenanteile der Erhaltungsmaßnahmen habe ich in Abzug gebracht, zinsverbilligte Darlehen habe ich angerechnet, die zu erwartende Mieterhöhung habe ich mitgeteilt.

III.

Zum Zeichen ihres Einverständnisses mit der Duldung oben näher erläuterter Arbeiten bitten ich um Unterzeichnung und Rücksendung beiliegender Zweitschrift bis spätestens
Donnerstag, den 28. Februar 2009.

Sollte vorgenannte Frist fruchtlos verstreichen, müssen wir anwaltliche Hilfe in Anspruch nehmen und beim Amtsgericht München Klage auf Duldung der Erhaltungs- und Modernisierungsmaßnahmen erheben. Vorsorglich weise ich darauf hin, dass Sie dem Unterzeichnenden Schadensersatz hinsichtlich der Verzögerung der Arbeiten zu leisten haben für den Fall, dass Sie zur Duldung der Erhaltungs- und Modernisierungsmaßnahmen vom Amtsgericht verurteilt werden (AG Wedding, Das Grundeigentum 1984, 927; Eisenschmid, in: Schmidt-Futterer, 9. Auflage, § 554 BGB Rn. 33).
Der guten Ordnung halber weist der Unterzeichnende weiter darauf hin, dass Sie gemäß § 554 Abs. 3 S. 2 BGB bis zum Ablauf des Monats, der auf den Zugang der Mitteilung folgt, das Recht zur außerordentlichen Kündigung haben.
Für etwaige Rückfragen und Unklarheiten oder etwaige Erläuterungen der Modernisierungsmaßnahmen stehe ich Ihnen gerne zur Verfügung.

Mit freundlichen Grüßen

Harald Ernsberger

Das sind die Rechte Ihres Mieters

Sonderkündigungsrecht

Ende des Mietverhältnisses vor Modernisierung

Nach § 554 Abs. 3 S. 2 BGB ist der Mieter berechtigt, bis zum Ablauf des Monats, der auf den Zugang der Mitteilung folgt, das Mietverhältnis außerordentlich zum Ablauf des nächsten Monats zu kündigen. Dies gilt auch für befristete Mietverhältnisse. Dem Mieter wird dadurch neben der Überlegungsfrist, ob er die Modernisierungsmaßnahme dulden möchte, ein Kündigungsrecht an die Hand gegeben. Die vom Vermieter einzuhaltende Ankündigungsfrist und das Sonderkündigungsrecht des Mieters sind so aufeinander abgestimmt, dass das Mietverhältnis im Falle der Kündigung des Mieters vor Beginn der Baumaßnahmen endet (BGH, VIII ZR 6/07, Urteil vom 19.9.2007).

Das Sonderkündigungsrecht entfällt hingegen nach § 554 Abs. 3 S. 3 BGB, wenn es sich um Maßnahmen handelt, die nur mit einer unerheblichen Einwirkung auf die vermieteten Räume verbunden sind und nur zu einer unerheblichen Mieterhöhung führen (LG Köln, Urteil vom 5.10.2004, 5 O 200/04, NZM 2005, 741).

Expertentipp

Sonderkündigungsrecht

Stellt der Vermieter seinem Mieter die Modernisierungsankündigung am 4. Februar 2008 zu, so läuft die Ankündigungsfrist bis 4. Mai 2008. Der frühestmögliche Beginn der Arbeiten ist der 5. Mai 2008. Der Mieter kann bis 31. März 2008 sein Sonderkündigungsrecht wahrnehmen und die Kündigung dem Vermieter gegenüber erklären. Die Kündigungsfrist läuft mithin bis 30. April 2008. Das Mietverhältnis ist damit am 30. April 2008 beendet.

Recht auch bei fehlerhafter Ankündigung

Das Sonderkündigungsrecht des Mieters besteht auch dann, wenn der Vermieter die Maßnahmen nicht oder nicht in der Form des § 554 Abs. 3 BGB ordnungsgemäß angekündigt hat oder wenn der Mieter nicht zur Duldung verpflichtet ist. Sonst hätte es der Vermieter in der Hand, das Kündigungsrecht des Mieters zu manipulieren (Schmidt-Futterer – Eisenschmid, § 554 Rn. 351). Die Kündigungsfrist beginnt in diesem Fall mit dem Zeitpunkt, in dem der Mieter von der Aufnahme der Arbeiten konkret Kenntnis erhält (LG Essen, Urteil vom 29.6.1990, 1 S 164/90, WuM 1990, 513–514). Umzugskosten, die dem Mieter durch seine Kündigung entstehen, muss der Vermieter nicht ersetzen (A. A. AG Dresden, Urteil vom 4.6.2003, 142 C 6304/02, ZMR 2004, 435–436). Die Kündigung des Mietverhältnisses bedarf gemäß § 568 Abs. 1 BGB der Schriftform.

Aufwendungsersatz

Nach § 554 Abs. 4 S. 1 BGB hat der Vermieter dem Mieter Aufwendungen in angemessenem Umfang zu ersetzen, die dieser infolge der Erhaltungs- bzw. Modernisierungsmaßnahmen vorstrecken musste. Nachdem der Mieter die Erhaltungs- bzw. Modernisierungsmaßnahmen nur zu dulden hat und hierbei zu keinerlei Aktivität verpflichtet ist, stellt jede Tätigkeit seinerseits eine freiwillige, über seine Pflichten hinausgehende Handlung dar. Zu den Pflichten des Vermieters gehört es nämlich, die Mieträume unter Berücksichtigung der Modernisierung wieder in den ursprünglichen vertragsgemäßen Zustand zu versetzen, insbesondere für deren Reinigung und Renovierung zu sorgen.

Die Kosten für die Einlagerung der Möbel kann der Mieter im Zuge des Aufwendungsersatzes vom Vermieter verlangen.

Aufwendungen müssen durch Modernisierung veranlasst sein

Die Regelung des § 554 Abs. 4 S. 1 BGB trägt der Tatsache Rechnung, dass der Mieter selbst üblicherweise nach vorgenommenen Modernisierungsmaßnahmen in seinen Mieträumen bestimmte Arbeiten im Haushalt vornehmen möchte. Beispielsweise ist hier an Putzarbeiten oder Möbelrücken zu denken. Voraussetzung für die Ersatzfähigkeit solcher Aufwendungen ist nur, dass sie gerade durch die Modernisierungsmaßnahmen veranlasst wurden (Sonnenschein-Emmerich – Emmerich, § 554 Rn. 316).
Als Aufwendungsersatz können vom Mieter beispielsweise Kosten für

- Reinigungsarbeiten,
- die vorübergehende Unterbringung in einem Hotel,

- die vorübergehende Einlagerung der Möbel,
- eine Aufsichtsperson,
- Schönheitsreparaturen oder
- die Demontage und den Wiederaufbau einer Einbauküche durch eine Fachfirma

verlangt werden. Kann der Mieter für die Dauer der Maßnahmen nicht in der Wohnung verbleiben und muss er daher in eine Ersatzwohnung ziehen, so sind auch hierfür die Kosten vom Vermieter zu tragen. Erstattungsfähige Aufwendungen sind auch Ersatzanschaffungen für Einrichtungsgegenstände, die infolge eines Umbaus unbrauchbar geworden sind, wie beispielsweise Gardinen, Teppichböden, Fliesen, Einbaumöbel etc.; sie müssen ebenfalls vom Vermieter ersetzt werden.

Höhe des Aufwendungsersatzes

Der angemessene Umfang des Aufwendungsersatzes bestimmt sich durch die Art der Arbeiten und den Lebenszuschnitt des Mieters. Angemessen heißt, dass die Kosten in einem vernünftigen Verhältnis zu den Verbesserungsmaßnahmen und den dadurch bedingten Beeinträchtigungen des Mieters stehen müssen. Der Mieter darf daher keinen unvernünftigen Aufwand zulasten des Vermieters betreiben. In allen Fällen der Neuanschaffung ist ein Abzug „neu für alt“ vorzunehmen, um eventuelle Vorteile, die der Mieter aus der Neuanschaffung zieht, nicht dem Vermieter aufzubürden (Schmidt-Futterer – Eisenschmid, § 554 Rn. 339).
Vom Mieter in Eigenleistung erbrachte Arbeiten nach der Modernisierung (Reinigung, Räumung, Malerarbeiten usw.) können im Rahmen des Aufwendungsersatzanspruchs mit zehn Euro pro Arbeitsstunde in Ansatz gebracht werden. Für die Vergütung des Zeitaufwands im Rahmen des § 554 Abs. 4 BGB liegt es nahe, eine Orientierung am Stundensatz der Zeugenentschädigung nach § 2 Abs. 3 S. 2 ZSEG vorzunehmen (AG Hohenschönhausen, Urteil vom 12.5.2004,11 C 50019/ 03, MM 2004, 265–266). Der Aufwendungsanspruch des Mieters ist gemäß §§ 256, 246 BGB mit 4 % jährlich zu verzinsen. Der Aufwendungsersatzanspruch unterliegt der kurzen Verjährung von sechs Monaten nach Beendigung des Mietverhältnisses (§ 548 Abs. 2 BGB).

Vorschusspflicht

Nach § 554 Abs. 4 S. 2 BGB hat der Vermieter auf Verlangen des Mieters Vorschuss für die zu erwartenden Aufwendungen zu leisten. Der Mieter muss jedoch Art und Umfang der voraussichtlichen Aufwendungen darlegen und der Höhe nach aufschlüsseln (Palandt-Weidenkaff, § 554 BGB, Rn. 34). Solange der Vermieter den Vorschuss an den Mieter nicht leistet, muss dieser die Erhaltungs- bzw. Modernisierungsmaßnahmen nicht dulden. Der Mieter hat insoweit ein Zurückbehaltungsrecht gemäß § 273 BGB (Schmidt-Futterer – Eisenschmid, § 554 Rn. 346).

Mietminderung

Durch die Duldungspflicht des Mieters ist sein Minderungsrecht gemäß § 536 BGB nicht ausgeschlossen. Auch das Verlangen des Aufwendungsersatzanspruchs beschränkt die Gewährleistungsrechte des Mieters nicht.

Schadensersatzanspruch

Der Mieter kann Ansprüche auf Schadensersatz nach § 536a Abs. 1 Fall 2 BGB, gegebenenfalls auch aus Vertragsverletzung gemäß § 280 BGB oder Delikt geltend machen.

Mangelhafte oder verspätete Ausführung der Arbeiten

Die umstrittene Frage, ob sich der Vermieter aufgrund der Beeinträchtigungen des vertragsgemäßen Gebrauchs durch die Modernisierungsmaßnahmen schadensersatzpflichtig macht, ist nach wohl herrschender Meinung jedenfalls dann zu bejahen, wenn der Mieter durch eine mangelhafte oder verspätete Ausführung der Arbeiten geschädigt wird (Sonnenschein-Emmerich – Emmerich, § 554 Rn. 32). Der Vermieter hat nämlich Schädigungen des Mieters schon deshalb zu vertreten, weil er die schädigende Erhaltungs- oder Verbesserungsmaßnahme veranlasst hat. Dem Mieter ist es nicht zuzumuten, neben dem einseitigen Vertragseingriff durch den Vermieter auch noch mit dem Risiko fehlschlagender oder fehlerhafter Maßnahmen belastet zu werden. Die Maßnahmen entstammen der Sphäre des Vermieters, der verantwortlich für deren Folgen auf Mieterseite ist.

Der Mieter kann deshalb auch nach § 543 Abs. 2 S. 1 Nr. 1 BGB das Mietverhältnis außerordentlich fristlos kündigen (Münchener Kommentar – Bieber, § 554 Rn. 8).

Fristlose Kündigung

Ebenfalls kann eine schuldhaft zu niedrige Angabe der zu erwartenden Mieterhöhung eine Pflichtverletzung des Vermieters im Sinne des § 280 Abs. 1 BGB sein, die zu einem Schadensersatzanspruch des Mieters führt (LG Berlin, Urteil vom 23.8.2004, 67 S 27/04, MM 2004, 374).

Zu niedrige Angabe der Mieterhöhung

Wie kann der Vermieter seine Rechte durchsetzen?

Klage auf Duldung

Der Vermieter muss seinen Anspruch auf Duldung der Erhaltungs- und Modernisierungsmaßnahmen im Wege der Duldungsklage durchsetzen. Der Vermieter ist auch im Falle der Außenmodernisierung – beispielsweise Anbringung eines Wärmedämmverbundsystems – verpflichtet, die Duldungsverpflichtung des Mieters nach § 554 Abs. 1 BGB vorab in einem Klageverfahren klären zu lassen. Dies auch, wenn der Mieter in seinem vertragsgemäßen Gebrauch allenfalls mittelbar beeinträchtigt wird (Schmidt-Futterer – Eisenschmid, § 554 Rn. 356). Insbesondere ist der Gesetzeswortlaut des § 554 Abs. 3 S. 1 BGB eindeutig.

Die Gegenmeinung (LG Berlin, Urteil vom 8.9.1998, 63 S. 192/98, NZM 1999, 219), welche die Auffassung vertritt, dass der Vermieter aufgrund der formell oder materiell fehlerhaften Ankündigungsverpflichtung sowieso keine Mieterhöhung nach § 559 BGB geltend machen könne, läuft seit der Entscheidung des Bundesgerichtshofs (Urteil vom 19.9.2007 VIII ZR 6/07) ins Leere. Der BGH hat zu Recht darauf hingewiesen, dass Mängel der Modernisierungsmitteilungen aus anderen als den jetzt in § 559b Abs. 2 S. 2 BGB genannten Gründen – die Frist der geschuldeten Mieterhöhung verlängert sich um sechs Monate – für die anschließende Mieterhöhung ohne Bedeutung sind.

Die Beweislast für die Voraussetzungen des Duldungsanspruchs trägt der Vermieter. Die Beweislast dafür, dass die Duldung der Verbesserungsmaßnahmen ausnahmsweise für den Mieter oder seine Familie eine nicht zu rechtfertigende Härte bedeutet (§ 554 Abs. 2 S. 2 und 3), trägt der Mieter.

Beweislast

Bestimmung des Streitwerts

Der Streitwert einer Duldungsklage auf Durchführung von Modernisierungs- oder Erhaltungsmaßnahmen des Vermieters nach § 554 Abs. 2 BGB bestimmt sich gemäß § 41 Abs. V GKG nach dem zwölffachen Betrag der möglichen Mieterhöhung. Beabsichtigt der Vermieter, die Miete aufgrund der Modernisierungs- oder Erhaltungsmaßnahmen nicht zu erhöhen, so ist der Jahresbetrag einer möglichen Mietminderung durch den Mieter für den Streitwert maßgebend.

Einstweilige Verfügung

Einstweilige Verfügung zur Duldung nicht möglich

Der Vermieter kann seinen Anspruch gegen den Mieter auf Duldung der Baumaßnahmen im Regelfall nicht mit einer einstweiligen Verfügung gemäß §§ 935, 940 ZPO durchsetzen (Palandt-Weidenkaff § 554 Rn. 35; Schmidt-Futterer – Eisenschmid, § 554 Rn. 357). Der Erlass einer einstweiligen Verfügung stellt nämlich regelmäßig eine Leistungsverfügung dar, welche die Hauptsache vorwegnimmt und dadurch über die Verpflichtung zur Duldung der Modernisierungsmaßnahmen in einem „verkürzten Verfahren" entschieden werden würde. Die Durchsetzung der Duldung von Modernisierungs- oder Sanierungsmaßnahmen in der Wohnung mit einstweiliger Verfügung ist grundsätzlich auch dann nicht möglich, wenn der Vermieter die Arbeiten für die Wohnanlage terminlich projektiert hat (AG Görlitz, Urteil vom 10.6.1993, WuM 1993, 390–391). Auch eine Verfristung öffentlicher Modernisierungszuschüsse oder die bevorstehende Beendigung des Mietvertrags erlauben keine einstweilige Verfügung auf Duldung einer Modernisierungsmaßnahme (LG Frankenthal, Urteil vom 12.5.1993, 2 S 3/93, WuM 1993 418–419 für den Einbau einer Gasetagenheizung anstelle der Ofenheizung in der Mietwohnung).

Ausnahme: Gefahr für Leben oder Gesundheit

Etwas anderes kann gelten, wenn Gefahr für Leben oder Gesundheit von Menschen besteht. Dies kann dann der Fall sein, wenn das sanierungsbedürftige Gebäude einsturzgefährdet ist.

Anders ist die Rechtslage auf der Seite des Mieters. Ist der Mieter nicht verpflichtet, die Modernisierungsmaßnahmen zu dulden, so kann er sein Recht auf Einstellung der Arbeiten im Wege einer einstweiligen Verfügung durchsetzen. Dem Mieter wird es jedoch regelmäßig an einem Verfügungsgrund fehlen, wenn er die Maßnahmen des Vermieters dadurch unterbinden kann, dass er den

Handwerkern den Zutritt zu seiner Wohnung verwehrt (Schmidt-Futterer – Eisenschmid, § 554 Rn. 361).
Für den Streitwert einer einstweiligen Verfügung gilt das für die Duldungsklage Gesagte.

Klage auf Zutritt

Der Klageantrag auf Zutritt wird sich wohl meistens als Annex zum Klageantrag auf Duldung der Modernisierungs- oder Erhaltungsmaßnahmen anfügen. Es ist daran zu denken, die Räumlichkeiten zu denen Zutritt begehrt wird, präzise zu beschreiben.

Streitwert

Der Streitwert einer Klage auf Zutritt zur Wohnung zur Durchführung von Instandsetzungsarbeiten bemisst sich nach dem zwölffachen monatlichen Minderungsbetrag, der aus der bestehenden und ohne die Maßnahme sich ergebenden Gebrauchswertminderung der Mieträume folgt (LG München I, Beschluss vom 27.11.2007, 13 T 19627/07; LG Saarbrücken, Beschluss vom 11.10.1993, 13 B S 197/93).

Die Duldungspflicht des Mieters – keine Ausweitung möglich

Nach § 554 Abs. 5 BGB ist eine von Abs. 2 bis 4 abweichende Vereinbarung zum Nachteil des Mieters unwirksam. Das heißt, dass eine Duldungspflicht vertraglich, insbesondere formularvertraglich, über die gesetzliche Regelung hinaus nicht erweitert werden kann. Ebenfalls kann die Mitteilungsverpflichtung des Vermieters nicht eingeschränkt, das Sonderkündigungsrecht und der Aufwendungsersatzanspruch des Mieters nicht abbedungen werden.

Expertentipp

Einigen Sie sich mit Ihrem Mieter

Um kostenintensive Rechtsstreitigkeiten zur Durchsetzung der Duldungsverpflichtung des Mieters und Verzögerungen der Baumaßnahmen zu vermeiden, ist dringend anzuraten, mit dem Mieter eine Modernisierungsvereinbarung hinsichtlich seiner Duldungspflichten und einer etwaigen Mieterhöhung zu treffen – wie Sie das tun, sehen Sie unten. Zum einen fühlt sich der Mieter so nicht übergangen, zum anderen erlangt der Vermieter Rechtssicherheit. In diesem Zusammenhang ist anzuraten, mit dem Mieter auch die Höhe einer Mietminderung zu vereinbaren.

Modernisierungsvereinbarungen vermeiden Streitigkeiten

Beabsichtigt der Vermieter, eine Modernisierungsmaßnahme nach § 554 BGB durchzuführen, so ist diese zunächst nach §§ 554 ff. BGB förmlich mitzuteilen. Parallel dazu sollte der Vermieter versuchen, mit seinen Mietern sogenannte Modernisierungsvereinbarungen zu treffen. Darin wird einvernehmlich festgelegt,

- welche Maßnahmen zu welchem Zeitpunkt durchgeführt werden,
- wie im Anschluss an die baulichen Maßnahmen eine Modernisierungsmieterhöhung nach §§ 559 ff. BGB aussehen soll und
- ob und in welchem Umfang über welchen Zeitraum der Mieter zu Minderungen berechtigt ist.

Die einvernehmliche Vorgehensweise mit dem Mieter bietet erhebliche Vorteile: Beabsichtigt der Vermieter, in mehreren Wohnungen Maßnahmen durchzuführen, so ist er allein aus Gründen des reibungslosen Ablaufs der Baumaßnahme vor allem wirtschaftlich dazu gezwungen, ohne zeitliche Verzögerung, aber insbesondere ohne langwierige und aufwendige Prozesse vorgehen zu können. Stimmt ein Teil der Mieter zu, ein anderer widerspricht aber, so ist die reibungslose Durchführung der Baumaßnahme nicht möglich, wodurch erhebliche finanzielle Nachteile entstehen.

Prozesse vermeiden

Der Vermieter sollte daher in seine wirtschaftlichen Überlegungen mit einbeziehen, ob er gewillt ist, mit einem Teil der Mieter langwierige Prozesse zu führen. Diese kosten ebenfalls Geld. Prozesse über Modernisierungsmaßnahmen und daraus folgende Mieterhöhungen sind im Übrigen auch deshalb teuer, weil sie zumeist mit aufwendigen Sachverständigengutachten verbunden sind.

Gerichtliche Auseinandersetzungen über Modernisierungsmaßnahmen kosten viel Zeit und vor allem Geld.

Mietminderung absprechen

Aus dem gleichen Grund sollte bei Abschluss einer sogenannten Modernisierungsvereinbarung auch gemeinsam mit dem Mieter festgelegt werden, in welchem Zeitraum welche Mietminderungen entstehen. Zwar ist bei Vermietern allgemein die Tendenz zu erkennen, Mietminderungen wenig aufgeschlossen gegenüberzustehen, zumal ja eine bauliche Verbesserung der Wohnung erfolgen soll. Dennoch sollte der Vermieter auch hier an einer einvernehmlichen Lösung mit dem Mieter interessiert sein. Die Erfahrung zeigt, dass die Instanzgerichte bei baulichen Maßnahmen, auch kleinerer Art, relativ häufig Mietminderungsquoten von 20 % der Bruttomiete zusprechen. Deshalb sollte der Vermieter sein Schicksal selbst in die Hand nehmen und hier, abgestuft nach dem Umfang der Arbeiten, einvernehmliche Quoten mit dem Mieter festlegen. Die Erfahrung zeigt, dass Quoten von 10 % von den Mietern häufig akzeptiert werden.
Zu bedenken ist außerdem, dass es bei den Mietminderungen für Baumaßnahmen, die sich in einem überschaubaren Zeitraum (zwischen ein bis drei Monaten) halten, um doch vergleichsweise geringe Summen geht. Bereits deshalb ist ein gerichtlicher Rechtsstreit über Minderungsquoten gut abzuwägen, zumal auch hier die Tendenz der Gerichte dahin geht, teure Sachverständi-

gengutachten einzuholen und dadurch die Vermieter zu einem Vergleich zu zwingen. Berücksichtigt man diese Umstände, so ist es zumeist empfehlenswert, sich außergerichtlich vor Durchführung der Maßnahme mit dem Mieter zu einigen.

PRAXISBEISPIEL

Muster: Modernisierungsvereinbarung

Text auf CD-ROM

Vereinbarung
zwischen

Harald Ernsberger, Gleichmannstraße 13/ 1. OG, 81241 München
– im Folgenden „Vermieter“ genannt –

und

Michael Sauer, Ravensburger Ring 51, 81243 München
– im Folgenden „Mieter“ genannt –

Präambel
Der Vermieter beabsichtigt, im gesamten Anwesen Ravensburger Ring 51, 81243 München umfassende Modernisierungsmaßnahmen zur Einsparung von Energie vorzunehmen. Der Mieter hat mit schriftlichem Mietvertrag vom 1.6.1993 die Wohnung im 1. OG rechts im Anwesen Ravensburger Ring 51, 81243 München, bestehend aus drei Zimmern, Küche, Bad/ WC nebst Kelleranteil sowie Garagenstellplatz, von dem Vermieter gemietet. Der Mieter bezahlt derzeit eine Nettokaltmiete in Höhe von 743 €, zzgl. einer Vorauszahlung auf die Heiz- und Warmwasserkosten in Höhe von 63 €, zzgl. einer Vorauszahlung auf die übrigen Betriebskosten in Höhe von 51 €, zzgl. Miete für einen Garagenstellplatz in Höhe von 60 €, mithin insgesamt 917 €. Zur Durchführung von baulichen Maßnahmen zur nachhaltigen Einsparung von Energie wird folgende Modernisierungsvereinbarung geschlossen:

§ 1 Art, Umfang und Dauer der baulichen Maßnahmen
(1) Die Parteien sind sich darüber einig, dass nachfolgende Arbeiten durch den Vermieter durchgeführt werden:

a) An die Gebäudehülle wird ein Wärmedämmverbundsystem angebracht. Hierzu sind im Einzelnen nachfolgende Arbeiten an der Gebäudehülle vorzunehmen:

❶ Zunächst ist die Fassade zu reinigen, um dann der Energieeinsparungsverordnung entsprechende Dämmplatten anzukleben und zusätzlich mit Dübeln zu befestigen.
❷ Anschließend wird ein Armierungsgewebe eingelegt, die Fassade mit Außenputz verputzt sowie gestrichen.
❸ Am Dach bzw. auf der obersten Decke wird die alte Kiesschüttung entfernt und Wärmedämmplatten, welche den Vorgaben der Energieeinsparverordnung entsprechen, aufgelegt.
❹ Eine Bitumenabdichtung, welche an den Dachrand und an das Treppenhaus angearbeitet wird, wird verlegt und neue Rauchabzugskoppeln werden montiert.

b) Ein Austausch der vier vorhandenen einfachverglasten Fenster aus dem Baujahr 1967 in der Wohnung des Mieters durch Fenster mit Thermopenverglasung wird vorgenommen.
c) Die Fenster im Allgemeinbereich des Anwesens Ravensburger Ring 51, 81243 München (Treppenhaus, Waschkeller etc.) werden ebenfalls durch Fenster mit Thermopenverglasung ersetzt.
d) Sämtliche Heizleitungen im Kellergeschoss werden nach den Anforderungen der Energieeinsparverordnung gedämmt. Weiter werden sämtliche Warmwasserleitungen im Kellergeschoss nach den Anforderungen der Energieeinsparverordnung gedämmt und der Warmwasserspeicher wird ausgetauscht.
e) Die Heizkörper werden mit Thermostatventilen ausgestattet.

(2) Die Arbeiten werden voraussichtlich am 1. Mai 2009 beginnen und voraussichtlich bis 30. September 2009 abgeschlossen sein.

(3) Art und Umfang der Maßnahmen im Einzelnen ergeben sich aus Anlage 1 dieses Vertrags. Ein Bauzeitenplan ist als Anlage 2 beigefügt. Diese sind wesentliche Bestandteile dieser Vereinbarung.

§ 2 Duldungsverpflichtung des Mieters
Der Mieter erklärt hiermit sein Einverständnis, die Durchführung der unter § 1 Abs. 1 genannten Arbeiten zu dulden. Der Mieter erklärt, vorbezeichnete Arbeiten, vorbehaltlich seiner Rechte gemäß § 7 dieser Vereinbarung, auch dann zu dulden, wenn sich die entsprechend im Bauzeitenplan – Anlage 2 – dargestellten Ausführungsfristen verschieben oder verzögern.

§ 3 Zutrittsrecht
(1) Der Mieter verpflichtet sich, dem Vermieter sowie den in dessen Auftrag handelnden Personen, insbesondere Architekten und Handwerkern der ausführenden Firmen, Zutritt zu seiner Wohnung, sowohl zur Vorbereitung als auch zur Durchführung der Arbeiten, zu gewähren.

(2) Der Vermieter verpflichtet sich, Arbeiten, die in der Wohnung des Mieters durchzuführen sind, gesondert drei Tage vor deren Beginn schriftlich anzukündigen. Die schriftliche Ankündigung nach Satz 1 bedarf der Textform. Für die Rechtzeitigkeit kommt es nicht auf die Absendung, sondern auf den Zugang des Schreibens an.

§ 4 Mieterhöhung
(1) Die Parteien sind sich darüber einig, dass der Mieter aufgrund der durchgeführten Modernisierungsarbeiten eine erhöhte Nettokaltmiete in Höhe von 850 €, zzgl. einer Vorauszahlung auf Heiz-/Warmwasserkosten wie bisher in Höhe von 56 €, zzgl. einer Vorauszahlung auf die übrigen Betriebskosten wie bisher in Höhe von 71 €, zzgl. Miete für einen Garagenstellplatz wie bisher in Höhe von 60 €, mithin eine monatliche Gesamtmiete in Höhe von 1.037 € schuldet. Die erhöhte Miete ist fällig mit Beginn des dritten Monats nach Abschluss der in § 1 genannten Arbeiten.
(2) Die Parteien sind sich darüber einig, dass die unter § 1 genannten Modernisierungsarbeiten mit Abbau des Gerüsts sowie mit Wiederherstellung der Außenanlagen abgeschlossen sind.

§ 5 Mietminderung
Die Parteien sind sich darüber einig, dass die Miete während der Durchführung der Arbeiten bis zu deren Beendigung um 20 % der Bruttomiete, mithin auf 535,60 € gemindert ist. Im Übrigen blei-

ben die vertraglichen und gesetzlichen Gewährleistungsrechte des Mieters unberührt.

§ 6 Aufwendungsersatz

(1) Der Vermieter verpflichtet sich, für etwaige Aufwendungen, welche der Mieter infolge der in § 1 genannten Arbeiten zu bestreiten hat, angemessenen Aufwendungsersatz zu leisten. Der Vermieter verpflichtet sich, mit Beginn der Arbeiten hierzu einen Vorschuss in Höhe von 1.000 € zu bezahlen.

(2) Der Mieter ist verpflichtet, über den geleisteten Vorschuss nach Abschluss der Arbeiten abzurechnen. Der Mieter muss jedoch Art und Umfang der gemachten Aufwendungen darlegen und der Höhe nach aufschlüsseln. Hierbei sind sich die Parteien darüber einig, dass für Arbeiten, welche vom Mieter in Eigenleistung erbracht werden, wie beispielsweise Reinigung, Räumung, Malerarbeiten usw., ein Stundensatz von 10 € vereinbart ist. In allen Fällen etwaiger Neuanschaffung ist ein Abzug „neu für alt" vorzunehmen.

§ 7 Rücktrittsrecht

(1) Kommt der Mieter seiner Verpflichtung aus dieser Vereinbarung insbesondere gemäß § 2 und § 3 nicht nach, so kann der Vermieter nach Fristsetzung von zehn Tagen unter dem Hinweis, dass nach Ablauf der Frist das Rücktrittsrecht ausgeübt wird, von dieser Vereinbarung zurücktreten. Kommt der Vermieter mit den Arbeiten gemäß § 1 Abs. 1 und 2 mit mehr als sechs Monaten in Verzug, so kann der Mieter nach Fristsetzung von zehn Tagen unter dem Hinweis, dass nach Ablauf der Frist das Rücktrittsrecht ausgeübt wird, von dieser Vereinbarung zurücktreten.

(2) Die Rücktrittserklärung nach Abs. 1 bedarf der Schriftform. Für die Rechtzeitigkeit kommt es nicht auf die Absendung, sondern auf den Zugang der Rücktrittserklärung an.

§ 8 Kosten

Die Kosten dieser Vereinbarung werden gegeneinander aufgehoben.

§ 9 Sonstige Vereinbarungen

Diese Vereinbarung ist eine Ergänzungsvereinbarung zum Mietvertrag vom 1. Juni 1993. Die Parteien verpflichten sich, diese Vereinbarung zu vorstehendem Mietvertrag zu nehmen und mit diesem fest zu verbinden. Im Übrigen bleiben die Bestimmungen des Mietvertrags vom 1. Juni 1993 unberührt.

§ 10 Schriftform

Ergänzungen dieses Vertrags bedürfen der Schriftform.

München, den

Harald Ernsberger Michael Sauer

✓ SCHRITT-FÜR-SCHRITT-GUIDE

Die Modernisierung durchführen

1. Haben Sie an alles gedacht?

Die nachfolgende Checkliste soll Ihnen helfen, bei der Modernisierungsplanung den Überblick zu behalten.

Formular auf CD-ROM

❶ Gebäude allgemein

Haben Sie den baulichen Zustand Ihrer Immobilie überprüft?	**ja** ☐ **nein** ☐
Haben Sie alle Verbrauchswerte Ihrer Immobilie zusammengestellt?	**ja** ☐ **nein** ☐
Haben Sie sich über die Anforderungen der EnEV informiert?	**ja** ☐ **nein** ☐
Haben Sie eine unabhängige Energieberatung in Anspruch genommen?	**ja** ☐ **nein** ☐
Haben Sie einen Planer zu Hilfe genommen?	**ja** ☐ **nein** ☐
Ist für Ihre Renovierungsmaßnahme eine Baugenehmigung erforderlich?	**ja** ☐ **nein** ☐
Haben Sie sich zu den einzelnen Gewerken mindestens drei Angebote von Handwerkern eingeholt?	**ja** ☐ **nein** ☐
Soll eine unabhängige Qualitätsprüfung durch einen Architekten oder einen anderen Fachmann erfolgen?	**ja** ☐ **nein** ☐
Bestehen Nachrüstpflichten, die Sie unbedingt erfüllen müssen?	**ja** ☐ **nein** ☐

❷ Außenwände und Dach

Werden die Rollladenkästen ausreichend gedämmt und wurde auf Luftdichtheit geachtet?	**ja** ☐ **nein** ☐
Sind alle großen Fensterflächen mit Südausrichtung mit Jalousien ausgestattet?	**ja** ☐ **nein** ☐
Müssen alte, schlecht isolierte Fenster gegen neue ausgetauscht werden?	**ja** ☐ **nein** ☐
Muss das Dach bzw. die oberste Geschossdecke isoliert werden?	**ja** ☐ **nein** ☐
Ist im Dach eine Dampfsperre eingebaut?	**ja** ☐ **nein** ☐
Ist das Dach auf Luftdichtheit überprüft worden?	**ja** ☐ **nein** ☐
Haben Sie sich hinsichtlich der Dämmstoffe und der Dämmdicke an den Außenwänden ausreichend informiert?	**ja** ☐ **nein** ☐
Darf aufgrund von Denkmalschutzbestimmungen Ihre Immobilie nur an den Innenwänden gedämmt werden?	**ja** ☐ **nein** ☐
Haben Sie Ihren Keller auf feuchte Stellen untersucht?	**ja** ☐ **nein** ☐

❸ Heizungsanlage

Können Sie in Ihrer Immobilie erneuerbare Energien wie Holzpelletofen oder Solaranlage einsetzen?	**ja** ☐ **nein** ☐
Gibt es Anschlussmöglichkeiten für Nah- oder Fernwärme?	**ja** ☐ **nein** ☐

Sind alle Rohre in ungeheizten Räumen nach den Vorschriften der EnEV gedämmt? **ja** ☐ **nein** ☐

Wird Ihre Heizungsanlage regelmäßig gewartet? **ja** ☐ **nein** ☐

2. Darauf sollten Sie bei der Modernisierung achten:

Egal, ob Sie mit Ihrer geplanten Modernisierung eine energetische Sanierung nach der EnEV auf Altbau- oder Neubau-Niveau oder sogar eine Unterschreitung erzielen möchten, eine gründliche Planung sollte auf jeden Fall vorangehen.

❶ **Wärmedurchgangskoeffizient**
Der Wärmedurchgang wird gemäß der EnEV begrenzt. ☐

❷ **Förderbestimmungen**
Die Bestimmungen der jeweiligen Förderstellen werden eingehalten. ☐

❸ **Austausch der Heizung**
Vorgeschrieben sind Heizanlagen, die mit erneuerbaren Energien, auf Basis der Kraft-Wärme-Kopplung, durch Nah-/Fernwärme mit hydraulischem Abgleich oder auf Basis der Brennwerttechnologie betrieben werden. ☐

❹ **Einbau einer Lüftungsanlage**
Abluftanlagen mit geregelten Außenwandluftdurchlässen, bzw. Lüftungsanlagen mit Wärmerückgewinnung mit einem Wärmerückgewinnungsgrad von mindestens 80 Prozent. ☐

Das müssen Sie tun:
Gehen Sie nacheinander alle Fragen durch und überlegen Sie, an welcher Stelle noch Möglichkeiten für weitergehende Sanierungsmaßnahmen bestehen.
Außerdem sollten Sie überprüfen, ob alle Vorschriften bezüglich der EnEV bei Ihrem Vorhaben auch wirklich eingehalten werden.

So legen Sie die Kosten auf die Mieter um

Hat der Vermieter bauliche Maßnahmen durchgeführt, die den Gebrauchswert der Mietsache nachhaltig erhöhen, die allgemeinen Wohnverhältnisse auf Dauer verbessern oder eine nachhaltige Einsparung von Energie oder Wasser bewirken (Modernisierung), oder hat er andere bauliche Maßnahmen aufgrund von Umständen durchgeführt, die er nicht zu vertreten hat, so kann er die jährliche Miete um 11 % der für die Wohnung aufgewendeten Kosten erhöhen.

Mieterhöhung unabhängig von Duldung

Ob der Mieter die baulichen Maßnahmen dulden muss, ist nur eine Frage des § 554 Abs. 2 und 3 BGB. Hiervon vollständig unabhängig ist die Frage der Mieterhöhung. Diese wird von § 559 BGB beantwortet.

Voraussetzungen für eine Mieterhöhung

Der Vermieter ist berechtigt, die Miete aufgrund vorangegangener Modernisierungsmaßnahmen zu erhöhen, wenn der Mieter entweder den fraglichen Maßnahmen zugestimmt hat oder wenn er zur Duldung der Maßnahme nach § 554 Abs. 2 BGB verpflichtet war. Es kommt indes nicht darauf an, ob die Ankündigung der beabsichtigten Modernisierungsmaßnahme gemäß § 554 Abs. 3 S. 1 BGB formell oder materiell ordnungsgemäß gewesen ist und der Mieter den Maßnahmen widersprochen hat. Dies folgt bereits aus dem Wortlaut des Gesetzes. Denn nach § 559b Abs. 2 S. 2 BGB verlängert sich bei unterlassener Mitteilung der zu erwartenden Mieterhöhung nach § 554 Abs. 3 S. 1 BGB lediglich die Frist des § 559b Abs. 2 S. 1 BGB für die geforderte und geschuldete Mieterhöhung um sechs Monate. Hat somit die gänzlich unterlassene Mitteilung nach § 554 Abs. 3 S. 1 BGB nur eine Verzögerung des Eintritts der Mieterhöhung zur Folge, so kann die erfolgte, wenn auch verspätete Mitteilung keine für den Vermieter nachteiligen Folgen auslösen. Dies entspricht auch der im Gesetzgebungsverfahren vertretenen Ansicht. Danach sollten Mängel der Modernisierungsmitteilung aus anderen als den jetzt in § 559b Abs. 2 S. 2 BGB genannten Gründen für die anschließende Mieterhöhung ohne Bedeutung sein (Begründung des Regierungsentwurfs zum Mietrechtsreformgesetz, BT-Drs. 14/4553 S. 58 f.).
Die Mitteilungspflicht dient dem Schutz des Mieters bei der Durchführung von Modernisierungsmaßnahmen, nicht aber der Einschränkung der Befugnis des Vermieters, die Kosten einer tatsächlich durchgeführten Modernisierung im Rahmen des § 559 BGB auf den Mieter umzulegen. Diese Bestimmung soll dem Vermieter im Interesse der allgemeinen Verbesserung der Wohnverhältnisse einen finanziellen Anreiz zur Modernisierung geben (BGH, Urteil vom 19.9.2007, VIII ZR 6/07).

Materielle Voraussetzungen

Vorliegen einer baulichen Maßnahme

Nach § 559 Abs. 1 BGB kann der Vermieter die Miete nur aufgrund durchgeführter baulicher Maßnahmen erhöhen. Abzugrenzen ist die bauliche Maßnahme einerseits von reinen Instandsetzungsmaßnahmen und andererseits von bloßen Einrichtungen und Ausstattungen.

Expertentipp

Keine bauliche Maßnahme

Die Möblierung einer Wohnung, der Austausch eines Teppichbodens, das Aufstellen von einzelnen Küchengeräten oder einer fabrikmäßig hergestellten Einbauküche sowie der Austausch von Energiesparlampen stellen keine baulichen Maßnahmen dar.

Keine Mieterhöhung bei Instandsetzung

Reine Instandsetzungsmaßnahmen, die nur der Erhaltung oder Wiederherstellung des vertraglichen bzw. ordnungsgemäßen Zustands dienen und daher in der Regel in der Behebung von baulichen Mängeln liegen, sind keine Modernisierungsmaßnahmen.

Vermieter muss Bauherr sein

Der Vermieter muss die Baumaßnahmen in eigener Regie durchgeführt haben (BGH, Urteil vom 22.2.2006, VIII ZR 362/04, NJW 2006, 2185) und somit Bauherr sein. Es ist daran zu denken, dass die Vermieter- und Eigentümerstellung auseinanderfallen können. Für eine Mieterhöhung nach § 559 BGB ist daher nur Raum, wenn die in Betracht kommenden Baumaßnahmen während der Mietzeit vom Vermieter im eigenen Namen und für eigene Rechnung in Auftrag gegeben worden sind. Unerheblich ist es allerdings, ob er die Arbeiten selbst ausgeführt hat oder von anderen für sich und auf seine Rechnung hat durchführen lassen (Sonnenschein-Emmerich – Emmerich, § 559 Rn. 5).

Keine Mieterhöhung bei Leistungen durch Dritte

Die Umlegung von Modernisierungskosten auf den Mieter ist nicht möglich, wenn ein Dritter die Modernisierungsmaßnahmen auf eigene Rechnung vornimmt. Für den Anwendungsbereich des § 559 besteht deshalb kein Raum, wenn beispielsweise mit einem Wärmecontractor (z. B. einem Heizungsbauunternehmen) vereinbart wurde, dass er die Modernisierung der Heizung auf eigene Rechnung durchführt (BGH, Urteil vom 22.2.2006, VIII ZR 362/04, NJW 2006, 2185) – und als Gegenleistung das exklusive Recht erhält, den Mietern über einen längeren Zeitraum Heizwärme und Warmwasser zu liefern. Leistungen Dritter sind beispielsweise auch die Erschließungsmaßnahmen der Gemeinden, die in Form von Gebühren auf den Vermieter umgelegt werden.

Entsprechend schwierig ist die Frage zu beantworten, ob der Erwerber eines Grundstücks die Miete aufgrund der vom Veräußerer vorgenommenen Modernisierungsmaßnahmen erhöhen darf. Hier sind zwei Fallgruppen zu unterscheiden:

Modernisierung durch Vorbesitzer

1. Hat der Veräußerer die Modernisierungsmaßnahmen durchgeführt und ist der Erwerber während oder nach Abschluss der Modernisierungsmaßnahmen gemäß § 566 BGB als Vermieter in das Mietverhältnis eingetreten, so kann der Erwerber, obgleich die Arbeiten von ihm nicht veranlasst wurden, eine Mieterhöhung entsprechend § 559 BGB vornehmen (KG, Rechtsentscheid vom 8.5.2000, 8 RE-Miet 2505/00; KG, Rechtsentscheid vom 17.7.2000, 8 RE-Miet 4110/00).
2. Etwas anderes gilt, wenn der Erwerber bereits vor Eintragung im Grundbuch Modernisierungsarbeiten vornimmt, weil er zum maßgebenden Zeitpunkt noch nicht Vermieter ist (Sonnenschein-Emmerich – Emmerich, § 559 Rn. 5).

Zweifelhaft dürfte sein, ob nach der Entscheidung des BGH vom 2.6.2005 (BGH, Beschluss vom 2.6.2005 – V ZB 32/05, NJW 2005, 2061) zur Teilrechtsfähigkeit der Wohnungseigentümergemeinschaft der Vermieter die Kosten für eine Modernisierungsmaßnahme auf den Mieter umlegen kann, wenn der Verband die Maßnahmen in Auftrag gibt. Der Vermieter ist nämlich dann nicht mehr Bauherr (Schmidt-Futterer – Emmerich, § 554 Rn. 34).

WEG

Weitere Voraussetzung zu Umlagefähigkeit der Modernisierungskosten ist, dass die baulichen Maßnahmen den Gebrauchswert der Mietsache nachhaltig erhöhen. Im Wesentlichen handelt es sich bei den Modernisierungsmaßnahmen um die, die im Zusammenhang mit § 554 Abs. 2 BGB beschrieben wurden (siehe Kapitel „Umfang der Duldungspflicht: materielle Voraussetzungen“ ab Seite 155). Maßgebend ist allein, dass sich der vertragsgemäße Zustand, der regelmäßig zu Beginn des Mietverhältnisses zwischen den Parteien vereinbart wurde, nach Vornahme der Modernisierungsmaßnahmen verbessert hat. Hierbei ist der Maßstab objektiv zu bestimmen. Insbesondere muss die Gebrauchswerterhöhung nachhaltig sein, das heißt, sie muss von Dauer sein und ein gewisses Ausmaß aufweisen. Der Mieter kann hingegen nicht

Nachhaltige Erhöhung des Gebrauchswerts

einwenden, dass die Modernisierungsmaßnahmen für ihn keinen Nutzen haben.

Verbesserung der Wohnverhältnisse

Eine bauliche Maßnahme, die den Vermieter zur Mieterhöhung berechtigt, liegt auch dann vor, wenn die Wohnverhältnisse verbessert werden. Hierunter versteht man in erster Linie die Anlage und den Aufbau nicht öffentlicher Gemeinschaftsanlagen wie Kinderspielplätze, Grünanlagen, Stellplätze und andere Verkehrsanlagen (siehe Kapitel „Umfang der Duldungspflicht: materielle Voraussetzungen" ab Seite 155).

Die Einrichtung eines Kinderspielplatzes berechtigt den Vermieter zur Mieterhöhung.

Einsparung von Energie oder Wasser

Zur Mieterhöhung berechtigen außerdem bauliche Maßnahmen, die die nachhaltige Einsparung von Energie oder Wasser bewirken. Die Begriffe sind weit auszulegen. Dabei werden alle Arten von Energie erfasst, also Heizenergie, Strom, Wärme, Gas oder Öl. Es reicht aus, wenn überhaupt eine messbare Einsparung von Energie erzielt wird und diese dauerhaft ist. Die Mieterhöhung wegen energieeinsparender Modernisierung wird nicht durch das Verhältnis zu der erzielten Heizkostenersparnis begrenzt. Für eine solche Begrenzung besteht keine gesetzliche Grundlage. Der Gesetzgeber hat im volkswirtschaftlichen Interesse an einer Modernisierung des Wohnbestandes – auch zum Zwecke der Energieeinsparung – von einer begrenzten Regelung bewusst abgesehen. Vielmehr ist zum Schutz des Mieters die Härteklausel ausreichend (siehe Kapitel „Interessenabwägung“ ab Seite 165) (BGH, Urteil vom 3.3.2004, VIII ZR 149/03, NZM 2004, 336).

Gesetzliche Verpflichtungen des Vermieters

Schließlich kann der Vermieter auch Maßnahmen, die er aufgrund von Umständen durchgeführt hat, die er nicht zu vertreten hat, auf den Mieter umlegen. Nicht zu vertreten hat der Vermieter lediglich solche baulichen Maßnahmen, zu deren Vornahme er vertraglich nicht verpflichtet ist und die er auch weder voraussehen noch vermeiden konnte, vor allem wenn sie auf technischen Änderungen oder unerwarteten gesetzlichen oder behördlichen Anordnungen beruhen (siehe Kapitel „Bauliche Maßnahmen, die der Vermieter aufgrund von Umständen durchgeführt hat, die er nicht zu vertreten hat“ ab Seite 164).

Berechnung der Mieterhöhung

11 % der Kosten umlagefähig

Nach § 559 Abs. 1 BGB kann der Vermieter die jährliche Miete um 11 % der für die Wohnung aufgewendeten Modernisierungskosten erhöhen. Die Erhöhung ist nicht bis zur Amortisation der Kosten befristet. Eine solche Begrenzung sieht das Gesetz nicht vor. Vielmehr wird der „Modernisierungszuschlag“ auf Dauer Bestandteil der Miete. Insbesondere wird er nicht getrennt ausgewiesen.

Aufteilung auf Wohnungen

Sind die baulichen Maßnahmen für mehrere Wohnungen durchgeführt worden, so sind die Kosten gemäß § 559 Abs. 2 BGB angemessen auf die einzelnen Wohnungen aufzuteilen. Entsprechend einfach ist es daher, die Kosten für die Modernisierungsmaßnahmen auf die Mieter zu verteilen, wenn diese einer Wohnung oder einem Mietobjekt (Einfamilienhaus) zuzuordnen sind.

Expertentipp

Neue Isolierglasfenster

Werden neue Isolierglasfenster eingebaut, so ist der Aufwand nach der Anzahl der eingebauten Fenster in der jeweiligen Wohnung zu bestimmen.

Verteilung nach billigem Ermessen

Etwas schwieriger wird es hingegen, wenn die baulichen Maßnahmen für mehrere Wohnungen durchgeführt worden sind. Dies ist beispielsweise bei der Anbringung eines Wärmedämmverbundsystems oder beim Einbau eines Aufzugs der Fall. Hier ist die Verteilung der Kosten vom Vermieter nach billigem Ermessen gemäß §§ 315, 316 BGB vorzunehmen. Unbillig sind daher Umlageschlüssel, die bestimmte Mieter unangemessen benachteiligen. Beispiele für unbillige Verteilung der Kosten:

- Es ist unbillig, zahlungsunfähige Mieter weniger stark oder schwierige Mieter besonders stark zu belasten.
- Der Vermieter hat selbstverständlich die Kosten einer unvermieteten Wohnung selbst zu tragen. Es wäre unbillig, diese auf die übrigen Mieter umzulegen.
- Auch wenn eine Mieterhöhung bei einem einzelnen Mieter durch vertragliche Vereinbarung oder gesetzliche Bestimmungen gemäß § 559 BGB ausgeschlossen ist, hat der Vermieter die ausfallenden Einkünfte selbst zu tragen.

Mögliche Maßstäbe

Als angemessener Maßstab ist in der Regel das Verhältnis der Wohnflächen untereinander heranzuziehen. Im Einzelfall sind jedoch auch andere Maßstäbe denkbar. So kann der Vermieter beispielsweise bei seiner Ermessensabwägung unterschiedliche Gebrauchsvorteile für den jeweiligen Mieter berücksichtigen.

Expertentipp

Aufzug – Verteilung nach Gebrauchsvorteilen

Wird z. B. ein Aufzug eingebaut, so wird im Regelfall der Mieter der Dachgeschosswohnung einen größeren Gebrauchsvorteil durch den Einbau des Aufzugs haben als der der Erdgeschosswohnung. Der Vermieter kann die Kosten für den Einbau des Aufzugs entsprechend der jeweiligen Etage und dem damit verbundenen Gebrauchsvorteil staffeln. So hat beispielsweise das Landgericht Hamburg (Urteil vom 30.5.2002, 333 S 81/01, ZMR 2002 S. 919) folgende Staffelung für angemessen gehalten: Erdgeschoss 0 %, 1. OG 12 %, 2. OG 17,5 %, 3. OG 21 %, 4. OG 23,5 %, 5. OG 26 %. Eine andere Kammer des Landgerichts Hamburg (Urteil vom 20.6.1994, 311 S 82/93) hielt eine Staffelung von 12 % für das 1. OG, 16,5 % für das 2. OG, 20,5 % für das 3. OG, 24,5 % für das 4. OG und 26,5 % für das 5. OG ebenfalls für angemessen.

Der Vermieter ist jedoch nicht gezwungen, die Kosten wie in obigem Beispiel umzulegen. So hat das Landgericht München I (Urteil vom 24.11.2005, 31 S. 9700/05) entschieden, dass der Vermieter die Kosten für den Einbau eines Aufzugs sowohl nach dem linearen Flächenanteil als auch nach dem unterschiedlichen Gebrauchsvorteil auf die Mieter verteilen kann. Ein einheitlicher Standard lässt sich hier jedoch nicht anwenden, da auch für den Erdgeschossmieter immer die Möglichkeit bestehen kann, mit einem neu eingebauten Aufzug den Keller und Speicher oder einen anderen Bewohner in einem höheren Stockwerk zu erreichen. Zu berücksichtigen ist insbesondere, dass der Mieter nicht einwenden kann, dass für ihn die Modernisierungsmaßnahme keinen Nutzen bringt. Grundsätzlich spricht gegen eine Verteilung nach Gebrauchsvorteilen nichts, es ist jedoch in der Regel schwierig, einen transparenten, angemessenen und akzeptablen Umlageschlüssel zu finden. Auch muss beispielsweise bei der Anbringung einer Wärmedämmung nicht zwischen Innen- und Außenwohnungen oder Dach und Erdgeschosswohnungen unterschieden werden.

Expertentipp

Maßstab nach Wohnflächen verwenden

Es empfiehlt sich, bei Umlage von Modernisierungskosten, die alle Wohnungen betreffen, als Umlagemaßstab das Verhältnis der Wohnflächen untereinander zu wählen. Nur wenn dieser Maßstab vollständig unbillig erscheint, beispielsweise weil ein Aufzug in einem ganz anderen Gebäude erstellt wird, der Mieter daher objektiv keinen Nutzen hat, ist ein anderer Maßstab zu verwenden.

Berücksichtigungsfähige Kosten

Zu den umlagefähigen Kosten zählen sowohl die reinen Baukosten als auch die Baunebenkosten.

Trennung von Instandsetzungs- und Instandhaltungskosten

Eigenleistung berücksichtigen

Zu den Baunebenkosten gehören Honorare für Architekten, Bauphysiker, Statiker, Ingenieure sowie Gutachter, sofern sie aufgrund der Modernisierungsmaßnahme notwendig sind und es sich hierbei nicht um reine Verwaltungsaufgaben handelt, die auch der Vermieter wahrnehmen könnte. Weiter zählen hierzu die Gebühren für die Baugenehmigung, Kosten für die Baustelleneinrichtung, Kosten für die Reinigung nach Beendigung der baulichen Maßnahmen, Kosten für die Gerüstaufstellung.

Der Vermieter kann auch seine Eigenleistung im Rahmen der Modernisierung in die Kostenberechnung einstellen (LG Halle, Urteil vom 8.8.2002, 2 S 42/01 ZMR 2003, 35, 36; Blank/ Börstinghaus – Börstinghaus, § 559 Rn. 22). Hinsichtlich der Höhe kann der Vermieter sich an den Kosten eines Fachunternehmens orientieren.

Nur aufgewendete Kosten sind umlagefähig

Umlagefähig sind jedoch dem Wortlaut des § 559 BGB entsprechend nur die aufgewendeten Kosten, d. h. die tatsächlichen Kosten. Eventuell erhaltene Rabatte oder Skonti muss der Vermieter dem Mieter bei der Berechnung weitergeben. Er kann daher nicht nach Kostenvoranschlag abrechnen, sondern kann nur die tatsächlich bezahlten Kosten der Modernisierungsaufwendungen auf den Mieter umlegen.

Nicht umlagefähig sind die Kosten für Finanzierung und Kapitalbeschaffung. Diese Kosten sind mit der Mieterhöhung abgegolten.

Kosten für Architekten

Die Kosten für den Architekten sind nur dann umlagefähig, wenn nach Art und Umfang der baulichen Maßnahme eine Hinzuziehung des Architekten objektiv notwendig und wirtschaftlich vernünftig war. Diese Kosten sind als eigene Position bei der durchgeführten Modernisierungsmaßnahme aufzuführen (AG Köln, Urteil vom 7.3.1989, 212 C 301/ 88, WuM 1990, 226–227).

Kosten durch Mietminderung

Nicht ansatzfähig ist der durch die Modernisierungsmaßnahmen bedingte Mietausfall in Form der Mietminderung gemäß § 536 Abs. 1 BGB oder des Schadensersatzes gemäß § 536a Abs. 1 BGB wegen einer nicht unerheblichen Gebrauchsbeeinträchtigung der Mietsache durch Staub, Lärm und Schmutz, da dies keine Kosten sind, die für die Wohnung aufgewandt wurden (Schmidt-Futterer – Börstinghaus, § 559 Rn. 161).

Instandsetzungskosten herausrechnen

Nicht ansatzfähig sind Instandsetzungskosten. Regelmäßig enthalten bauliche Maßnahmen sowohl Elemente einer Erhaltungs- als auch Modernisierungsmaßnahme. Nachdem § 559 Abs.1 BGB lediglich die Umlage der Kosten für die Modernisierung vorsieht und es sich bei der Instandsetzung der Wohnung um eine Hauptleistungspflicht des Vermieters handelt, sind bei der Ermittlung der anrechenbaren Kosten Instandsetzungskosten zu berücksichtigen. Diese sind daher nachvollziehbar von den Modernisierungskosten zu trennen. Die fiktiven Kosten einer fälligen (ersparten) Instandsetzung sind von den Kosten der Modernisierungsmaßnahme abzuziehen und nur die verbleibenden Kosten mit 11 % jährlich auf den Mieter umlegbar.

Dies gilt jedoch nur für Instandsetzungsmaßnahmen einschließlich der sogenannten Sowiesokosten, die im Augenblick der Ausführung der Modernisierungsmaßnahme bereits fällig waren. Zukünftig fällige fiktive Instandsetzungskosten werden den Kosten für die Modernisierung zugeschlagen (OLG Hamburg, RE v. 6.10.1982 – 4 U 133/82).

Umstritten: Sowieso-Kosten

Umstritten ist, in welcher Weise die Sowiesokosten, beispielsweise Gerüstkosten bei einer modernisierenden Instandsetzung, zu berücksichtigen sind. Börstinghaus (Schmidt-Futterer – Börstinghaus, § 559 Rn. 166) vertritt die Auffassung, dass der gesamte Sockel der Kosten, der auch für die Instandsetzung angefallen wäre, nicht anzusetzen ist. Muss beispielsweise das Gerüst auch für die Instandsetzung der Fenster oder Außenfassade aufgestellt werden, dann gehören die Gerüstkosten weder ganz noch anteilig zu den Modernisierungskosten, sondern ausschließlich zu den Instandsetzungskosten.

Dies führt jedoch nach Auffassung des Verfassers zu groben Unbilligkeiten. Ist beispielsweise ein Wärmedämmverbundsystem anzubringen und fallen dabei naturgemäß Instandsetzungsarbeiten an der Fassade an, die jedoch einen ganz geringen Anteil der Kosten ausmachen, so verbleiben die Gemeinkosten für das Gerüst – obwohl der Schwerpunkt der baulichen Maßnahmen auf der Modernisierungsmaßnahme liegt – beim Vermieter. Dementsprechend sind bei der modernisierenden Instandsetzung die Baunebenkosten anteilig auf die Modernisierung und Instandsetzung zu verteilen, beispielsweise indem auf die Gesamtkosten eine Quote angewandt wird (KG Berlin, Urteil vom 20.4.2006, 8 U 204/05, ZMR 2006, 612–615; LG Halle, Urteil vom 8.8.2002, 2 S 42/01, ZMR 2003, 35, 36; LG Dresden, Urteil vom 14.10.1997, WuM 1998, 216, 217).

PRAXISBEISPIEL

Vollwärmeschutz und Putzausbesserungen

Beabsichtigt der Vermieter, einen Vollwärmeschutz anzubringen, so ist das unstreitig eine bauliche Maßnahme, die eine nachhaltige Einsparung von Heizenergie bewirkt, und damit eine Modernisierungsmaßnahme, deren Kosten er mit 11 % jährlich auf den Mieter umlegen darf. Die Kosten des Vollwärmeschutzes betragen 41.247,35 €. Im Zuge der Modernisierungsmaßnahme hat der Vermieter Putzausbesserungen für 5.932,08 € vornehmen lassen. Zur Anbringung des Vollwärmeschutzes musste der Vermieter ein Gerüst aufstellen lassen. Die Kosten für das Gerüst betrugen 3.652,88 €. Nach der hier vertretenen Meinung sind die Gerüstkosten anteilig auf die Modernisierungskosten anzurechnen.
Bezogen auf die Gesamtrechnung bezüglich der Anbringung des Vollwärmeschutzes beträgt der Anteil der Kosten für die Putzausbesserung 5.932,08 € : 41.247,35 € = 14,38 %. Dementsprechend entfallen auf die Modernisierungskosten für das Gerüst 85,62 % und auf die Instandsetzungskosten 14,38 %. Von den Kosten des Gerüsts sind demnach 3.127,59 € auf den Mieter mit 11 % jährlich umzulegen. Möchte man der Meinung von Börstinghaus (a. a. O.) folgen, so wären die Kosten für das Gerüst überhaupt nicht auf den Mieter umlegbar.

Abzug von Fremdmitteln (§ 559a BGB)

Der Vermieter soll nur die tatsächlich aufgewendeten Kosten in seine Berechnung einstellen können, also nur solche Kosten, die ihn tatsächlich auch belasten. Nichts anderes gilt bei Zuwendungen durch den Mieter oder Dritte.
Anzurechnen sind dem Mieter gemäß § 559a Abs. 1 und Abs. 2 S. 1 BGB Zuschüsse, zinsverbilligte und zinslose Darlehen, die

dem Vermieter für die Modernisierungsmaßnahmen gewährt wurden.
Nach § 559a Abs. 1 BGB kann der Vermieter Kosten, die vom Mieter oder für diesen von einem Dritten erbracht oder die mit Zuschüssen aus öffentlichen Haushalten gedeckt werden, nicht auf den Mieter gemäß § 559 BGB umlegen. Zu denken ist insbesondere an „verlorene Baukostenzuschüsse“ (Zuschüsse des Mieters an den Vermieter für Baumaßnahmen, die Letzterer aber zurückzuzahlen hat) sowie an Bauleistungen, die vom Mieter oder für ihn beispielsweise von seinem Arbeitgeber, Freunden etc. erbracht wurden.

Nur Kosten und Kredite, die den Vermieter tatsächlich belasten, dürfen auf die Mieter umgelegt werden.

PRAXISBEISPIEL

Baukostenzuschuss durch Mieter

Der Vermieter modernisiert eine 76-m²-Wohnung. Hierfür wendet er anrechenbare Kosten von 15.000 € auf. Der Mieter leistet einen verlorenen Baukostenzuschuss in Höhe von 4.000 €. Der Vermie-

ter muss entsprechend § 559a Abs. 1 BGB die 4.000 € von den 15.000 € in Abzug bringen, da diese nicht zu den aufgewendeten Kosten im Sinne des § 559 BGB gehören. Die Mieterhöhung berechnet sich wie folgt:
Aufgewendete Kosten 11.000 € (15.000 € – 4.000 €), hieraus 11 % der Gesamtkosten pro Jahr, 1.210 € : 12 Monate = 100,83 €, pro m² 1,32 € (= 100,83 € : 76).

Zuschüsse aus öffentlichen Haushalten

Bei den Zuschüssen aus öffentlichen Haushalten ist insbesondere an Mittel aus Wohnungsbauförderungsprogrammen und Projekten zur Stadtsanierung zu denken (Schmidt-Futterer – Börstinghaus, § 559a Rn. 5).
Nach § 559a Abs. 3 BGB sind die Leistungen des Mieters, und zwar als Mieterdarlehen oder Mietvorauszahlung, bzw. die von einem Dritten für den Mieter an den Vermieter erbrachte Leistung den Darlehen aus öffentlichen Haushalten gleichzustellen. Mittel der Finanzierungsinstitute des Bundes oder eines Landes (beispielsweise Kreditanstalt für Wiederaufbau; Investitionsbanken der Länder) gelten als Mittel aus öffentlichen Haushalten.

Investitionszulagen

Investitionszulagen nach § 3 InvZulG 1999 für Modernisierungsmaßnahmen sind keine gemäß § 559a BGB anzurechnenden Fördermittel. Die Investitionszulage ist ein steuerrechtliches Instrument, das sich im Rahmen der Abgabenordnung bewegt und deshalb auch von den Finanzämtern verwaltet wird. Auf die Investitionszulage besteht ein Rechtsanspruch. Sie ist ein Mittel der Refinanzierung des Vermieters, der gefördert werden soll, und nicht der Mieter (Schmidt-Futterer – Börstinghaus, § 559a Rn. 6). Der Systematik des § 559 BGB entsprechend bedarf es keiner Anrechnung von Mitteln, die der Vermieter zum Zwecke der Durchführung von Instandsetzungen erhält.

Zinsverbilligte/-lose Darlehen

Den Regelfall bildet wohl heute § 559a Abs. 2 BGB, indem dem Vermieter für die Kosten der baulichen Maßnahmen zinsverbilligte oder zinslose Darlehen aus öffentlichen Haushalten zur Verfügung gestellt werden.

Zinsermäßigung berücksichtigen!

Der Erhöhungsbetrag nach § 559 BGB verringert sich um den Jahresbetrag der Zinsermäßigung. Dieser Abzugsbetrag errechnet sich gemäß § 559a Abs. 2 S. 2 und 3 BGB aus dem Unterschied zwischen dem ermäßigten Zinssatz und dem marktüblichen Zinssatz für den Ursprungsbetrag des Darlehens. Maßgebend ist der marktübliche Zinssatz für erstrangige Hypotheken zum Zeitpunkt der Beendigung der Maßnahmen. Zur Ermittlung des marktüblichen Zinssatzes für erstrangige Hypotheken kann § 23a zweite Berechnungsverordnung (II. BV) herangezogen werden: Gemäß § 23a II. BV ermittelt sich dieser aus dem durchschnittlichen Zinssatz der durch erste Hypotheken gesicherten Darlehen, die zu dieser Zeit von Kreditinstituten oder privatrechtlichen Unternehmen, die Darlehen vergeben, zu geschäftsüblichen Bedingungen für Bauvorhaben am selben Ort gewährt worden sind. Der durchschnittliche Zinssatz kann auch in Anlehnung an den Zinssatz der zu dieser Zeit zahlenmäßig am meisten abgesetzten Pfandbriefe unter Berücksichtigung der üblichen Zinsspanne ermittelt werden.

PRAXISBEISPIEL

Modernisierung mithilfe eines KfW-Darlehens
Die anrechenbaren aufgewandten Kosten für die Modernisierungsmaßnahmen des Vermieters betrugen 100.000 €. Dem Vermieter wurde über die Kreditanstalt für Wiederaufbau (KfW) ein vergünstigtes Darlehen über 50.000 € zu einem Zinssatz von 4 % gewährt. Der marktübliche Zinssatz für erstrangige Hypotheken betrug zum Zeitpunkt der Beendigung der Modernisierungsmaßnahme 7 %.
Für das ihm gewährte Darlehen über 50.000 € muss der Vermieter also Zinsen in Höhe von 2.000 € im Jahr bezahlen. Der Zinsbetrag für marktübliche erstrangige Hypotheken würde bei 3.500 € liegen. Dementsprechend erspart sich der Vermieter eine Zinsbelastung von 1.500 €.
Bei einem Modernisierungsaufkommen von 100.000 € ergibt sich ein Erhöhungsbetrag von 11.000 € jährlich (11% aus 100.000 €). Von diesem Erhöhungsbetrag ist die ersparte jährliche Zinsbelastung in Höhe von 1.500 € abzuziehen. Mithin ergäbe sich für den Vermieter ein jährlicher Erhöhungsbetrag von 10.160 € anstatt 9.500 € für das Gesamtobjekt.

Zugrundezulegen ist der ursprüngliche Darlehensbetrag, der auch in der Zukunft in Anrechnung zu stellen ist, obwohl das Darlehen teilweise getilgt wurde oder sich der marktübliche Zins verändert

Einfrierungsgrundsatz

(Einfrierungsgrundsatz). Dies gilt sowohl dann, wenn die tatsächliche Zinsvergünstigung sinkt, weil der Vermieter bis zur Beendigung der Maßnahmen das Darlehen teilweise getilgt hat oder weil das Zinsniveau für erstrangige Hypotheken gefallen ist.

PRAXISBEISPIEL

Fallende Zinsen

In obigem Beispiel ist der Zinssatz für marktübliche erstrangige Hypotheken von 7 % auf 6 % gefallen. Überdies hat der Vermieter bereits 8.000 € von der Darlehenssumme getilgt. Es würde sich für den Vermieter ein Zinsvorteil wie folgt ergeben:

Für das ihm nunmehr gewährte Darlehen über 42.000 € (50.000 € – 8.000 €) sowie bei einer Zinsvergünstigung auf 4 % muss der Vermieter also Zinsen in Höhe von 1.680 € im Jahr bezahlen. Der Zinsbetrag für marktübliche erstrangige Hypotheken würde bei einem Zinssatz von 6 % bei 2.520 € liegen. Dementsprechend erspart sich der Vermieter eine Zinsbelastung von 840 €.

Bei einem Modernisierungsaufkommen von 100.000 € ergibt sich ein Erhöhungsbetrag von 11.000 € jährlich (11 % aus 100.000 €). Von diesem Erhöhungsbetrag ist die ersparte jährliche Zinsbelastung in Höhe von 840 € abzuziehen. Mithin ergäbe sich für den Vermieter lediglich ein jährlicher Erhöhungsbetrag für das Gesamtobjekt von 9.000 €. Der Vermieter müsste im Vergleich zum Ausgangsbeispiel dem Mieter 2.000 € statt 1.500 € anrechnen.

Vorteil der Förderung

Der Vermieter wird in obigem Beispiel durch den sogenannten Einfrierungsgrundsatz schlechter gestellt. Ist im Darlehensvertrag jedoch vereinbart, dass das erste Jahr (Jahr der Modernisierungsmaßnahmen) tilgungsfrei ist und steigt darüber hinaus noch der marktübliche Zinssatz für erstrangige Hypotheken, so nimmt der Vorteil der Förderung für den Vermieter zu.

PRAXISBEISPIEL

Steigende Zinsen

In obigem Beispiel ist der Zinssatz für marktübliche erstrangige Hypotheken von 7 % auf 8 % gestiegen. Eine Tilgung erfolgte

nicht. Es würde sich für den Vermieter ein Zinsvorteil wie folgt ergeben:
Für das ihm gewährte Darlehen über 50.000 € sowie bei einer Zinsvergünstigung auf 4 % muss der Vermieter also Zinsen i. H. v. 2.000 € im Jahr bezahlen. Der Zinsbetrag für marktübliche erstrangige Hypotheken würde bei einem Zinssatz von 8 % bei 4.000 € liegen. Dementsprechend erspart sich der Vermieter eine Zinsbelastung von 2.000 €.
Bei einem Modernisierungsaufkommen von 100.000 € ergibt sich ein Erhöhungsbetrag von 11.000 € jährlich (11 % aus 100.000 €). Von diesem Erhöhungsbetrag ist die ersparte jährliche Zinsbelastung i. H. v. 2.000 € abzuziehen. Mithin verbleibt ein jährlicher Erhöhungsbetrag für das Gesamtobjekt von 9.000 €. Der Vermieter müsste im Vergleich zum Ausgangsbeispiel dem Mieter statt 1.500 € also 2.000 € anrechnen.

Zuschüsse und Darlehen

Ebenso zu verfahren ist gemäß § 559a Abs. 2 S. 4 BGB mit Zuschüssen oder Darlehen, welche der Vermieter für laufende Aufwendungen für die Modernisierung gewährt bekommt. Der Erhöhungsbetrag verringert sich um den Jahresbetrag des Zuschusses oder Darlehens. Laufende Aufwendungen sind gemäß § 18 Abs. 1 II. BV die Kapitalkosten und die Bewirtschaftungskosten.

PRAXISBEISPIEL

Tilgungszuschuss der KfW muss abgezogen werden
Die anrechenbaren aufgewendeten Kosten für die Modernisierungsmaßnahmen betrugen 100.000 €. Dem Vermieter wurde über die KfW ein Tilgungszuschuss in Höhe von 5.000 € gewährt. Bei einem Modernisierungsaufkommen von 100.000 € ergibt sich ein Erhöhungsbetrag von 11.000 € jährlich (11 % aus 100.000 €). Von diesem Erhöhungsbetrag ist der ersparte Tilgungszuschuss in Höhe von 5.000 € abzuziehen. Mithin kann der Vermieter noch einen Erhöhungsbetrag von 6.000 € für das Gesamtobjekt auf die Mieter umlegen.

Jährliche Neuberechnung bei degressiver Förderung

Etwas anderes gilt jedoch in den Fällen, wenn sich die öffentlichen Zuschüsse oder die Zinsverbilligung ihrerseits ändern, sodass in diesem Fall die Kürzungsbeträge gegebenenfalls jährlich neu berechnet werden müssen. Dies gilt insbesondere in den Fällen der degressiven Förderung. Bei einer degressiven Förderung zinsverbilligter Darlehen steigen die Zinsen jährlich. Verringern sich die Zuschüsse während der Laufzeit der öffentlichen Förderung, so muss der Vermieter bereits bei der ersten Mieterhöhungserklärung unter Hinweis auf die sinkenden Zuschüsse eine spätere erneute Erhöhung der Miete vorbehalten. Unterlässt er dies, bleibt es bei der einmaligen Mieterhöhung nach Modernisierung (Schmidt-Futterer – Börstinghaus, § 559b Rn 30).

Zuschüsse/ Darlehen für einzelne Wohnungen

Sind Zuschüsse oder Darlehen für einzelne Wohnungen gewährt worden, sind diese entsprechend § 559a Abs. 4 BGB diesen zuzuordnen. Lediglich wenn nicht festgestellt werden kann, in welcher Höhe Zuschüsse oder Darlehen für die einzelnen Wohnungen gewährt worden sind, sind diese nach dem Verhältnis der für die einzelnen Wohnungen aufgewendeten Kosten aufzuteilen. In diesem Falle ist daher für die Verteilung der Kürzungsbeträge derselbe Umlageschlüssel zu wählen, der bei der Aufteilung der Kosten auf die einzelnen Wohnungen angewendet wurde (siehe „Berechnung der Mieterhöhung“ ab Seite 213).

Darlehen, die für einzelne Wohnungen gewährt wurden, sind entsprechend der Wohnfläche auch auf diese umzulegen.

So erhöhen Sie die Miete

Nach § 559b Abs. 1 S. 1 BGB ist eine Mieterhöhung nach § 559 BGB dem Mieter in Textform zu erklären. Wird diese Form nicht eingehalten, so ist die Erklärung bereits aus formellen Gründen gemäß § 125 S. 1 BGB unwirksam.

In Textform erklären

Die Mieterhöhungserklärung ist als empfangsbedürftige Willenserklärung von allen Vermietern abzugeben und muss allen Mietern gemäß § 130 BGB zugehen. Das Formerfordernis gilt für die gesamte Erhöhungserklärung einschließlich ihrer Begründung und Erläuterung (AG Greifswald, Urteil vom 10.5.1994, 42 C 103/94, WuM 1994, 379). Grundsätzlich hat die Erhöhungserklärung in einer einheitlichen Form zu erfolgen. Die bloße Bezugnahme auf andere Schriftstücke wie insbesondere auf die Mitteilung nach § 554 Abs. 3 BGB reicht nicht aus. Die Schriftstücke müssen der Erhöhungserklärung in einer Weise beigefügt werden, dass sie als deren Teile erscheinen und zumindest durch die Grußformel des Vermieters (Textform) gedeckt werden. Zahlungsbelege und Rechnungen muss der Vermieter der Erklärung nicht beifügen (Staudinger-Emmerich, § 559b Rn. 8). Ist die Mieterhöhungserklärung unwirksam, so ist sie als empfangsbedürftige Willenserklärung nichtig. Wichtig ist insbesondere, dass eine Nachbesserung einer unwirksamen Mieterhöhungserklärung im Prozess im Gegensatz zur Regelung nach § 558b Abs. 3 BGB nicht möglich ist. Die Mieterhöhungserklärung kann jedoch zu jeder Zeit neu abgegeben werden (BGH, Urteil vom 25.1.2006, VIII ZR 47/05, WuM 2006, 157).

Erläuterung der Mieterhöhung

Die Erklärung ist gemäß § 559b Abs. 1 S. 2 BGB nur wirksam, wenn in ihr die Erhöhung aufgrund der entstandenen Kosten berechnet und entsprechend den Voraussetzungen der §§ 559, 559a BGB erläutert wird.

Berechnung der Mieterhöhung

Für die Berechnung der Mieterhöhung gemäß § 559b Abs. 1 S. 2 BGB ist zunächst der Gesamtaufwand von Bau- und Baunebenkosten anzugeben (AG Greifswald, Urteil vom 10.5.1994, 42 C 103/94, WuM 1994, 379). Bei mehreren Gewerken, beispielsweise Maurer-, Sanitär-, Elektrikerarbeiten etc., sind alle durchgeführten Gewerke aufzulisten und die jeweiligen Gesamtkosten anzugeben und auf die Mieter entsprechend zu verteilen. Nicht notwendig ist die Mitteilung der einzelnen Rechnungspositionen der jeweiligen Gewerke, es sei denn, in den einzelnen Wohnungen sind unterschiedliche Maßnahmen oder Maßnahmen mit unterschiedlichen Kosten durchgeführt worden oder mit den Modernisierungsmaßnahmen sind Instandsetzungsmaßnahmen verbunden worden (Sonnenschein-Emmerich – Emmerich, § 559b Rn. 7).

Pauschalpreis

Ist ein Pauschalpreis vereinbart, so ist strittig, ob die Angabe des Gesamtpreises ausreicht (So LG Kiel, Urteil vom 23.9.1999, 1 S 65/99 WuM 2000, 613; LG Gera, Urteil vom 21.7.1999, 1 S 366–97, NZM 1999, 1093; Staudinger/Emmerich, § 559b Rn. 11). Die herrschende Meinung ist jedoch, dass bei einer Totalsanierung – also bei gleichzeitig ausgeführten Modernisierungs- und Instandsetzungsmaßnahmen – sowohl die Kosten der Instandsetzungsmaßnahmen als auch die auf die jeweilige Wohnung entfallenden Modernisierungskosten zu ermitteln sind. Nur der um die Instandsetzungskosten und die Kosten der Modernisierung der übrigen Wohnungen reduzierte Pauschalpreis darf der Mieterhöhung zugrunde gelegt werden (LG Berlin, Urteil vom 6.3.2003 67 S 306/02; LG Gera, Urteil vom 21.7.1999, 1 S 366–97, NZM 1999, 1093; Staudinger/Emmerich, § 559b Rn. 11). Denn Sinn und Zweck der Pflicht des Vermieters zur Begründung und Erläuterung der einseitigen Mieterhöhung ist es, dem Mieter eine Überprüfung des verlangten Mehrbetrags ohne besondere Kenntnisse auf dem Gebiet der Rechnungsprüfung zu ermöglichen. Es soll ihm insbesondere eine grobe Einschätzung eröffnet werden, ob die aufgewendeten Kosten erforderlich und angemessen waren. Außerdem soll ihm anhand der Mieterhöhungserklärung eine Einsicht in einzelne Rechnungsunterlagen ermöglicht werden.

Erläuterung auch bei einfachen Maßnahmen

Nichts anderes kann auch für einfache in sich abgeschlossene Modernisierungsmaßnahmen, wie beispielsweise den Einbau einer Gasetagenheizung, gelten. Auch in diesem Fall ist die Darstellung, Berechnung und Erläuterung der einzelnen Rechnungspositionen erforderlich. Dem Mieter ist es sonst unmöglich zu überprüfen, ob sich der Gesamtaufwand und damit der auf die Wohnung entfallende Teilbetrag im zulässigen Rahmen des § 559 BGB bewegt, also ob im Rahmen der Modernisierungsmaßnahmen Arbeiten durchgeführt worden sind, deren Kosten nicht auf die Mieter umgelegt werden können (So auch Wetekamp, Handbuch zur Wohnraummiete, 4. Aufl., Kapitel 7, Rn. 86).

Expertentipp

Aufschlüsselung auch bei Pauschalpreis

Dem Vermieter bleibt es unbenommen, mit dem jeweiligen Handwerker einen Pauschalpreis zu vereinbaren. Dies insbesondere vor dem Hintergrund, dass der Vermieter dann nicht Gefahr läuft, überraschenden Mehrkosten ausgesetzt zu sein. Gleichwohl sollte er darauf achten, dass die Schlussrechnung nach Einzelpositionen und Einheitspreisen aufgeschlüsselt ist, damit seine Arbeit bei der Mieterhöhungserklärung erleichtert wird. Die Frage ist wohl sowieso nur theoretischer Natur, da regelmäßig nach Einheitspreisen ausgeschrieben wird. Es wird dem Handwerker daher ein Leichtes sein, die Schlussrechnung mit den entsprechenden Positionen zu versehen – unabhängig davon, dass vom Vermieter ein Pauschalpreis bezahlt wird. Jedenfalls läuft der Vermieter dann nicht Gefahr, dass seine Mieterhöhungserklärung unwirksam und damit nichtig ist.

Bei mehreren Wohnungen

Bei mehreren Wohnungen ist der Verteilungsschlüssel sowie der auf die Wohnung des Mieters entfallende Betrag und der konkret ausgewiesene monatliche Erhöhungsbetrag anzugeben.

Bei mehreren Häusern

Bei baulichen Maßnahmen an mehreren Häusern müssen die Kosten auf die einzelnen Gebäude so aufgeschlüsselt werden, dass die Mieterhöhung für die Mieter der einzelnen Gebäude nachvollziehbar wird.

Sofern neben Modernisierungsarbeiten gleichzeitig Instandhaltungsarbeiten ausgeführt wurden, müssen die Instandhaltungskosten nachvollziehbar von den Kosten für die Modernisierung getrennt werden (KG Berlin, Urteil vom 20.4.2006, 8 U 204/05, ZMR 2006, 612–615). Zum Schluss sind die Finanzierungsvergünstigungen gemäß § 559a BGB abzuziehen (siehe Kapitel „Berücksichtigungsfähige Kosten“ ab Seite 216).

Begründung der baulichen Maßnahmen

Gemäß § 559b Abs. 1 S. 2 BGB ist die Erklärung entsprechend den Voraussetzungen der §§ 559, 559a BGB zu erläutern. Der Vermieter muss in der Erklärung darlegen, inwiefern die von ihm durchgeführten baulichen Maßnahmen den Gebrauchswert der Mietsache nachhaltig erhöhen, die allgemeinen Wohnverhältnisse auf

Dauer verbessern oder eine nachhaltige Einsparung von Energie oder Wasser bewirken. Dabei genügt es, wenn der Mieter den Grund der Mieterhöhung anhand der Erläuterung plausibel nachvollziehen kann (BGH, Urteil vom 25.1.2006, VIII ZR 47/05, NZM 2006, 221–222).

Mieterhöhung muss nachvollziehbar sein

Sinn und Zweck dieser Vorschrift ist es, dass der Mieter die Mieterhöhung des Vermieters nachprüfen kann. Denn grundsätzlich gilt auch im Mietrecht, dass eine Vertragspartei die Miete nicht einseitig erhöhen kann. Der Gesetzgeber hat jedoch im Mietrecht als regelmäßig lang andauerndes Dauerschuldverhältnis eine Ausnahme vorgesehen und gestattet dem Vermieter, einseitig nach Modernisierung gemäß § 559 BGB die Miete zu erhöhen. Da der Vermieter mithin das Leistungsgefüge einseitig ändern kann, wird er sozusagen als Äquivalent hierzu verpflichtet darzulegen, welche Kosten er für die Modernisierung aufgewendet hat, und er muss diese plausibel erläutern. Hieraus begründet sich auch ein Einsichtsrecht des Mieters in die Belege des Vermieters (Sonnenschein-Emmerich – Emmerich, § 559b Rn. 6).

PRAXISBEISPIEL

Notwendige Erläuterungen

Für bauliche Maßnahmen zur Einsparung von Heizenergie muss der Vermieter in der Mieterhöhungserklärung neben einer schlagwortartigen Bezeichnung der Maßnahme und einer Zuordnung zu den Positionen der Berechnung diejenigen Tatsachen darlegen, anhand derer überschlägig beurteilt werden kann, ob die bauliche Anlage eine nachhaltige Einsparung von Heizenergie bewirkt (Senat, BGHZ 150, 277, 281 f.; Urteil vom 7. Januar 2004 – VIII ZR 156/03, NJW-RR 2004, 658 unter II 1a – jeweils zu § 3 Abs. 3 S. 2 MHG).

Die Vorlage einer Wärmebedarfsrechnung ist nicht nötig. Ausreichend, aber auch erforderlich für eine plausible Darlegung eines Energieeinspareffekts der durchgeführten Maßnahme ist deren gegenständliche Beschreibung oder die Angabe der alten und neuen Wärmedurchgangskoeffizienten (k- bzw. U-Wert) der renovierten Teile (BGH, Urteil vom 25.1.2006, VIII ZR 47/05, NZM 2006, 221–222).

Expertentipp

Auf Transparenz und Nachvollziehbarkeit achten

Die Mieterhöhungserklärung sollte so einfach und transparent wie möglich gehalten werden. Es muss dem Mieter möglich sein, sich aufgrund der Informationen in der Mieterhöhungserklärung ein Bild von der Maßnahme und den jeweiligen Kosten zu machen. Für den Mieter muss die Erklärung plausibel nachvollziehbar sein, ohne dass er hierzu Fachkompetenz auf dem Gebiet der Rechnungsprüfung benötigt.

Erklärung erst bei Abschluss der Arbeiten

Die Mieterhöhung kann jedoch nicht vor dem Abschluss der Arbeiten erklärt werden. Eine vorher abgegebene Erklärung ist unwirksam, kann jedoch jederzeit wiederholt werden. Abgeschlossen sind die Arbeiten mit ihrer Fertigstellung.

Zeitmoment

Es muss jedoch ein enger zeitlicher Zusammenhang zwischen dem Abschluss der Modernisierungsmaßnahmen und der Mieterhöhung gegeben sein. Wartet der Vermieter zu lange mit der Mieterhöhungserklärung, so schafft er den Vertrauenstatbestand beim Mieter, er werde die Miete aufgrund der Modernisierungsmaßnahmen nicht mehr erhöhen. Er läuft also Gefahr, sein Mieterhöhungsrecht zu verwirken. Das Landgericht Hamburg (Urteil vom 4.4.1980, 16 S 345/88) hat einen Zeitraum von vier Jahren für das Zeitmoment angenommen.

Umstandsmoment

Die Verwirkung benötigt jedoch neben dem Zeitmoment auch ein Umstandsmoment, d. h. dass der Vermieter einen Vertrauenstatbestand geschaffen hat, nach dem der Mieter nicht mehr mit einer Mieterhöhung hat rechnen müssen. Diese Voraussetzung ist jedoch im Einzelfall zu prüfen. Im Regelfall wird der Mieter davon ausgehen können, dass, wenn der Vermieter die zu erwartende Mieterhöhung bei der Mitteilung nach § 554 Abs. 2 BGB aufgeführt hat, eine Verwirkung nicht in Betracht kommt: Ihm wurde ja angekündigt, er werde eine erhöhte Miete bezahlen müssen.

Erhöhte Miete ab drittem Monat nach Erklärung

Der Mieter schuldet gemäß § 559b Abs. 2 BGB die erhöhte Miete mit Beginn des dritten Monats nach dem Zugang der Erklärung. Zugang bedeutet, dass die Erklärung so in den Machtbereich des Mieters gelangt sein muss, dass nach dem normalen Lauf der

Dinge mit der Kenntnisnahme gerechnet werden kann. Es ist daher regelmäßig auf die üblichen Leerungszeiten abzustellen.

Fälligkeit

Die Fälligkeit richtet sich im Übrigen regelmäßig nach der mietvertraglichen Vereinbarung. Ist keine Fälligkeit im Vertrag vereinbart, so bestimmt sich die Fälligkeit der Miete für Mietverträge nach dem 1.9.2001 gemäß § 556b Abs. 1 BGB. Demnach ist die Miete zu Beginn, spätestens jedoch bis zum dritten Werktag der einzelnen Zeitabschnitte zu entrichten, nach denen sie bemessen ist. In Wohnraummietverhältnissen wird dies regelmäßig der dritte Werktag des jeweiligen laufenden Monats sein. Die Angabe des Zeitpunkts der Mieterhöhung ist zwar nicht Wirksamkeitsvoraussetzung der Mieterhöhungserklärung, jedoch ist es sachdienlich, dem Mieter mitzuteilen, ab wann sich seine Miete ändert.

Verlängerte Frist

Geht dem Mieter die Mieterhöhungserklärung des Vermieters am 16. August 2007 zu, so hat der Mieter die neue Miete mit der Novembermiete zu bezahlen. Die Frist verlängert sich gemäß § 559b Abs. 2 S. 2 BGB um weitere sechs Monate, wenn der Vermieter dem Mieter die zu erwartende Erhöhung der Miete nicht nach § 554 Abs. 3 S. 1 BGB mitgeteilt hat oder wenn die tatsächliche Mieterhöhung um mehr als 10 % höher ausfällt als die mitgeteilte. Bleiben wir bei obigem Beispiel, so tritt, wenn der Vermieter die zu erwartende Erhöhung nicht angekündigt hat bzw. wenn die nach § 554 Abs. 3 S. 1 BGB mitgeteilten Kosten sich um 10 % erhöht haben, die Mieterhöhung erst mit dem Monat Mai 2008 in Kraft.

Verspätete Modernisierungsmitteilung

Entschieden hat der BGH (Urteil vom 19.9.2007, VIII ZR 6/07) nun die bislang vielfach umstrittene Frage, ob eine Mieterhöhungserklärung möglich ist, wenn die Modernisierungsmitteilung gemäß § 554 Abs. 3 BGB verspätet erfolgte. Hierzu führt er aus, dass einer Mieterhöhung wegen Modernisierung nicht entgegenstehe, dass der Vermieter den Beginn der Modernisierungsarbeiten weniger als drei Monate vorher angekündigt und der Mieter der Maßnahme widersprochen hat. Dies folge bereits aus dem Wortlaut des Gesetzes. Denn nach § 559b Abs. 2 S. 2 BGB verlängert sich bei unterlassener Mitteilung der zu erwartenden Mieterhöhung nach § 554 Abs. 3 S. 1 BGB lediglich die Frist des § 559b Abs. 2 S. 1 BGB für die (geforderte und) geschuldete Mieterhöhung um sechs Monate. Hat somit die gänzlich unterlassene Mitteilung nach § 554 Abs. 3 S. 1 BGB nur eine Verzögerung des Ein-

tritts der Mieterhöhung zur Folge, so kann die erfolgte, wenn auch verspätete Mitteilung keine für den Vermieter nachteilige Folge auslösen.
Die Mitteilungspflicht dient dem Schutz des Mieters bei der Durchführung von Modernisierungsmaßnahmen, nicht aber der Einschränkung der Befugnis des Vermieters, die Kosten einer tatsächlich durchgeführten Modernisierung im Rahmen des § 559 BGB auf den Mieter umzulegen. Der BGH unterscheidet in dieser Entscheidung deutlich zwischen

1. der Duldungsverpflichtung gemäß § 554 BGB und
2. der Mieterhöhungsmöglichkeit des Vermieters nach § 559 BGB.

Unterlassene Modernisierungsmitteilung

Nicht entschieden hat der BGH den wohl wichtigsten Fall, nämlich dass der Vermieter eine Mitteilung gemäß § 554 Abs. 3 BGB gänzlich unterlässt, d. h. dass der Vermieter weder die zu duldenden Maßnahmen noch die zu erwartende Mieterhöhung mitgeteilt, sondern einfach die Arbeiten durchgeführt hat. Dies spielt insbesondere bei der Außenmodernisierung, z. B. bei der Anbringung einer Wärmedämmung, eine wichtige Rolle, wenn der Mieter die Modernisierungsmaßnahme hingenommen und sich dagegen nicht mittels einer einstweiligen Verfügung gewehrt hat.

Um eine Mieterhöhung problemlos durchführen zu können, muss der Vermieter auch die Dämmung der Fassade ankündigen.

Keine Beschränkung

Führt man jedoch die Argumentation des BGH zu Ende, so soll die Befugnis des Vermieters, die Kosten einer tatsächlich durchgeführten Modernisierung im Rahmen des § 559 BGB umzulegen, nicht beschränkt werden. Nichts anderes kann also auch bei einer unterlassenen Mitteilungspflicht gelten. Die Frage der Umlegbarkeit der Kosten einer durchgeführten Modernisierung bei unterlassener bzw. verspäteter Mitteilung gemäß § 554 Abs. 3 BGB ist eine des § 559 BGB mit der Rechtsfolge der um sechs Monate hinausgeschobenen Fälligkeit der Mieterhöhung. Möchte der Mieter die Maßnahmen nicht dulden, weil diese seiner Ansicht nach ihm gegenüber rechtswidrig sind, so muss er dies im Rahmen des § 554 BGB mittels einer einstweiligen Verfügung überprüfen lassen. Hier ist die Rechtslage dann auch klar.

Rechtswidrige Umlage

Kündigt der Vermieter die Maßnahmen nicht rechtzeitig an, so sind diese gegenüber dem Mieter rechtswidrig und von diesem nicht zu dulden (siehe Kapitel „So kündigen Sie eine Modernisierung richtig an“ ab Seite 171). Der Vermieter muss dann die Maßnahmen ordnungsgemäß ankündigen. Die fehlende Ankündigung führt aber nicht dazu, dass der Vermieter die aufgewendeten Kosten nicht auf den Mieter umlegen kann (so aber die wohl noch herrschende Meinung Sonnenschein-Emmerich – Emmerich, § 559b Rn. 16; Schmidt-Futterer – Börstinghaus, § 559b Rn. 50; Palandt/ Weidenkaff § 559b Rn. 6).

Expertentipp

Wärmedämmung wird nicht angekündigt

Bringt der Vermieter eine Wärmedämmung an der Fassade seines Mietshauses an, ohne diese Modernisierungsmaßnahme seinen Mietern gemäß § 554 Abs. 3 BGB – aus Unkenntnis oder aufgrund organisatorischer Mängel – anzukündigen, und wehren sich seine Mieter nicht mittels einer einstweiligen Verfügung, so ist der Vermieter berechtigt, trotz alledem die durchgeführten Modernisierungsmaßnahmen auf seine Mieter gemäß § 559 BGB umzulegen. Lediglich die Frist, nach der die Mieterhöhung fällig wird, verlängert sich um sechs Monate.

PRAXISBEISPIEL

Muster: Mieterhöhungserklärung nach §§ 559, 559b BGB

Text
auf CD-ROM

Harald Ernsberger
Gleichmannstraße 13/1. OG
81241 München

Christoph Langbein
Ludwig-Merk-Straße 1/EG
80805 München

München, 27.6.2009

Mieterhöhung wegen Modernisierung zur Verbesserung der Mieträume im Anwesen Ludwig-Merk-Straße 1, 80805 München gemäß §§ 559, 559b BGB

Sehr geehrter Herr Langbein,
mit schriftlichem Mietvertrag vom 1. März 2005 haben Sie die Wohnung Nr. 1, EG, im Anwesen Ludwig-Merk-Straße 1, bestehend aus 3 Zimmern, Küche, Bad/WC nebst Kelleranteil sowie Garagenstellplatz, vom Unterzeichnenden gemietet.

I.

Gemäß § 559 BGB kann der Vermieter nach Durchführung baulicher Maßnahmen, welche den Gebrauchswert der Mietsache nachhaltig erhöhen, die allgemeinen Wohnverhältnisse auf Dauer verbessern, nachhaltig Einsparungen von Energie oder Wasser bewirken, oder wenn der Vermieter andere bauliche Maßnahmen aufgrund von Umständen durchgeführt hat, die er nicht zu vertreten hat (Modernisierung), die jährliche Miete um 11 % der für die Wohnung aufgewendeten Kosten erhöhen. Mieterhöhungen auf die ortsübliche Miete (§ 558 BGB) sowie gestiegene Betriebskosten (§ 560 BGB) werden nicht berücksichtigt.
Der Unterzeichnende hat, wie Sie sicherlich miterleben durften, zur Erleichterung der Erreichbarkeit der Wohnungen in das von Ihnen bewohnte fünfgeschossige Wohnhaus an der Treppenhauswand einen Personenaufzug, welcher auf jeder Stockwerksebene einen Ausstieg bereitstellt, einbauen lassen. Ich habe die

Arbeiten gemäß § 554 Abs. 3 S. 1 BGB mit Schreiben vom 1.3.2009 nach Art und voraussichtlichem Umfang angekündigt und Ihnen den voraussichtlichen Beginn, die Dauer der Maßnahme und die zu erwartende Mieterhöhung mitgeteilt. Mit Schreiben vom 13. März 2009 haben Sie mir die erbetene Zweitschrift zum Zeichen Ihres Einverständnisses, dass Sie den Einbau des Aufzugs dulden werden, zurückgesandt.
Nach höchstrichterlicher Rechtsprechung stellt der Einbau eines Aufzugs eine Maßnahme zur Verbesserung der Mietsache i. S. des § 554 Abs. 2 S. 1 Alt.1 BGB dar (BGH, Urteil vom 19.9.2007, VIII ZR 6/07, WuM 2007, 630–631), durch welche sich der Gebrauchswert ihrer Mietsache objektiv erhöht hat. Dahinstehen kann, ob sich der Einbau eines Aufzugs auch als Verbesserung der allgemeinen Wohnverhältnisse qualifizieren lässt. Unstreitig stellt nämlich der Einbau eines Aufzugs eine Modernisierungsmaßnahme gemäß §§ 554, 559 BGB dar. Die Arbeiten sind nunmehr abgeschlossen.
Im Folgenden erlaube ich mir, die durchgeführten und nunmehr abgeschlossenen Arbeiten zu erläutern, wobei ich mir erlaube, ebenfalls auf meine Mitteilung der Modernisierungsmaßnahme vom 1. März 2009 Bezug zu nehmen.
Nach der Baustelleneinrichtung wurden die vorhandenen tragenden Wände im Bereich des Aufzugs unterfangen und die Beton- und Stahlbetonarbeiten für die Grundplatte im Keller durchgeführt.
Anschließend wurden die Geschossdecken, beginnend mit dem EG, geöffnet. Nach Öffnen der Geschossdecken wurde der Aufzugsschacht, beginnend mit dem Keller, nach Einbau eines Ringankers bis unter die Holzdecke des jeweils darüber liegenden Geschosses in einem Zug mit Vollziegelmauerwerk, 24 cm stark, hochgemauert und verputzt.
Sodann erfolgte nach vollständiger Herstellung der Schachtmauer der Durchbruch der Aufzugstüren im jeweiligen OG. Die Arbeiten wurden jeweils vom Stockwerk darunter vorgenommen.
Im 5. OG musste die Decke aufgrund brandschutztechnischer Auflagen verkleidet werden. Die Außenwände des Aufzugsschachts wurden verputzt.

Zuletzt erfolgte der Einbau eines Personenaufzugs in den auf der jeweiligen Ebene etwa 1,2 × 1 m großen Schacht, der durch Durchführung vorgenannter Maßnahmen entstanden ist.

II.

Entsprechend der Schlussrechnung vom 28.06.2009 der ausführenden Firma Aufzuglifter GmbH – welche in der Anlage beiliegt – belaufen sich die Gesamtkosten für den Einbau des Aufzugs auf 134.881,82 €. Hierin sind keine Instandhaltungskosten enthalten, da es sich bei dem Aufzugseinbau um eine reine Modernisierungsmaßnahme handelt.

Gemäß § 559 Abs. 2 BGB hat der Vermieter die Kosten, sofern die baulichen Maßnahmen für mehrere Wohnungen durchgeführt wurden, auf die einzelnen Wohnungen angemessen zu verteilen. Der Vermieter kann den Verteilungsschlüssel gemäß §§ 315, 316 BGB nach billigem Ermessen bestimmen. Der Unterzeichnende kann daher die Kosten des Aufzugeinbaus entweder linear nach Flächenanteilen oder nach dem unterschiedlichen Gebrauchsvorteil auf die Mieter verteilen (LG München I, Urteil vom 24.11.2005, 31 S 9700/05).

Da es regelmäßig kaum möglich ist, einen dem tatsächlichen Gebrauchsvorteil angemessenen und damit transparenten Verteilungsschlüssel zu finden, habe ich mich entschlossen, die Kosten entsprechend den Wohnflächenanteilen umzulegen. Die Gesamtwohnfläche beträgt 980 m^2.

Es ist auch nicht erforderlich, Sie, sehr geehrter Herr Langbein, als Bewohner des EG von der Umlage der Kosten für den Einbau des Aufzugs auszuklammern oder zumindest die Bewohner der oberen Geschosse stärker zu belasten, da auch für Sie immer die Möglichkeit besteht, mit dem neu eingebauten Aufzug den Keller oder ein oberes Geschoss zu erreichen, oder andere Möglichkeiten für Sie bestehen, den Aufzug zu benutzen.

Gemäß der Schlussrechnung der Firma Aufzuglifter GmbH vom 4. Februar 2009 belaufen sich die Kosten wie folgt,

Pos. 1 Behördliche Genehmigung	1.450,50 €
Pos. 2 Vorbereitende Arbeiten, Baustelleneinrichtung	7.955,82 €
Pos. 3 Abbrucharbeiten	15.688,62 €

Pos. 4 Unterfangung	3.942,05 €
Pos. 5 Betonarbeiten	4.079,96 €
Pos. 6 Maurerarbeiten	26.612,70 €
Pos. 7 Zimmererarbeiten	4.025,15 €
Pos. 8 Bauschlosserarbeiten	1.251,95 €
Pos. 9 Putzarbeiten	5.900,22 €
Pos. 10 Lohn- und Regiearbeiten	2.694,76 €
Pos. 11 Aufzugsanlage, Seilzug, Lieferung u. Montage	39.744,00 €
Gesamtkosten netto	113.345,73 €
zzgl. gesetzlicher Umsatzsteuer	21.535,69 €
Gesamtkosten	134.881,42 €
hieraus 11 % der Gesamtkosten pro Jahr,	14.836,96 €
somit bei 980 m² Wohnfläche	
pro Monat pro m² (= 14.836,96 € : 980 m² : 12) =	1,26 €

Bei Ihrer Wohnungsgröße von 86 m² ergibt sich somit eine monatliche Mieterhöhung pro m² von 1,26 €, mithin für Ihre Wohnung von insgesamt 108,36 €.
Ich bitte Sie daher höflich, aufgrund der durchgeführten Modernisierungsmaßnahme zukünftig monatlich eine Gesamtmiete von 1.025,36 € zu bezahlen. Sie errechnet sich wie folgt:

Miete bisher	743,00 €
zzgl. Erhöhungsbetrag	108,36 €
zzgl. Vorauszahlung auf die Heizkosten wie bisher	63,00 €
zzgl. Vorauszahlung auf die Betriebskosten wie bisher	51,00 €
zzgl. Garagenstellplatz	60,00 €
neue Gesamtmiete	1.025,36 €

Die neue Miete ist entsprechend § 559 Abs. 2 S. 1 BGB mit Beginn des dritten Monats nach dem Zugang der Erklärung fällig, mithin spätestens zum 3. September 2009.
Bitte ändern Sie bis dahin Ihren Dauerauftrag.

Nur der guten Ordnung halber weise ich Sie darauf hin, dass Sie gemäß § 561 BGB bis zum Ablauf des zweiten Monats nach Zugang

dieser Mieterhöhungserklärung zum Ablauf des übernächsten Monats das Mietverhältnis außerordentlich kündigen können.
Für etwaige Rückfragen bei Unklarheiten oder etwaige Erläuterungen der Modernisierungsmaßnahme stehe ich Ihnen selbstverständlich gerne zur Verfügung.

Mit freundlichen Grüßen

Harald Ernsberger

Praxisbeispiel

Muster: Mieterhöhungserklärung wegen Einsparung von Energie und Wasser durch den Vermieter

Text auf CD-ROM

Harald Ernsberger
Gleichmannstraße 13/1. OG
81241 München

Michael Sauer
Ravensburger Ring 51
81243 München

München, 15.10.2009

Erklärung über Mieterhöhung nach Modernisierungsmaßnahmen zur Einsparung von Energie im Anwesen Ravensburger Ring 51, 81243 München gemäß §§ 554 Abs. 2, 554 Abs. 3 S. 1 BGB

Sehr geehrter Herr Sauer,
mit schriftlichem Mietvertrag vom 1.6.1993 haben Sie die Wohnung im Anwesen Ravensburger Ring 51, 81243 München, bestehend aus 3 Zimmern, Küche, Bad/ WC nebst Kelleranteil sowie Garagenstellplatz, vom Unterzeichnenden gemietet.

I.

Gemäß § 559 BGB kann der Vermieter nach Durchführung baulicher Maßnahmen, welche den Gebrauchswert der Mietsache nachhaltig erhöhen, die allgemeinen Wohnverhältnisse auf Dauer verbessern, nachhaltig Einsparungen von Energie oder Wasser bewirken, oder wenn der Vermieter andere bauliche Maßnahmen aufgrund von Umständen durchgeführt hat, die er nicht zu vertreten hat (Modernisierung), die jährliche Miete um elf vom Hundert der für die Wohnung aufgewendeten Kosten erhöhen. Mieterhöhungen auf die ortsübliche Miete (§ 558 BGB) sowie gestiegene Betriebskosten (§ 560 BGB) werden nicht berücksichtigt.
Der Unterzeichnende hat, wie Sie sicherlich miterleben durften, umfangreiche Maßnahmen zur Einsparung von Energie vorgenommen, nämlich

❶ eine Wärmedämmfassade angebracht,
❷ einfachverglaste Fenster gegen Isolierglasfenster ausgetauscht und
❸ die Anlagentechnik gedämmt.

Ich habe die Arbeiten gemäß § 554 Abs. 3 S. 1 BGB mit Schreiben vom 15.1.2008 nach Art und voraussichtlichem Umfang angekündigt und Ihnen den voraussichtlichen Beginn, die Dauer der Maßnahme und die zu erwartende Mieterhöhung mitgeteilt. Mit Schreiben vom 15.2.2009 haben Sie mir die erbetene Zweitschrift zum Zeichen Ihres Einverständnisses, dass Sie die mitgeteilten Arbeiten zur Einsparung von Energie dulden werden, zurückgesandt. Nach ständiger Rechtsprechung stellen

- die Anbringung einer Wärmedämmfassade (LG Halle, Urteil vom 8.8.2002, 2 S 42/01 ZMR 2003, 35, 36),
- der Einbau von Isolierglasfenstern (BGH, Urteil vom 10.4.2002, VIII ARZ 3/01, NZM 2002, 519–521, BGH, Urteil vom 7.1.2004, VIII ZR 156/03) und
- die Dämmung der Anlagentechnik (AG Berlin-Mitte, Urteil vom 12.4.2004, 20 C 11/04, Grundeigentum 2004, 1234–1237)

Maßnahmen zur nachhaltigen Einsparung von Energie dar.

Für bauliche Maßnahmen zur Einsparung von Heizenergie muss der Vermieter in der Mieterhöhungserklärung neben einer schlagwortartigen Bezeichnung der Maßnahme und einer Zuordnung zu den Positionen in der Berechnung diejenigen Tatsachen darlegen, anhand derer überschlägig beurteilt werden kann, ob die bauliche Maßnahme eine nachhaltige Einsparung von Heizenergie bewirkt (BGH, Urteil vom 7. Januar 2004, VIII ZR 156/03, NJW-RR 2004, 658 unter II 1a – jeweils zu § 3 Abs. 3 S. 2 MHG). Die Vorlage einer Wärmebedarfsrechnung ist nicht nötig. Ausreichend, aber auch erforderlich für eine plausible Darlegung eines Energieeinspareffekts der durchgeführten Maßnahme ist deren gegenständliche Beschreibung oder die Angabe der alten und neuen Wärmedurchgangskoeffizienten (k- bzw. U-Wert) der renovierten Teile (BGH, Urteil vom 25.1.2006, VIII ZR 47/05, NZM 2006, 221–222).

Vorgenannten Vorgaben der Rechtsprechung komme ich gerne nach und erlaube mir, die von mir durchgeführten und abgeschlossenen Maßnahmen zu erläutern, wobei ich auf meine Mitteilung der Modernisierungsmaßnahmen vom 15.1.2008 Bezug nehme.

Zur Vorbereitung der Maßnahmen wurde die Baustelle eingerichtet, ein Gerüst aufgebaut und mit einer Gerüstschutzplane verhängt.

1) Modernisierung der Gebäudehülle durch die Anbringung eines Wärmedämmverbundsystems

Die sogenannten U-Werte der vormaligen Gebäudehülle aus dem Jahre 1967 entsprachen nicht den Mindestanforderungen, die die EnEV (Energieeinsparverordnung) bei Änderungen von Bauteilen an bestehenden Gebäuden stellt. Daher boten sie ein erhebliches Potenzial für energetische Verbesserungen. Als U-Wert (früher k-Wert) wird der Wärmedurchgangskoeffizient eines Bauteils bezeichnet.

So wurden im Einzelnen nachfolgende Arbeiten an der Gebäudehülle vorgenommen:

❶ Zunächst wurde die Fassade gereinigt, um sodann der Energieeinsparungsverordnung entsprechende Dämmplatten anzukleben und zusätzlich mit gebohrten Dübeln zu befestigen.

❷ Anschließend wurde ein Armierungsgewebe eingelegt, die Fassade mit Außenputz verputzt sowie gestrichen.
❸ Am Dach bzw. auf der obersten Decke wurde die alte Kiesschüttung entfernt und Wärmedämmplatten, welche den Vorgaben der Energieeinsparverordnung entsprechen, aufgelegt.
❹ Eine Bitumenabdichtung, welche an den Dachrand und an das Treppenhaus angearbeitet wurde, wurde verlegt und neue Rauchabzugskoppeln montiert.

2) Austausch Ihrer vier Fenster aus dem Baujahr 1967
Hierzu wurden die alten Fenster ausgebaut sowie die Fensterstöcke entfernt.
Die neuen Fenster wurden eingeputzt und neue Fensterbleche und Fensterbänke angebracht.
Der Zustand der Fenster war augenscheinlich als durchschnittlich bis gut zu bezeichnen. Durch die fehlenden Dichtungsebenen waren Zugerscheinungen und Undichtigkeiten jedoch nicht auszuschließen. Durch mehrmalige Renovierungsanstriche ließen sich die Fensterbeschläge/-mechanik teilweise schwer bedienen bzw. die Fenster zum Teil schwer schließen.
Die einfach verglasten Fenster entsprachen nicht mehr dem aktuellen Stand der Technik. Bei den bisher vorhandenen einfach verglasten Fenstern kühlt sich die Innenluft im Bereich dieser Fenster wesentlich stärker ab als bei den verbauten Fenstern. Außerdem verfügten die vorhandenen Fenster nicht über die Dichtigkeit der nunmehr eingebauten Fenster – diese werden zu einer Einsparung an Heizenergie führen.
Weiter wurden auch die Fenster im Allgemeinbereich (Treppenhaus, Waschkeller etc.) ausgetauscht.

3) Modernisierung der Anlagentechnik
Sämtliche Heizleitungen im Kellergeschoss wurden nach den Anforderungen der Energieeinsparverordnung gedämmt. Weiter wurden sämtliche Warmwasserleitungen im Kellergeschoss nach Anforderungen der Energieeinsparverordnung gedämmt und der Warmwasserspeicher ausgetauscht.
Ich erlaube mir, mit nachfolgender Tabelle den jeweiligen Wärmedurchgangskoeffizienten für das jeweilige Bauteil vor der Modernisierungsmaßnahme mitzuteilen und die von der EnEV vorgese-

henen Anforderungen. Die angekreuzten Bauteile liegen deutlich über diesen Mindestanforderungen und boten daher ein Potenzial für energetische Verbesserungen.

	Typ	**Bauteil**	**Fläche in m²**	**U-Wert in W/m²K**	**U_{max} EnEV in W/m²K**
X	DA	Flachdach	502	0,69	0,20
	TA	Tür Ost	2	3,00	1,30
X	WA	Außenwand Nord	531	1,23	0,24
X	WA	Außenwand Ost 1	208	1,06	0,24
X	WA	Außenwand Ost 2	120	1,23	0,24
X	WA	Außenwand Süd	321	1,23	0,24
X	WA	Außenwand Trhs. Nord	8	1,49	0,24
X	WA	Außenwand Trhs. Ost	19	1,49	0,24
X	WA	Außenwand Trhs. Süd	8	1,49	0,24
X	WA	Außenwand Trhs. West	21	1,49	0,24
X	WA	Außenwand West 1	208	1,06	0,24
X	WA	Außenwand West 2	120	1,23	0,24
X	FA	Fenster Nord	93	2,57	1,30
X	FA	Fenster Ost 1	16	2,57	1,30
X	FA	Fenster Ost 2	167	2,57	1,30
X	FA	Fenster Süd	303	2,57	1,30
X	FA	Fenster West 1	16	2,57	1,30
X	FA	Fenster West 2	167	2,57	1,30
X	BK	Kellerdecke	502	0,89	0,30

In der nachfolgenden Tabelle habe ich Ihnen die gemessenen U-Werte nach Durchführung der Arbeiten dargestellt. Die Modernisierung der Gebäudehülle hat folgende Ergebnisse erbracht:

Typ	Bauteil	Fläche in m²	U-Wert in W/m²K	U_{max} EnEV in W/m²K
DA	Flachdach – Wärmedämmung, neu 14 cm, WLG 035	502	0,18	0,20
TA	Tür Ost	2	3,00	1,30
WA	Außenwand Nord – Wärmedämmverbundsystem	531	0,20	0,24
WA	Außenwand Ost 1 – Wärmedämm-verbundsystem	208	0,20	0,24
WA	Außenwand Ost 2 – Wärmedämmverbundsystem	120	0,20	0,24
WA	Außenwand Süd – Wärmedämmverbundsystem	321	0,20	0,24
WA	Außenwand Trhs. Nord – Wärmedämm-verbundsystem	8	0,20	0,24
WA	Außenwand Trhs. Ost – Wärmedämmverbundsystem	19	0,20	0,24
WA	Außenwand Trhs. Süd – Wärmedämmverbundsystem	8	0,20	0,24
WA	Außenwand Trhs. West – Wärmedämmverbundsystem	21	0,20	0,24

WA	Außenwand West 1 – Wärmedämmverbundsystem	208	0,23	0,35
WA	Außenwand West 2 – Wärmedämmverbundsystem	120	0,24	0,35
FA	Fenster Nord – Fensteraustausch	93	1,30	1,30
FA	Fenster Ost 1 – Fensteraustausch	16	1,30	1,30
FA	Fenster Ost 2 – Fensteraustausch	167	1,30	1,30
FA	Fenster Süd – Fensteraustausch	303	1,30	1,30
FA	Fenster West 1 – Fensteraustausch	16	1,30	1,30
FA	Fenster West 2 – Fensteraustausch	167	1,30	1,30
BK	Kellerdecke	502	0,89	0,30

Die durchgeführten, oben näher erläuterten Maßnahmen führen zu einer deutlichen und nachhaltigen Einsparung von Energie. Der Energiebedarf von derzeit ..... kWh/Jahr reduziert sich auf ..... kWh/Jahr. Es ergibt sich somit eine Einsparung von ..... kWh/Jahr bei gleichem Nutzerverhalten und gleichen Klimabedingungen. Die CO_2-Emissionen werden um ..... kg CO_2/Jahr reduziert.
Durch die Modernisierungsmaßnahmen sinkt der Primärenergiebedarf des Gebäudes auf ..... kWh/m^2 pro Jahr. Dies ergibt eine Brennstoff-Einsparung von ..... %. Die durchgeführten Modernisierungsmaßnahmen helfen Ihnen nicht nur, Heizkosten einzusparen, sondern vermindern auch den Treibhauseffekt und helfen, unser Klima zu schützen.

II.

1) Die für Ihre Wohnung aufzubringenden Kosten können gemäß § 559 Abs. 1 BGB in der Weise auf die Miete umgelegt werden, dass eine Erhöhung der jährlichen Miete um 11 % der für die Wohnung aufgewendeten Kosten möglich ist. Hierbei werden in Anspruch genommene zinsverbilligte Darlehen sowie Zuschüsse der

Stadt München zu Ihren Gunsten berücksichtigt. Entsprechend den Schlussrechnungen der ausführenden Firmen liegen der Mieterhöhung unten aufgeführte Kostenpositionen der baulichen Maßnahme zugrunde. Die Kosten der Instandhaltung sind kenntlich gemacht und wurden von der Gesamtsumme abgezogen. Gemäß § 559 Abs. 2 BGB hat der Vermieter die Kosten, sofern die baulichen Maßnahmen für mehrere Wohnungen durchgeführt werden, auf die einzelnen Wohnungen angemessen zu verteilen. Der Vermieter kann den Verteilungsschlüssel gemäß §§ 315, 316 BGB nach billigem Ermessen bestimmen. Die Verteilung der Kosten der Modernisierung der Gebäudehülle, der Anlagentechnik, der Fenster im Allgemeinbereich sowie der Baunebenkosten habe ich, nachdem kein anderer praktikabler und nachvollziehbarer Umlagemaßstab ersichtlich ist, nach dem Verhältnis der Wohnfläche der einzelnen Wohnungen zur Gesamtfläche vorgenommen. Die Kosten der in Ihrer Wohnung verbauten Fenster werde ich direkt Ihrer Wohnung zuordnen. Die Gesamtwohnfläche beträgt 3.500,00 m²:

a) Die aufgewendeten Kosten für den Austausch der Fenster in der Küche, im Schlafzimmer, im Kinderzimmer und des Fensterelements im Wohnzimmer durch Energiesparfenster betragen gemäß Schlussrechnung der Firma Fensterling GmbH vom 7.10.2009

für das Küchenfenster	380,00 €
für das Kinderzimmerfenster	365,00 €
für das Schlafzimmerfenster	548,00 €
für das Wohnzimmerelement	950,00 €
insgesamt mithin	2.243,00 €
abzüglich ersparter Aufwendungen für Instandhaltung wegen Erneuerung der Fenster und Fensterrahmen gemäß Kostenberechnung vom 12.12.2008	900,00 €
mithin Gesamtkosten von	1.343,00 €
hieraus 11 % der Gesamtkosten pro Jahr,	147,73 €
somit bei 86 m² Wohnfläche	
pro Monat pro m² (= 147,73 € : 12 : 86) =	0,143 €

b) Kosten für die Fenstererneuerung
im Allgemeinbereich gemäß Schlussrechnung
der Firma Fensterling GmbH vom 7.10.2009 25.670,00 €

abzüglich ersparter Aufwendungen für Instandhaltung wegen Erneuerung der Fenster und Fensterrahmen gemäß Schreiben der Firma Fensterling GmbH vom 12.12.2008	9.800,00 €
mithin Gesamtkosten von	15.870,00 €
hieraus 11 % der Gesamtkosten pro Jahr,	1.745,70 €
somit bei 3.500 m^2 Wohnfläche pro Monat pro m^2 (= 1.745,70 € : 3.500 m^2 : 12)	= 0,042 €

c) Kosten für die Dämmung der Heizleitungen gemäß Schlussrechnung der Firma Brikett GmbH vom 4.10.2009	18.400,00 €
hieraus 11 % der Gesamtkosten pro Jahr,	2.024,00 €
somit bei 3.500 m^2 Wohnfläche pro Monat pro m^2 (= 2.024,00 € : 3.500 m^2 : 12)	= 0,048 €

d) Kosten für die Dämmung des Dachs gemäß Schlussrechnung der Firma Dämmwut vom 8.10.2009	82.000,00 €
abzüglich Aufwendungen für Instandhaltung wegen Erneuerung der RWA-Anlage	4.600,00 €
mithin Gesamtkosten von	77.400,00 €
hieraus 11 % der Gesamtkosten pro Jahr,	8.500,00 €
somit bei 3.500 m^2 Wohnfläche pro Monat pro m^2 (= 8.500 € : 3.500 m^2 : 12)	= 0,202 €

e) Kosten für Wärmedämmverbundsystem gemäß Schlussrechnung der Firma Dämmwut GmbH vom 8.10.2009	257.000,00 €
abzüglich Aufwendungen für Instandhaltung wegen Putz-Abschlagen und Erneuern von losem Fassadenputz	750,00 €
mithin Gesamtkosten von	256.250,00 €
hieraus 11 % der Gesamtkosten pro Jahr,	28.187,50 €
somit bei 3.500 m^2 Wohnfläche pro Monat pro m^2 (= 28.187,50 € : 3.500 m^2 : 12)	= 0,671 €

f) Kosten für Malerarbeiten gemäß Schlussrechnung der Firma Klexel GmbH vom 8.10.2009	118.000,00 €
abzüglich Aufwendungen für Instandhaltung (Malerarbeiten an Fassadenteilen ohne Wärmedämmverbundsystem und Betonsanierung)	49.800,00 €
mithin Gesamtkosten von	68.200,00 €
hieraus 11 % der Gesamtkosten pro Jahr,	7.502,00 €
somit bei 3.500 m² Wohnfläche pro Monat pro m² (= 7.502 € : 3.500 m² : 12)	= 0,179 €

g) Kosten für Architekt vom 12.12.2008	38.000,00 €
abzüglich Aufwendungen für Instandhaltung prozentual aufgeteilt für Instandhaltung und Modernisierung: ca. 12,5 % Instandhaltung, ca. 87,5 % Modernisierung	4.750,00 €
mithin Gesamtkosten von	33.250,00 €
hieraus 11 % der Gesamtkosten pro Jahr,	3.657,50 €
somit bei 3.500 m² Wohnfläche pro Monat pro m² (= 3.657,50 € : 3.500 : 12)	= 0,087 €

h) Kosten für Gerüst gemäß Schlussrechnung der Firma Stabmann GmbH vom 07.10.2009	33.700,00 €
abzüglich Aufwendungen für Instandhaltung prozentual aufgeteilt für Instandhaltung und Modernisierung: ca. 12,5 % Instandhaltung, ca. 87,5 % Modernisierung	4.212,50 €
mithin Gesamtkosten von	29.487,50 €
hieraus 11 % der Gesamtkosten pro Jahr,	3.243,62 €
somit bei 3.500 m² Wohnfläche pro Monat pro m² (= 3.243,62 € : 3.500 m² : 12)	= 0,077 €
Zwischensumme der berechneten Mieterhöhung pro m² pro Monat	1,449 €

Gemäß § 559a Abs. 2 BGB verringert sich der Erhöhungsbetrag nach § 559 BGB bei Inanspruchnahme zinsverbilligter Darlehen um den Jahresbetrag der Zinsermäßigung. Diese wird errechnet aus dem Unterschied zwischen dem ermäßigten Zinssatz und dem marktüblichen Zinssatz für den Ursprungsbetrag des Darlehens. Maßgebend ist der marktübliche Zinssatz für erstrangige Hypotheken zum Zeitpunkt der Beendigung der Maßnahmen.
Ich habe für die Modernisierungsmaßnahmen des Anwesens zinsverbilligte Darlehen in Anspruch genommen.
Ein Darlehen in Höhe von 408.269,43 € aus öffentlichen Haushalten – die jährliche Zinsersparnis beträgt 0,31 %, die prozentuale Zinsverbilligung ist auf den Darlehensbetrag anzuwenden –, sodass 1.265,64 € vom Jahresbetrag der zu erwartenden Mieterhöhung abzuziehen sind. Somit reduziert sich der jährliche Mieterhöhungsbetrag pro m^2 (= 1.265,64 € : 3.500) auf 0,3616 €/ m^2, das sind monatlich 0,03013 €/ m^2.
Ein Darlehen in Höhe von 54.308,85 € aus öffentlichen Haushalten – die jährliche Zinsersparnis beträgt 0,08 %, die prozentuale Zinsverbilligung ist auf den Darlehensbetrag anzuwenden –, sodass 43,45 € vom Jahresbetrag der Mieterhöhung abzuziehen sind. Somit reduziert sich der jährliche Mieterhöhungsbetrag pro m^2 (= 43,45 € : 3.500) auf 0,01241 €/ m^2, das sind monatlich 0,00103 €/ m^2.

Bei Ihrer Wohnungsgröße von 86 m^2 ergibt sich somit eine zu erwartende monatliche Mieterhöhung pro m^2 von 1,418 €, mithin von insgesamt 121,94 €.
Ich bitte Sie daher höflich, aufgrund der durchgeführten Modernisierungsmaßnahme zukünftig monatlich eine Gesamtmiete von 1.104,94 € zu bezahlen. Die neue Miete berechnet sich wie folgt:

Miete bisher	796,00 €
zzgl. Erhöhungsbetrag	121,94 €
zzgl. Vorauszahlung auf die Heizkosten wie bisher	56,00 €
zzgl. Vorauszahlung auf die Betriebskosten wie bisher	71,00 €
zzgl. Garagenstellplatz	60,00 €
Neue Gesamtmiete	1.104,94 €

Die neue Miete ist entsprechend § 559 Abs. 2 S. 1 BGB mit Beginn des dritten Monats nach dem Zugang der Erklärung fällig, mithin spätestens zum 5. Januar 2010.
Bitte ändern Sie bis dahin Ihren Dauerauftrag.

Nur der guten Ordnung halber weise ich Sie darauf hin, dass Sie gemäß § 561 BGB bis zum Ablauf des zweiten Monats nach Zugang dieser Mieterhöhungserklärung zum Ablauf des übernächsten Monats das Mietverhältnis außerordentlich kündigen können.
Für etwaige Rückfragen bei Unklarheiten oder etwaige Erläuterungen der Modernisierungsmaßnahme stehe ich Ihnen selbstverständlich gerne zur Verfügung.

Mit freundlichen Grüßen

Harald Ernsberger

Wann ist eine Mieterhöhung nicht möglich?

Staffel- und Indexmiete

Die Erhöhung der Miete ist bei der Vereinbarung einer Staffelmiete gemäß § 557a Abs. 2 S. 2 BGB ausgeschlossen. Auch bei der Vereinbarung einer Indexmiete ist die Mieterhöhung nach § 559 ausgeschlossen, sofern der Vermieter nicht bauliche Maßnahmen aufgrund von Umständen durchgeführt hat, die er nicht zu vertreten hat (siehe Kapitel „Bauliche Maßnahmen, die der Vermieter aufgrund von Umständen durchgeführt hat, die er nicht zu vertreten hat“ ab Seite 164). Der Vermieter kann bei so langfristigen Miethöhevereinbarungen keine Absprache mit dem Mieter treffen, wonach trotz einer Staffelmietvereinbarung oder einer Indexmietvereinbarung eine Mieterhöhung nach §§ 558 und 559 BGB möglich ist. Eine solche Vereinbarung verstößt gegen § 557 Abs. 4 BGB, nach dem eine Abweichung von den gesetzlichen Regelungen zum Nachteil des Mieters nicht möglich ist.

Expertentipp

Keine Staffel-/Indexmiete bei Modernisierung

Es ist daher bei Abschluss eines Mietvertrags zu beachten, ob in den folgenden Jahren Modernisierungsmaßnahmen für das Objekt beabsichtigt sind. Ist dies der Fall, so sollte nach Möglichkeit keine Staffelmiete nach § 557a BGB oder eine Indexmiete nach § 557b BGB vereinbart werden. Eine Mieterhöhung auf die ortsübliche Miete gemäß § 558 ist nämlich neben § 559 BGB nach § 558 Abs. 1 S. 3 BGB möglich.

Es ist jedoch auch gemäß § 557 Abs. 3 BGB zulässig, eine Erhöhung nach § 559 BGB ausdrücklich oder konkludent auszuschließen.

Expertentipp

Vermieter verpflichtet sich zu Modernisierung

Verpflichtet sich der Vermieter bei Vertragsabschluss, bestimmte Modernisierungsmaßnahmen vorzunehmen, so ist in dieser Verpflichtung ein konkludenter Ausschluss des Mieterhöhungsrechts nach § 559 BGB zu sehen.

Sonderkündigungsrecht des Mieters

Außerordentliche Kündigung bei Mieterhöhung

Unabhängig von dem dem Mieter gewährten Sonderkündigungsrecht in § 554 Abs. 3 S. 2 BGB kann der Mieter das Mietverhältnis auch außerordentlich gemäß § 561 Abs. 1 S. 1 BGB kündigen, wenn der Vermieter eine Mieterhöhung nach § 558 oder 559 BGB geltend macht. Haben sich die Vertragsparteien über die Mieterhöhung geeinigt, besteht dieses Kündigungsrecht nicht.

Ein bestimmter Inhalt ist für die Kündigungserklärung des Mieters nicht vorgeschrieben. Diese bedarf jedoch nach § 568 Abs. 1 BGB der Schriftform. Sämtliche Mieter müssen das Kündigungsschreiben eigenhändig durch Namensunterschrift unterzeichnen. Der Mieter kann bis zum Ablauf des zweiten Monats nach dem Zugang der Mieterhöhungserklärung des Vermieters zum Ablauf des übernächsten Monats kündigen.

Können sich Mieter und Vermieter nicht über eine Mieterhöhung einigen, besteht die Möglichkeit einer außerordentlichen Kündigung durch den Mieter.

Expertentipp

Außerordentliche Kündigung

Stellt der Vermieter seinem Mieter die Mieterhöhungserklärung am 16. August 2008 zu, so kann der Mieter sein Sonderkündigungsrecht bis 31. Oktober 2008 wahrnehmen und die Kündigung dem Vermieter gegenüber erklären. Die Kündigungsfrist selbst beträgt zwei Monate, sie läuft dann bis 31. Dezember 2008. Das Mietverhältnis ist damit am 31. Dezember 2008 beendet.

Nimmt der Mieter sein außerordentliches Kündigungsrecht wahr, so ist er nicht verpflichtet, gemäß § 561 Abs. 1 S. 2 BGB die verlangte Mieterhöhung zu bezahlen.
Falls der Mieter außerordentlich kündigt, könnte eine Mietaufhebungsvereinbarung geschlossen werden, damit der Auszug so

reibungslos wie möglich vonstatten geht. Eine solche Vereinbarung verhindert weitere Auseinandersetzungen, falls es den Parteien gelingt, sich über deren Inhalt zu einigen.

PRAXISBEISPIEL

Muster: Mietaufhebungsvereinbarung

Text auf CD-ROM

Zwischen
Heinrich Müller,
Dornenvögelweg 23,
81735 München
– im Folgenden „Vermieter" genannt –

und

Claudia Hentschel,
Zeisigweg 15,
81735 München
– im Folgenden „Mieter" genannt –

wird folgende Mietaufhebungsvereinbarung geschlossen:
Präambel:
....
....
....
Dies vorausgeschickt, vereinbaren die Parteien, was folgt:

§ 1 Beendigung des Mietverhältnisses
Das zwischen den Parteien durch Mietvertrag vom .... bestehende Mietverhältnis über die im Anwesen Dornenvögelweg 23, 81735 München gelegene Wohnung, bestehend aus .... Zimmern, Küche, Bad, WC nebst Kelleranteil, wird im beiderseitigen Einvernehmen zum .... beendet.

§ 2 Räumung und Übergabe
(1) Der Mieter verpflichtet sich, zu dem in § 1 genannten Termin die Mieträume mit Nebenräumen und sämtliche, auch die auf

eigene Kosten beschafften Schlüssel, an den Vermieter herauszugeben.
(2) Der Mieter verzichtet, soweit gesetzlich möglich, auf Räumungsschutz. Der Vermieter nimmt diesen Verzicht an.
(3) Dem Mieter wird nachgelassen, die oben genauer bezeichnete Wohnung bereits zu einem früheren Zeitpunkt zu räumen und an den Vermieter herauszugeben. Sofern der Mieter dies .... Wochen im Voraus schriftlich dem Vermieter anzeigt, wird der Mieter mit Räumung und Herausgabe von der Mietzinszahlungspflicht befreit.

§ 3 Abfindung des Mieters
Sofern der Mieter die oben genauer bezeichnete Wohnung bis .... räumt und an den Vermieter herausgibt, zahlt der Vermieter an den Mieter eine einmalige Abstands- und Umzugskostenpauschale in Höhe von .... €, zahlbar Zug um Zug gegen Räumung und Herausgabe der Wohnung gemäß § 2 dieses Vertrags. Kommt der Mieter mit Räumung und Herausgabe der Wohnung gemäß § 2 dieses Vertrags in Verzug, wird der Vermieter von der Bezahlung der in Satz 1 vereinbarten Abstands- und Umzugskostenpauschale befreit.

§ 4 Einrichtungsgegenstände
Der Mieter verpflichtet sich, die in die Mietwohnung eingebrachten Einrichtungen zu entfernen und den früheren Zustand wiederherzustellen.
Oder:
Die vom Mieter eingebrachten Einrichtungen übernimmt der Vermieter käuflich zum Preis von .... €.

§ 5 Schönheitsreparaturen
Der Mieter verpflichtet sich, die in § .... des Mietvertrags vom .... genannten Schönheitsreparaturen bis zu Räumung fachgerecht durchzuführen oder durchführen zu lassen.
Oder:
Der Vermieter verzichtet auf die gemäß § .... des Mietvertrags vom .... vereinbarten Schönheitsreparaturen. Der Mieter nimmt diesen Verzicht an.

§ 6 Betriebskosten
Zur Abgeltung der Betriebskosten für das laufende Wirtschaftsjahr bezahlt der Mieter eine Pauschale i. H. v. .... €. Damit sind sämtliche Betriebskosten für das Wirtschaftsjahr abgegolten.
Oder:
Auf die Abrechnung der Nebenkosten verzichten die Parteien.

§ 7 Mietkaution
Der Vermieter verpflichtet sich, die geleistete Sicherheit in Höhe von .... € nebst Zinsen bis zum Tag der Rückzahlung, spätestens drei Monate nach Beendigung des Mietvertrags und Räumung der Mietsache durch den Mieter an diesen zurückzuzahlen, soweit der Vermieter nicht bis dahin fällige Gegenansprüche aus dem Mietverhältnis hat und damit aufrechnet.

§ 8 Fortsetzung des Mietverhältnisses
Eine stillschweigende Fortsetzung des Mietvertrags gemäß § 545 BGB ist ausgeschlossen.

§ 9 Kosten
Die Kosten dieser Vereinbarung werden gegeneinander aufgehoben. Etwaige Gerichtskosten trägt der Vermieter.

§ 10 Sonstige Vereinbarungen
Im Übrigen bleiben die Bestimmungen des Mietvertrags unberührt.

§ 11 Schriftform
Ergänzungen dieses Vertrags bedürfen der Schriftform.

München, den	München, den
Heinrich Müller	Claudia Hentschel

Wann eine Vereinbarung zur Mieterhöhung sinnvoll ist

Unwirksam, wenn für Mieter nachteilig

Gemäß §§ 559 Abs. 3, 559a Abs. 5 sowie 559b Abs. 3 BGB ist eine zum Nachteil des Mieters abweichende Vereinbarung unwirksam. So sind (formular-)vertragliche Vereinbarungen unwirksam, nach welchen der Mieter bereits im Voraus einer Mieterhöhung einer eventuell später durchzuführenden Modernisierungsmaßnahme zustimmt. Es bleibt den Parteien jedoch unbenommen, sich gemäß § 557 BGB über etwaige Mieterhöhungen aufgrund konkret durchgeführter oder durchzuführender Modernisierungsmaßnahmen zu verständigen.

Wenn der Mieter die erhöhte Miete nicht bezahlt

Zahlungsklage

Bezahlt der Mieter die von ihm neu verlangte Miete nach der Modernisierung nicht, so bleibt dem Vermieter lediglich, Zahlungsklage beim zuständigen Amtsgericht zu erheben. Die Voraussetzungen für seinen Erhöhungsanspruch muss der Vermieter beweisen. Der Mieter trägt die Beweislast für seine Einwendungen, insbesondere für etwaige Kürzungsbeträge gemäß § 559a BGB, die aus seiner Sicht zu Unrecht nicht berücksichtigt wurden.

✓ KOSTEN-CHECK

Ermittlung der Mieterhöhung nach Modernisierung

Notwendige Modernisierungen müssen Sie als Vermieter nicht allein tragen. Neben Zuschüssen und Fördermitteln können Sie einen Teil der Aufwendungen auf die Mieter umlegen. Mithilfe dieses Kosten-Checks können Sie einfach und übersichtlich die Mieterhöhung ermitteln.

Formular auf CD-ROM

So gehen Sie dabei vor:

Miete der Wohnung
Tragen Sie hier die Höhe der vom Mieter monatlich gezahlten Miete ein:

.... €
Monatl. Miete

Kalkulation der geplanten Renovierungsmaßnahmen
Versuchen Sie, alle Kosten Ihrer geplanten Renovierungsmaßnahmen schon im Voraus mithilfe von Kostenvoranschlägen und Materialpreisen möglichst genau zu kalkulieren:

.... €
Renovierungskosten

Abzüglich der Fördergelder und Zuschüsse
Bei einigen Renovierungsmaßnahmen können Sie mit Fördergeldern und Zuschüssen von Bund und Ländern rechnen. Informieren Sie sich im Vorfeld dazu und ziehen Sie diese dann von Ihren Kosten wieder ab:

.... €
Zuschüsse/ Fördergelder

Umlagehöhe der Renovierungskosten
Nach den gesetzlichen Bestimmungen dürfen Sie als Vermieter 11 Prozent Ihrer werterhöhenden Maßnahmen auf die Mieter umlegen:
Renovierungskosten – Zuschüsse x 0,11

.... €
Umlagefähige Kosten

Rechnerisch mögliche Miete
Rechnen Sie nun zu der Jahresmiete der Wohnung die umlagefähigen Kosten hinzu, und teilen Sie diesen Betrag durch zwölf, um die mögliche Monatsmiete zu errechnen:
Miete x 12 + umlagefähige Kosten : 12

.... €
Rechnerisch mögl. Miete

Maximal zulässige Mieterhöhung
Als Gegenkontrolle müssen Sie nun noch die maximal zulässige Mieterhöhung prüfen:
ortsübliche Vergleichsmiete + 20 Prozent

.... €
Max. zulässige Mieterhöhung

Kalkulation der neuen Miete
Rechnen Sie nun die maximal zulässige Mieterhöhung zur aktuellen Miete hinzu:

.... €
Max. zulässige Miete

Kalkulation der neuen Miete
Liegt die rechnerische Miete unter dem Betrag des maximal zulässigen Betrags, dürfen Sie die Miete auf den von Ihnen errechneten Wert erhöhen. Übersteigt der Betrag den zulässigen Wert, ist eine größere Erhöhung nicht erlaubt, da dies sonst Mietwucher wäre.

....
Neue Miete

– Neu festgesetzte monatliche Miete: .... €
– Bisher bezahlte monatliche Miete: .... €

Die Mieterhöhung beläuft sich also monatlich auf .... €

Das müssen Sie tun:
Mithilfe dieses Kosten-Checks können Sie kurz und knapp den Ablauf bei der Ermittlung einer Mieterhöhung nach Modernisierung nachvollziehen. Sie können Schritt für Schritt mit der bisherigen Miete und den Modernisierungskosten als Ausgangsbasis unter Berücksichtigung der gesetzlichen Bestimmungen die mögliche Mieterhöhung berechnen.

Glossar

3-Liter-Haus: Um den Standard eines 3-Liter-Hauses zu erfüllen, darf das Haus nicht mehr als 30 kWh Heizwärme pro m^2 Gebäudefläche benötigen. Dies entspricht 3 Liter Heizöl pro m^2 im Jahr.

Baumangel: Entspricht der Ist-Zustand eines Gebäudes nicht dem Soll-Zustand, spricht man von einem Baumangel. Dabei unterscheidet man zwischen Mängeln, die vorliegen, da die vertraglich zugesicherte Funktion nicht erfüllt oder die Regeln der Bautechnik nicht eingehalten wurden, oder ein Fehler vorliegt, der die Nutzung einschränkt oder aufhebt.

Bauschaden: Werden Baumängel nicht rechtzeitig erkannt, kann daraus unter Umständen ein irreparabler Bauschaden werden. Meist treten Bauschäden jedoch durch äußere Einwirkungen auf.

Baustoffklassen: Baustoffe müssen auf ihr Verhalten bei Brand überprüft und entsprechend in Baustoffklassen eingeteilt sein. Die höchste Klasse ist A (nicht brennbar), brennbare Materialien sind alle in der Klasse B eingeordnet. Geprüft werden sie nach DIN 4102.

Bauvoranfrage: Antrag auf Erteilung eines Bauvorbescheids durch die Genehmigungsbehörde des geplanten Bauvorhabens. In der Bauvoranfrage können konkrete Fragen bereits vor dem eigentlichen Bauantrag rechtsverbindlich geklärt werden.

Blower-Door-Test: Hierbei wird im Gebäude durch Absaugen der Luft ein Unterdruck erzeugt. Dann wird gemessen, wie schnell sich der Unterdruck wieder abbaut und daraus die Luftwechselrate errechnet. Eine solche von 3,0 pro Stunde gilt für Normalgebäude als zulässig.

Dachsparren (Sparren): Bilden beim Dachstuhl die statisch tragende Basis des Daches. Sie können Holzbalken sein, aber auch Stahl- oder Stahlbetonträger.

Dämmstoffe: Dienen der Geräuschdämmung und verhindern Wärmeverluste, um z. B. die für die EnEV vorgeschriebenen Werte zu erreichen. Man unterscheidet Mineralwolle-Dämmstoffe, geschäumte sowie „ökologische" Dämmstoffe wie Kokos- oder Zellulosefasern.

Dampfdiffusion: Gemeint ist die physikalische Fähigkeit, Wasserdampf durch das Material dringen (diffundieren) zu lassen.

DIN-Normen: Gelten als „anerkannte Regeln der Technik" und müssen vom Architekten und Handwerker eingehalten werden.

Endenergiebedarf: Es handelt sich um die Energiemenge, die in den Heizkessel hineingeht und als Verbrauch abgerechnet wird.

Energieausweis: Er gibt die energetische Bewertung eines Hauses entweder auf Basis des Bedarfs oder des Verbrauchs an. Der Energieausweis muss bei Vermietung oder Verkauf vorgelegt werden.

EnEV: Die Energieeinsparverordnung definiert Mindeststandards für neue und bestehende Häuser hinsichtlich der Isolations-Eigenschaften und der Qualität der Anlagentechnik. Die EnEV und die von ihr in Bezug genommenen Normen legen fest, wie der Primärenergiebedarf, der Endenergiebedarf und der Heizenergiebedarf zu berechnen sind und welche Grenzwerte eingehalten werden müssen.

Erneuerbare Energien: Energiequellen, die unerschöpflich sind, wie Sonnenenergie und -wärme, Erdwärme, Windenergie, Wasserkraft oder Biomasse.

Feuchtegehalt (Hygroskopizität): Eigenschaft eines Baustoffs (in Prozent der Masse oder in Prozent des Volumens), Luftfeuchte aufzunehmen und zu speichern. Je nach Feuchtigkeit der Umgebungsluft stellt sich eine bestimmte Gleichgewichtsfeuchte ein, die für jeden Baustoff anders ist.

Flachdach: Im Gegensatz zum Steildach werden alle Dachflächen, die weniger als zehn Grad Dachneigung besitzen, als Flachdach bezeichnet.

Förderprogramme: Bund und Länder fördern Bau oder Kauf der eigenen Immobilie mit Zuschüssen und zinsgünstigen Krediten. Aber auch für bestimmte Energiespar- oder Modernisierungsmaßnahmen gibt es günstige Darlehen.

Grundflächenzahl: Gibt den Flächenanteil eines Grundstücks an, der baulich genutzt werden darf.

HOAI: Honorarordnung für Architekten und Ingenieure.

Holzpellets: Aus Holzspänen gepresste, kleine walzenförmige Brennstoffe zur Befeuerung spezieller Öfen und Heizanlagen. Gefördert im Rahmen alternativer Energien.

Hypothek: Belastung eines Grundstücks. Sie ist als Pfandrecht an einem Grundstück vor allem ein Mittel der Kreditsicherung und vom Bestand der gesicherten Forderung abhängig.

Jahresprimärenergiebedarf: Damit wird der Bedarf an primärer Energie (Öl für die Ölheizung, Gas für die Gasheizung, Kohle für Heizkraftwerke zur Wärmeerzeugung usw.) bezeichnet, den ein Gebäude zur Beheizung innerhalb eines Jahres verbraucht.

Luftdichtheit (Winddichtheit): Mit technischen Mitteln wird ein Gebäude gegen innere Druckunterschiede (Thermik wegen der Temperaturdifferenz zwischen innen und außen) abgedichtet. Wird in der EnEV gefordert, kann bei Mangel zu Bauschäden führen.

Modernisierung: Bauliche Maßnahmen zur Erhöhung des Wohn- oder Nutzwertes eines bestehenden Gebäudes durch Anpassung, z. B. des Grundrisses oder der Ausstattung, an moderne Anforderungen. Zu unterscheiden hiervon ist die Renovierung, die der Erhaltung oder Wiederherstellung des vorhandenen baulichen Zustands dient.

Niedrigenergiehausstandard: Standard, nach dem heute Neubauten errichtet werden müssen. Die Grenzwerte regelt die Energieeinsparverordnung (EnEV).

Primärenergiefaktor: Es ist der Faktor, der zur Bereitstellung von Energie aufgewendet werden muss; je höher dieser Faktor, desto ungünstiger der Energieträger.

Steildach: Mit Steildach werden alle geneigten Dachflächen ab zehn Grad Dachneigung bezeichnet.

Unterspannbahn: Eine unter die Dacheindeckung verlegte Folie, die als zweite Wasser führende Ebene zusätzlich vor Regen- und Schneeeintrieb ins Dach schützt.

U-Wert: siehe Wärmedurchgangskoeffizient.

Verkehrswert: (auch: gemeiner Wert, Marktwert) Der Verkehrswert (auch: gemeiner Wert) entspricht dem Preis, der bei der Veräußerung einer Immobilie unter normalen Umständen zu erzielen ist.

VOB/B: Allgemeine Vertragsbedingungen für die Ausführung von Bauleistungen (Teil B der Vergabe- und Vertragsordnungen für Bauleistungen). Dienen der Ergänzung für das BGB und das Werkvertragsrecht in Bezug auf das Baurecht. Sind keine Gesetzestexte sondern Allgemeine Geschäftsbedingungen und werden nur Vertragsbestandteil, wenn beide Parteien dies ausdrücklich vereinbaren.

Wärmebrücke: Als Wärmebrücke werden in einem Haus Bauteile bezeichnet, die die Wärme schneller nach außen transportieren als die übrigen Teile.

Wärmedurchgangskoeffizient (U-Wert): Gibt die Wärmemenge an, die durch einen Quadratmeter eines Bauteils hindurchfließt, wenn die Temperaturdifferenz der abgrenzenden Luftschicht 1 K (Kelvin) beträgt. Je kleiner der U-Wert, desto besser ist die Wärmedämmung eines Bauteils.

Wärmeleitfähigkeit: Sie wird durch den stoffabhängigen Zahlenwert Lambda (λ) beschrieben. Je niedriger dieser Wert, desto besser ist die Wärmedämmfähigkeit des Materials.

Wärmeleitfähigkeitsgruppe: Entsprechend ihrer Wärmeleitfähigkeit sind Dämmstoffe in Gruppen eingeteilt. Je niedriger dieser Wert, desto besser dämmt der Stoff.

Wärmespeichervermögen: Je mehr Wärme ein Stoff speichern kann, desto langsamer reagiert er bei Aufheizung und Abkühlung. Diesen Vorgang bezeichnet man mit Amplitudendämpfung. Wird der Wärmedämmwert mit der Rohdichte eines Stoffes multipliziert, ergibt sich die Wärmespeicherungszahl.

Nützliche Adressen und Websites

Hier finden Sie Tipps und Hinweise, wo Sie sich zu bestimmten Themenbereichen zusätzlich informieren können. Alle genannten Hinweise stellen in keiner Weise Wertungen oder Rangfolgen dar. Für die Richtigkeit der Nennungen wird keine Haftung übernommen.

BINE – Informationsdienst
Fachinformationszentrum Karlsruhe – Büro Bonn
Mechenstraße 57
53129 Bonn
Tel.: 0228/ 92379-0
Fax: 0228/ 92379-29
www.bine.info

Bundesamt für Wirtschaft und Ausfuhrkontrolle (bafa)
Frankfurter Straße 29-35
65760 Eschborn
Tel.: 6196/ 908-0
Fax: 6196/ 908-800
www.bafa.de

Bundesministerium für Verkehr, Bau und Stadtentwicklung
Invalidenstr. 44
10115 Berlin
Tel.: 030/ 18300-3060
Fax: 030/ 18300-1942
www.bmvbs.de

Bundesministerium für Wirtschaft und Technologie
Scharnhorststr. 34-37
10115 Berlin
Postanschrift: 11019 Berlin
Tel.: 030/ 186150
Fax: 030/ 186157010
Förderberatung:
Tel.: 030/ 186158000
www.bmwi.de

Deutsche Energie-Agentur GmbH (dena)
Chausseestrasse 128a
10115 Berlin
Tel.: 030/ 726165-600
Fax: 030/ 726165-699
www.dena.de
www.zukunft-haus.info

KfW Förderbank
Beratungszentrum Berlin
Charlottenstraße 33/ 33a
10117 Berlin
Tel.: 030/ 20264-0
Fax: 030/ 20264-5188
www.kfw-foerderbank.de

Informationsstelle KfW-Beratungszentrum Berlin
Behrenstraße 31 D
10117 Berlin
Tel.: 030/ 202645050
Fax: 030/ 202645445

Informationsstelle KfW-Beratungszentrum Bonn
Ludwig-Erhard-Platz 1-3 D
53179 Bonn
Tel.: 0228/ 8310
Fax: 0228/ 8317149

Haus & Grund Deutschland
Zentralverband der Deutschen Haus-, Wohnungs- und Grundeigentümer e. V.
Mohrenstr. 13
10117 Berlin
Tel.: 030/ 20216-0
Fax: 030/ 20216-555
www.haus-und-grund.net

Informationen zu Förderprogrammen / Kreditmöglichkeiten:

Bundesministerium für Verkehr, Bau und Stadtentwicklung
www.bmvbs.de
(Bauwesen)

Bundesverband Solarwirtschaft
www.bsw-solar.de
(Informationen zu Solar-Fördergeldern, interaktiver Solarförderberater)

Fachagentur Nachwachsende Rohstoffe e. V.
www.fnr.de
(Informationen über Förderprogramme)

Bildquellenverzeichnis

Deutsche Energie-Agentur (dena): 52; fotolia.de: 162 Angelika Bentin, 208 bilderbox, 219 Falko Matte, 250 Simon Jung; Haufe: 272; shutterstock: 8, 12, 17, 22, 28, 35, 39, 47, 60, 64, 74, 83, 88, 95, 103, 115, 118, 136, 150, 156, 169, 176, 191, 198, 212, 224, 231

Register

Die Autoren

Stefan Onischke

Dipl.-Ing. (Univ.) Stefan Onischke ist freiberuflicher Architekt und Fachbuchautor in München. Er veröffentlichte in der Bayerischen Haus- und Grundbesitzerzeitung und ist Autor zahlreicher Immobilienratgeber.

Harald Spöth

Rechtsanwalt Harald Spöth arbeitet für einen Bauträger und ist seit 2001 Berater beim Haus- und Grundbesitzerverein in München.